万峰
谈中国寿险系列

利益

打造高绩效
保险代理人团队

万峰◎著

中信出版集团 | 北京

图书在版编目（CIP）数据

利益：打造高绩效保险代理人团队 / 万峰著 . --
北京：中信出版社，2022.10
ISBN 978-7-5217-4751-5

I. ①利… Ⅱ. ①万… Ⅲ. ①保险代理 - 基本知识
Ⅳ . ① F840.45

中国版本图书馆 CIP 数据核字（2022）第 167488 号

利益：打造高绩效保险代理人团队
著者：　　万峰
出版发行：中信出版集团股份有限公司
　　　　（北京市朝阳区惠新东街甲 4 号富盛大厦 2 座　邮编　100029）
承印者：北京诚信伟业印刷有限公司

开本：787mm×1092mm　1/16　　印张：26.75　　　字数：214 千字
版次：2022 年 10 月第 1 版　　　印次：2022 年 10 月第 1 次印刷
书号：ISBN 978-7-5217-4751-5
定价：99.00 元

前言

　　1992 年，在改革开放的大环境下，我国正式开放国内保险市场。外资保险公司不仅带来不同的保险经营思想，也带来不同的保单销售模式，其中最突出的就是保险个人代理人销售模式。因为正好契合当时较高的通货膨胀率和银行利率，以及老百姓的投资理财需求，个人代理人销售模式开始冲击国内寿险公司传统的外勤销售模式。到 1997 年，整个寿险行业基本都采用了这种销售模式，开启了我国寿险行业发展的新篇章。

　　个人代理人是世界人身保险行业普遍采用的营销模式，已经有上百年的发展历史。不论是欧美第一人身保险市场，还是日本第二人身保险市场，以及东南亚主要发达国家和地区其他人身保险市场，基本都是靠个人代理人从初期市场走向成熟市场。至今，在美国、日本、韩国和东南亚的一些国家，以及我国的台湾、香港和澳门地区，基本都是采用以个人代理人为主的人身保险销售模式。所以说个人代理人销售模式在国际上是成熟的销售模式。

我国虽然自 1992 年引入了个人代理人销售模式，但对于这个"舶来品"，行业更多的是注重引进队伍发展方式、销售模式，而缺乏对这种模式自身经营管理的深入研究。例如，个人代理人与公司是一种委托代理关系，一些至关重要的诸如个人代理人市场地位、自身定位、个人纳税等问题，至今仍未从根本上得到确认和解决。保险公司都知道个人代理人队伍不是靠公司招聘，而是靠主管招募建立起来的，但缺乏对这种主管招募方式驱动力的深层次研究，导致一些公司仍然以管理员工的方式来管理个人代理人，结果不仅导致管理效率低下，而且个人代理人本身固有的特性也发挥不出来。个人代理人发展到今天所遇到的一些瓶颈、困局等，与行业对个人代理人基本理论研究相对滞后有直接的关系。

凡是采用个人代理人销售模式的寿险公司以及保险中介代理机构，必定都会有《个人保险代理人管理办法》，也就是行业俗称的"基本法"。寿险公司不仅靠"基本法"建立、发展、管理、维持个人代理人队伍，而且还要靠"基本法"去处理个人代理人之间所形成的管理关系、育成关系和利益分配关系。所以，"基本法"是保险公司管理个人代理人的基本依据，更是个人代理人的"根本大法"。

然而，与引进个人代理人销售模式一样，"基本法"也是"舶来品"。在个人代理人发展初期，由于忙于发展业务，当时的寿险公司基本上都是直接照搬我国台湾和香港地区同行业"基本法"版本。同时，当时整个行业对个人代理人了解不多，对"基本法"更是没几个人懂，基本上是"知其然而不知其所以然"。如今30年过去了，从整个行业当前所面临的问题看，仍然是对"基本法"所包含的个人代理人之间的管理关系、利益分配关系缺乏深入的研究，一般很少在专业期刊、自媒体、微信公众号等见到对"基本法"深入研究的文章，更别说有专题的研讨会了，导致一些中小公司仍然照搬大公司的"基本法"，依旧处在"知其然而不知其所以然"的境地。

在行业内，人们只看到个别外资公司的销售能力强，却没有看到其"基本法"制度所产生的强大推动力。各个公司都把销售能力当作直接的市场竞争力，却没看到"基本法"制度差异也是竞争力。

如果说销售能力体现个人代理人的生产力，那么，"基本法"中的管理关系、利益分配关系体现的就是个人代理人的生产关系。生产关系要适应生产力，并且反作用于生产力，这些经济学基本原理也同样适用于个人代理人。30年来，个人代理人的销售能力提升了，但收入相对下降了，各个公司更多的还是应该从生产力与生产关系上去分析原因。

如果说销售能力是公司个人代理人的硬实力，那么，"基本法"内各种利益关系形成的激励机制，就是公司个人代理人的软实力。寿险营销可以靠加大资源投入形成销售能力（硬实力）强。但这种靠资源投入形成的强，都是不可持续、不可复制的强。而靠"基本法"利益分配关系形成的激励机制（软实力）

强，才会促进业务员靠销售利益引导，积极销售保单提升销售业绩。靠增员利益引导，使主管积极增员发展队伍规模；靠育成利益引导，实现组织架构扩张。所以，个人代理人队伍只有硬实力强，软实力也强，才是真正的强。

"基本法"的名称是"个人代理人管理办法"，但其实质内容却是明确个人代理人队伍相互之间的管理关系、利益分配关系。在"基本法"里，通过设置的组织管理体系，确立了管理关系、管辖关系、直辖关系和育成关系；通过对各个职级报酬的规定，确定了新人利益、销售利益、增员利益和管理利益；通过育成规则，明确团队分离和主管的育成利益；通过福利保障项目，构建了基本的福利保障利益。所以，"基本法"就是一部业务员与主管之间、主管与主管之间的管理和利益分配关系。"基本法"既是简单的，表面看是规定组织管理体系和薪酬制度；又是复杂的，实际上是围绕每一笔销售业绩多人分配利益，"牵一发而动全身"的系统性利益分配机制设计。哪个层级的利益关系没有处理好，哪个环节（如新人、销售、增员、管理、育成）的利益关系没有处理好，都会直接影响管理链、价值链的传导，最终或是影响销售业绩，或是影响队伍发展。

总之，我们引进了个人代理人销售模式，却缺少对支撑这种销售模式的"基本法"的深入研究；我们注重对提升销售能力的研究，却缺少对影响销售能力的"基本法"利益导向的研究。只有了解了这些，清楚了其导向作用，才能设计出一部既符合公司发展战略，又能促进个人代理人队伍与销售业绩同步持续发展的"基本法"。

个人代理人渠道是我国寿险行业现在以及未来主要的销售渠道。立足当前也好，基于未来也好，要发展个人代理人队伍，不能不研究"基本法"；而要经营管理个人代理人队伍，不能不懂"基本法"；更重要的是依靠个人代理人参与市场竞争，不能不靠"基本法"。

今年刚好是我本人从事寿险行业 40 年。平时收藏了一些保险专业图书，也查阅寻找了关于"基本法"内容的图书和资料，才发现目前还没有一本关于"基本法"的专著。寿险营销专业图书/教材虽然很多，但涉及"基本法"的内容几乎没有，这不能不说是行业发展的一个缺憾，更是个人代理人队伍发展的短板。于是，就有了做"第一个吃螃蟹的人"的想法：结合自己在境内外寿险工作经历、经验以及一些感悟，整理一本"基本法"专著，弥补国内当前对"基本法"研究的空白；抛砖引玉，吸引更多人关注、研究"基本法"，从基本理论研究上推动我国个人代理人制度的全面发展。

"基本法"核心内容分为三大部分：组织管理体系、考核体系、报酬体系。组织管理体系是个人代理人组织架构和管理层级设计，体现整个队伍的管理关系；考核体系是个人代理人职级升降制度设计，体现公司队伍建设的导向；报酬体系是利益分配制度设计，体现各个层级人员的利益分配关系。对于报酬体系，基本法一般都是按职级设计，以对应考核体系。为方便进一步研究报酬体系，以及所体现的利益导向，本书按照个人代理人队伍发展管理顺序，将报酬体系分解为新人利益、销售利益、增员利益、管理利益、育成利益和福利利益六大利益，以使读者能更清楚地理解各项报酬的属性。再加上第 1 章对个人代理人的概述和最后一章对各项利益相互之间关系的分析，本书一共有 10 章，基本涵盖了"基本法"的主要内容。

个人代理人队伍的新人招募、保单销售、队伍发展、队伍管理、组织发展和福利保障六大方面的激励机制，直接体现在"基本法"中的新人利益、销售利益、增员利益、管理利益、育成利益和福利利益上。所以说，"基本法"的核心是利益分配关系。销售利益是整个利益链的"龙头"，其他利益几乎都与销售利益有着千丝万缕的联系。因此说，个人代理人利益关系是一个系统性设计，不仅要激励各个方面，更需要平衡好各个方面，还要不能超出产品佣金设计底线。

为了能够说明"基本法"具体内容在现实中是如何体现的，本书引用了国寿、平安寿险、太平洋寿险、新华保险和友邦保险五家公司的"基本法"。所引用的这些"基本法"，有的是公司现行的，有的已经被修改。引用这些公司"基本法"的目的是向读者展示，除了书中整理出来的比较规范通用的内容外，现实中"基本法"的各项内容可以多种多样。引用只是借用，并不是研究比较各家公司的基本法。因此，也提醒读者不要用书中引用的"基本法"内容，去比较现实中正在实行的"基本法"，不论是您公司的"基本法"，还是其他公司的"基本法"。因为"基本法"直接体现公司个人代理人队伍建设、发展和管理思想，建设、发展和管理的思想不同，导致"基本法"内相关规定、设计必然不同，相互之间既有可比性，也没有可比性。另外，由于目前没有统一的规则，更没有与"基本法"相关的行业管理制度和规定，各个公司"基本法"内的用词，有的相同，更多的则是不同，而个人对其理解可能不一定到位，甚至有可能出现偏差，敬请谅解。在此也向这五家寿险公司致以谢意。

本书力求完整，努力将个人代理人"基本法"相关内容形成一个完整的体系，填补我国保险营销专业丛书的一个空白；尊重规律性，尽量用人身保险的基本原理、个人代理人队伍发展的基本特性、经营管理的基本原则去阐述和解释个人代理人"基本法"经营管理的基本道理；突出适用性，力求贴近现实中寿险公司"基本法"实际，能为读者进一步认识、了解"基本法"提供现实的帮助；强调专业性，本书紧紧围绕个人代理人"基本法"主要内容，针对个人代理人组织管理体系、考核体系建设以及利益分配关系，从专业技术角度去分析研究，可以说是一本专业技术书；展示客观性，不论书中的哪一部分，都从客观角度去分析研究和表述，只讲原理、规律而不谈现状，更不对所引用的五家公司的"基本法"做评价。

各个公司的"基本法"中对于个人代理人的称谓不同。有的称为代理人，有的称为业务员，还有的称为营销员。本书中统一采用《保险法》和监管部门的规范称谓——个人代理人，并按照"基本法"的一般习惯，将个人代理人分为保单销售人员和团队管理人员两个群体。故书中的"个人代理人"一词，是指个人代理人整体。"业务员"是指销售保单的人员，"主管"是指负责团队的管理人员。

本书可以为以下这些读者群体使用：

1. 可以作为寿险个人营销管理人员的工具书。本书系统地介绍了"基本法"的各项内容，不仅阐述了基本的理论，而且对相关的基本方式、方法也都做了系统全面的介绍。寿险公司的营销管理人员和保险中介代理机构的营销管理人员都可以将本书作为设计、研究、制定、修改"基本法"相关内容的工具书。

2. 可以作为从业人员的参考书。个人代理人从业人员可以通过本书的介绍，深入了解自己所从事的这个行业的核心内容——管理关系和利益分配关系，进一步认识"基本法"对自己的影响，以及自己的利益所在。在了解自己公司"基本法"的同时，也可以更多地了解同行业其他公司的"基本法"。

3. 可以作为教育培训的补充教材。保险公司、保险代理机构都可以用此书作为教材，向个人代理人普及"基本法"的基本知识。院校保险专业可以将本书作为保险营销学的补充教材，让学生更进一步了解个人代理人队伍经营管理的核心内容，掌握"基本法"的实际内容。

4. 可以作为研究人员或机构研究个人代理人的参考资料。我国的寿险业务发展很快，但寿险理论与实践研究相对滞后。险企虽然不是技术主导型企业，不会出现高科技"卡脖子"的情况，但相关的经营管理理论指导却是必需的。这本书是我国第一本个人代理人"基本法"的专著，可以为关注个人代理人发展的研究人员和机构提供比较详尽的专业参考，推动行业个人代理人理论研究的进一步发展，同时也能推动对个人代理人渠道、队伍经营管理的研究。

5. 可以作为社会大众保险营销的普及读物。个人代理人已经被社会大众所认识和接受，但人们对这个行业的核心内容——销售利益分配关系并不是很清楚，甚至还有误解。通过本书，社会大众可以在认识个人代理人销售方式的基础上，更进一步了解个人代理人管理关系和利益分配关系，增加对个人代理人更加全面的认识和了解。

本书揭开了"基本法"的"神秘"面纱，随着本书的出版，"基本法"从此不再"神秘"。

这虽是第一本专题研究个人代理人"基本法"的著作，但由于所掌握的相关知识有限，自己所经历的不同，以及经验的局限性，书中难免会有一些不足，甚至可能有不对的地方，还请读者谅解。我只是抛砖引玉，希望唤起更多的人来研究"基本法"，推动提升我国个人代理人队伍经营管理水平，提升个人代理人软实力。

在本书的写作过程中，得到了一些行业内同事的支持和帮助。李林（现任光大永明人寿副总经理）对本书做了专业审核，提出了许多修改意见；中信出版社的编辑朋友们为本书编审和出版付出了大量辛勤的劳动，在此一并致以诚挚的谢意。

目录

第 1 章
什么是个人代理人

关键词：

特性、法律关系、从业资格、代理权、行为规范早期的保险，是保险人（保险公司）自己销售保单。随着保险市场发展，竞争日益激烈，保险人为了扩大承保并降低成本，从自己销售保险单逐步走向委托保险代理人承揽业务，催生出专为保险做中介代理的行业。我国《保险法》第一百一十七条规定："保险代理人是根据保险人的委托，向保险人收取佣金，并在保险人授权的范围内代为办理保险业务的机构或者个人。"该规定明确保险代理人：一是受保险人的委托，基于保险人利益代为办理保险业务，提供中介服务；二是向保险人收取佣金；三是在授权的范围内从事代理行为；四是保险代理人包括保险代理机构和个人。

伴随着保险行业的发展，保险代理行业也不断发展，形成多种类保险代理。按从业属性，可分为专业代理机构、兼业代理机构和个人代理人；按所销售的保险险种，可分为产险代理人和寿险代理人；按保险业务范围，可分为承保代理人、理赔代理人和追偿代理人；按授权范围，可分为总代理人、分代理人和特约代理人；按职权范围，可分为专属代理人和独立代理人。本书是专论个人代理人。《保险代理人监管规定》① 第二条称："本规定所称个人保险代理人是指与保险公司签订委托代理合同，从事保险代理业务的人员。"

个人代理人的特性

个人代理人是最庞大的代理人组织，其能够伴随着保险业存在百年以上，靠的是自身固有的特性。

信息和资源形成委托人的业务市场

寿险产品固有的特性之一是"靠推销"。除了靠个人的销售能力，还要靠人际关系。人脉是个人代理人的业务资源。每一个个人代理人都拥有一定的市场信息和人脉资源，而这些信息和人脉资源正是保险人的业务市场。保险人委托个人代理人销售保单，不仅是委托代理业务，同时也是拓展业务市场。理论上，委托个人代理人越多，保险人拥有的潜在市场越大。所以，保险人委托个人代理人具有双重性：一是委托个人代理人销售保险产品，成为自己的代理人；二是利用个人代理人的信息和人脉资源，拓展业务市场。这种双重性，构成了保险人与个人代理人的

---

① 银保监会令〔2020〕11 号。

利益共同体，形成长期共存、共同发展的局面。

靠销售结果获取报酬

保险公司委托个人代理人销售保险产品。保单销售成功后，保险公司依据收到的保费，按一定比例支付给个人代理人佣金（报酬）。也就是说，保险公司并非是对个人代理人所有劳动都支付报酬，只是对有成果的劳动（成功销售的保单）支付报酬。个人代理人的日常工作是寻找客户，推销人寿保险公司的产品，但并不是所有的推销活动都能取得成果。个人代理人只有在成功地说服投保人购买了人寿保险产品后，保险公司才支付给个人代理人劳动报酬。如果个人代理人推销不成功，代理人的劳动就是一种无效劳动。所以，代理人推销的保单越多，自己获得的劳动报酬就越多，否则就越少。

队伍靠主管招募发展

由于个人代理人与保险公司是委托代理关系，因此个人代理人队伍不是靠公司"招聘"，而是靠主管"招募"来发展壮大的。个人代理人根据保险公司委托授权，在市场上招募新个人代理人。当所招募的新个人代理人达到保险公司对合格代理人的要求后，相互之间就会建立起招募与被招募的关系。招募者成为主管，被招募者成为其下属业务员。主管招募人数以及留存人数越多，主管的队伍就越大。个人代理人队伍就是这样靠各级主管招募而建立和发展起来的。

主管与业务员之间的这种招募关系，在行业内被称为"血缘关系"。它与劳动关系下招聘员工的不同之处在于，保险公司不能随意调动、调整个人代理人。个人代理人除接受保险公司的基本培训外，最主要的是在日常的推销工作中接受其上级主管的具体指导，在上级主管的言传身教中走向成熟。在这期间，主管对所辖人员的培养，进行了一定的知识和技能投入，这种投入则通过从个人代理人业绩中提取管理利益和其他利益的方式得到补偿。

靠利益分配关系维系

由于个人代理人与保险公司是代理关系，寿险公司员工管理、薪酬等制度和规定都不适用于个人保险代理人，因此，寿险公司通过制定《个人保险代理人管理办法》来建立个人代理人基本制度体系，行业内将《个人保险代理人管理办法》俗称为"基本法"。"基本法"的内容主要包括个人代理人队伍的组织体系、利益分配关系、晋升考核、品质管理和行为规范等。最核心的内容是个人代理人之间不同层级的利益分配关系，主要包括新人利益、销售利益、增员利益、管理利益、育成利益和福利利益。这些分配关系构成了寿险公司个人代理人整体利益分配制度。

个人代理人主要通过招募发展队伍，并在公司基本制度、政策框架下实行"自主经营"的管理模式，即由主管招募业务员，组织、实施公司销售计划，按销售业绩提取相关报酬，实行团队自主经营管理。而维系这种管理模式的基础是保单销售后的利益分配关系。如果说个人代理人或营销团队的销售能力是生产力的话，那么，个人代理人的利益分配就是生产关系。

与保险公司的法律关系

从法律角度看，保险人与个人代理人之间是委托代理关系。保险人是否授权，个人代理人是否接受授权，都取决于各自的意愿。个人代理人在代理合同授权范围内，以保险人名义参与保险市场，从事保险销售活动。其在授权范围内所从事的销售行为，与投保人所做签约、收取保险费等产生的一切经济和法律后果，均由保险人承担。

代理合同关系

保险人与个人代理人是一种代理合同关系。《保险法》第一百二十六条规定："保险人委托保险代理人代为办理保险业务，应当与保险代理人签订委托代理协议，依法约定双方的权利和义务。"保险人与个人代理人签订保险代理合同，确立了双方的代理合同关系。在合同中，不仅明确保险人授权个人代理人办理保险业务，个人代理人在授权范围内以保险人名义进行保险产品销售以及参与相关的活动，而且也明确了双方的权利和义务、代理期限、佣金和手续费标准、支付方式、代理业务范围、代理产品种类和其他有关代理事项。保险人与个人代理人是否签署保险代理合同，取决于各自的意愿。本质上双方是平等的经济利益主体，相互之间没有任何依附性。而一旦签署保险代理合同，保险人与个人代理人之间的关系就要依靠此合同来确认和维系。

个人代理人通过自己的独立行为完成与保险人订立保险代理合同中规定的各项工作。个人代理人有权选择投保人；有权根据实际情况，独立决定向投保人介绍保险人的哪些产品或经过组合的产品；有权决定以何种方式向投保人介绍产品；有权决定是否向客户提供保险人规定的、必须履行的义务和基本服务以外的其他服务，如组织客户联谊活动、赠送生日礼物等。但对于个人代理人超越授权、违反保险代理合同甚至有道德风险等行为，保险人有权追究个人代理人的法律责任。

保险人与个人代理人的合同关系是一种显性契约和不完全契约关系。显性契约是指有书面协议或法律协议的合约。保险代理合同属于书面合约，它严格规定了保险人与个人代理人的合作关系和利益关系。但是，保险代理合同又属于不完全契约。保险人和个人代理人希望订立完全契约，将双方可以预见的、契约期内可能发生的事项都做出相应的、详细的规定，但这仅仅是一种愿望，在现实中不可能完全做到。因为大量偶然因素使未来充满了不确定性，人们不可能完全预见合同期内可能发生的所有事件。所以在现实中，除了保险代理合同，保险人制定的一些有关个人代理人内部考核、奖惩等方面的规章制度，代理人也必须要遵守。

只有经保险监管机关批准设立的保险公司才有权经营保险业务，才可以委托个人代理人代为办理保险业务。其他组织和个人因无权经营保险业务，也就无权委托个人代理人代为办理保险业务。个人代理人也不得为无权经营保险业务的组织和个人代理保险业务。

委托代理关系

委托代理也称授权代理，是基于被代理人的委托而发生的代理关系。保险委托代理关系主要体现在以下几个方面。

1. 以保险人名义从事销售活动。

个人代理人以保险人名义实施法律代理行为，是保险代理的本质特征。个人代理人在人身保险产品销售过程中，必须以保险人名义从事销售活动，而不能以自己或他人名义从事销售活动。如果以自己或他人名义从事销售活动，产生的后果由个人代理人自己承担。这是因为在保险合同中，权利与义务关系的主体是保险人和投保人，而不是个人代理人本人与投保人。个人代理人只是双方的中间人，必须以保险人名义进行销售活动，否则所销售的保险产品、保险合同中确定保险权利与义务的关系都不能约束保险人。

个人代理人以保险人名义所进行的活动，主要表现在向投保人介绍自己所代理的保险人、出示保险人相关证件、推销和介绍保险人的产品。所有这些行为都表明，个人代理人在保险产品销售过程中不是以自己名义，而是以保险人名义实施相关的法律行为。

2. 以保险人授权为限。

保险公司虽然授权个人代理人销售自己的保险产品，但最终是保险公司与投保人签订保险合同。在被保险人发生保险事故时，保险公司要承担保险责任。个人代理人在保险人授予的代理权限内从事代理行为，被视为保险人行为，对保险人产生法律效力。因此，一般保险人对个人代理人授权都有一定的限制，以维护和保障保险人的利益。

银保监会《保险代理人监管规定》第四十六条规定："个人保险代理人、保险代理机构从业人员应当在所属机构的授权范围内从事保险代理业务。"这个规定明确了保险人对个人代理人的授权体现在两个方面：

（1）地域范围。个人代理人只能在所属保险公司注册登记的行政地域范围内代理保险人业务，而不能超出该地域范围。这是因为监管机构对保险公司及其分支机构经营的地域范围均有明确规定，如果某保险公司经营业务的地域范围仅限于甲地，而通过乙地个人代理人在乙地开展业务，那么关于保险公司经营的地域范围监管规定就失去了意义。所以，保险公司只能在自己业务经营的辖区内，委托该区域内的个人代理人销售保单业务。

（2）业务范围。只能"从事保险代理业务"，意味着不得销售非保险金融产品。就保险代理业务而言，通常保险人对个人代理人业务授权主要有两个方面：一是代理推销保险产品，二是代理收取保险费①。个人代理人在销售保单过程中，必须

---

① 随着科技赋能的发展，保险公司已经直接采用各种结算手段收取保险费，有的公司已经不授权个人代理人向客户收取保险费，但可以授权个人代理人收取保费的相关法律、规章还没有修改。

以保险人授权范围为限，而不能超过保险人授权范围。如果个人代理人行为超过保险人授权范围，就不属于代理行为，除非经过保险公司追认，否则构成无权代理或越权代理，保险人对此产生的法律后果不承担责任，并可以依法追究个人代理人责任。

3. 向保险人收取佣金。

个人代理人是根据保险人委托销售保险人的产品，是为保险人服务的，因此，只能向保险人收取佣金或手续费作为自己的报酬。《保险法》第一百一十七条规定，保险代理人"向保险人收取佣金"，明确了其不能向投保人收取任何报酬。

另外，《保险代理人监管规定》第七十五条规定："保险代理人不得将保险佣金从代收的保险费中直接扣除。"因而，个人代理人实行的是"收支两条线"的管理模式，代理业务保险费收入直接进入保险公司账户，保险公司收到保费后才能核发个人代理人佣金。

4. 保险人承担民事责任。

寿险公司对个人代理人在授权范围内的代理行为承担责任。在一般民事代理中，被代理人（保险公司）对代理人（个人代理人）在代理权限内的代理行为承担法律责任。一旦代理人超越代理权限或滥用代理权，则为无效代理，被代理人不承担任何责任。保险代理作为民事代理的一种，也必须遵循民事代理的一般原则。保险公司与个人代理人签订代理合同，个人代理人在授权范围内以寿险公司名义在市场上推销该公司的产品，从事与保险销售有关的保险活动，其所产生的一切经济的和法律的后果由寿险公司承担。从形式上看，代理行为是在个人代理人和投保人之间进行的销售行为，但实质上产生了保险人和投保人之间的法律关系：个人代理人对投保人、被保险人知悉的一切情况均视为保险人已经知悉。基于这种法律关系而产生的权利与义务，自然应由保险人承担。

保险人不仅要对个人代理人的合法行为承担责任，还要对个人代理人的违法代理行为承担责任。《民法典》第一百六十二条规定："代理人在代理权限内，以被代理人名义实施的民事法律行为，对被代理人发生效力。"《保险法》第一百二十七条规定："保险代理人根据保险人的授权代为办理保险业务的行为，由保险人承担责任。保险代理人没有代理权、超越代理权或者代理权终止后以保险人名义订立合同，使投保人有理由相信其有代理权的，该代理行为有效。保险人可以依法追究越权的保险代理人的责任。"银保监会《保险代理人监管规定》第五十三条规定："个人保险代理人、保险代理机构从业人员开展保险代理活动有违法违规行为的，其所属保险公司、保险专业代理机构、保险兼业代理机构依法承担法律责任。"

共同经济利益关系

保险代理关系是一种相互影响的经济利益关系，即保险人的利益能够影响个人代理人的利益，个人代理人的利益也能够影响保险人的利益。个人代理人推销保险产品的目的之一是追求佣金或手续费收入最大化，而保险公司经营的目的之一是追求利润最大化，二者是通过共同的客户——投保人来实现各自的目的的，并在此基础上建立起一种互相影响的利益关系。就同一类产品而言，个人代理人销售业绩越高，其佣金收入越高，保险人的业务量就越大，保险人的经营效益就越佳；或者说保险人的业务量越大，效益就越好，个人代理人的收入就越高。

由于存在这种共同利益关系，保险人一般都会建立一些销售激励机制，促使个人代理人尽职尽责，努力实现其销售业绩最大化的目标，以此来实现公司经营利润最大化的目标。虽然保险人与个人代理人的目标各有不同，但他们都是利益最大化的追求者，这一点成为保险人与个人代理人维系双方之间关系的决定性因素。

从业资格

银保监会《保险代理人监管规定》第三十六条规定："保险公司应当委托品行良好的个人保险代理人。"有下列情形之一的，保险公司不得委托为个人代理人：

1. 因贪污、受贿、侵占财产、挪用财产或者破坏社会主义市场经济秩序，被判处刑罚，执行期满未逾 5 年的；

2. 被金融监管机构决定在一定期限内禁止进入金融行业，期限未满的；

3. 因严重失信行为被国家有关单位确定为失信联合惩戒对

象且应当在保险领域受到相应惩戒，或者最近 5 年内具有其他严重失信不良记录的；

4. 法律、行政法规和国务院保险监督管理机构规定的其他情形。

个人代理人要实行执业登记。保险公司应当按照规定为其个人保险代理人进行执业登记，但只限于通过一家机构进行执业登记。

代理权

产生

保险代理权，是指个人代理人以保险人名义进行保险代理活动的权利。具有保险代理权，才可以从事保险代理活动。

具有个人代理人资格条件、接受保险人委托和授权并与保险人签订了代理合同，个人代理人就具有了保险代理权。

行使

银保监会《保险代理人监管规定》第四十六条规定："个人保险代理人、保险代理机构从业人员应当在所属机构的授权范围内从事保险代理业务。"个人代理人必须以保险人的名义与投保人洽谈业务，在保险人授权的范围内，为其注册登记行政辖区内的保险公司代理保险业务，才是合法有效的保险代理行为，所产生的法律责任才能由保险人承担，保险代理行为才能受到法律的保护。个人代理人不得为无权经营保险业务的组织和个人代理保险业务。

个人代理人行使代理权时应遵循的基本原则为：维护保险人的利益，在不损害客户利益的前提下完成代理行为。

个人代理人在行使保险代理权时，不能无权代理或滥用代理权。

1. 无代理权。

无代理权是指没有保险代理权而以保险人名义进行的保险代理行为。《民法典》第一百七十一条规定："行为人没有代理权、超越代理权或者代理权终止后，仍然实施代理行为，未经被代理人追认的，对被代理人不发生效力。……相对人知道或者应当知道行为人无权代理的，相对人和行为人按照各自的过错承担责任。"

以下三种行为都属于无保险代理权行为：

（1）未经授权的代理。个人代理人未经保险人的委托和授权，而以保险人名义从事推销保险产品、招揽业务的保险代理活动，属于未经授权的代理。因为委托授权是保险代理权产生的基础，没有代理人的委托和授权，保险代理活动是无效的活动。

（2）超越权限的代理。个人代理人虽然有保险人的委托和授权，但超越权限范围从事保险代理活动属于超越权限的代理。例如，某个人代理人的授权范围是人身保险，而其如果从事财产保险的代理活动，即为越权代理，因而无效。我国《民法典》第九百二十九条规定："受托人超越权限造成委托人损失的，应当赔偿损失。"

（3）超期限的代理。个人代理人原有代理权已经终止，但仍以保险人名义继续从事保险代理活动。如某个人代理人已经离司，代理权实际上已终止。如果其继续以保险人名义从事代理活动，即为超期限代理，同样无效。

2. 滥用代理权。

滥用保险代理权，是指个人代理人不正当地行使代理权，致使损害保险人利益的代理行为。下列三种行为都属于滥用代理权行为。

（1）自我代理。自我代理是指个人代理人以保险人名义与自己进行的保险代理行为。我国《民法典》第一百六十八条规定："代理人不得以被代理人的名义与自己实施民事法律行为，但是被代理人同意或者追认的除外。"个人代理人若以保险人名义与自己签订保险合同，该保险行为认定无效。如果个人代理人从中损害了保险人的利益，或者为自己牟取私利，个人代理人应负赔偿责任。

（2）双方代理。双方代理是指个人代理人既为保险人做代理，又为投保人做代理的代理行为。个人代理人若同时代理双方当事人进行同一项法律行为，应认定无效。如果个人代理人损害了双方或一方当事人的利益，个人代理人应负赔偿责任。

（3）恶意串通。恶意串通是指个人代理人与第三方恶意串通实施有损于保险人利益的行为。个人代理人出于恶意，与投保人或投保人以外的其他人做虚假申报，骗取保险金，损害保险人的利益，个人代理人和第三人负连带赔偿责任。我国《民法典》

第一百六十四条规定："代理人和相对人恶意串通，损害被代理人合法权益的，代理人和相对人应当承担连带责任。"

3. 表见代理。

表见代理是指个人代理人没有代理权、超越代理权或者代理权终止后，仍以保险人的名义从事代理活动，并且客观上使投保人有理由相信个人代理人有代理权或不知其无代理权的事实，则保险人要承担这种代理行为的法律后果。《民法典》第一百七十二条规定："行为人没有代理权、超越代理权或者代理权终止后，仍然实施代理行为，相对人有理由相信行为人有代理权的，代理行为有效。"构成表见代理需具备以下要件：

（1）个人代理人没有代理权、超越代理权或者代理权终止后，仍以保险人名义进行保险代理行为。

（2）投保人、被保险人有理由相信个人代理人有代理权，这种相信是建立在个人代理人与保险人具有客观密切联系的基础上的，这种客观密切联系掩盖了个人代理人无代理权或代理权已经终止的真相，致使投保人或被保险人有理由相信个人代理人仍具有代理权。这种客观密切联系的表现形式很多，如个人代理人继续展示保险人颁发的代理证件；个人代理人继续持有并使用保险人的重要业务单证；个人代理人曾经为投保人或被保险人办理过保全、理赔、交付保险费等业务，丧失代理权后保险人未及时通知投保人或被保险人；其他使投保人或被保险人有理由相信个人代理人有代理权的情况。

（3）投保人、被保险人须为善意，且无过失。所谓善意，是指投保人、被保险人不知道个人代理人没有代理权、超越代理权或代理权已经终止。所谓过失，是指投保人、被保险人由于轻信或疏忽而没有对个人代理人进行基本的审核。

4. 违法代理。

个人代理人知道被委托代理的事项违法，但仍然进行代理活动的，或保险人知道个人代理人的代理行为违法，但不表示反对的，保险人和个人代理人均不能免除责任，并由保险人和个人代理人负连带责任。《民法典》第一百六十七条规定："代理人知道或者应当知道代理事项违法仍然实施代理行为，或者被代理人知道或者应当知道代理人的代理行为违法未作反对表示的，被代理人和代理人应当承担连带责任。"个人代理人和投保人或被保险人串通损害保险人利益的，由个人代理人和投保人或被保险人负连带责任。

终止

有下列情形之一的，保险委托代理终止：

1. 期限届满或代理事项完成。

保险代理关系的建立，无论是书面形式还是口头形式，其中都将保险代理期限和保险代理事项作为保险代理合同的内容，如果保险代理有效期限届满或者规定的保险代理事项已经完成，委托保险代理关系即告终止。

2. 保险人取消委托或代理人辞去委托。

委托保险代理关系是基于保险人与个人代理人之间相互信任

而产生的，它又是自愿协商的一份合同关系。如果保险人与个人代理人双方失去信任，一方便可通知取消委托或辞去委托，保险代理关系即告终止。

3. 个人代理人死亡或者丧失民事行为能力。

个人代理人死亡或者丧失了民事行为能力，也就失去了独立进行民事活动的资格，因此个人代理关系也就随之终止。《民法典》第九百三十四条规定："委托人死亡、终止或者受托人死亡、丧失民事行为能力、终止的，委托合同终止；但是，当事人另有约定或者根据委托事务的性质不宜终止的除外。"

4. 保险人或代理人的法人消失。

保险公司或保险代理公司依法解散、注销，法人的权利能力和行为能力也就随之消失，与个人代理人的代理关系即告终止。

行为规范

银保监会《保险代理人监管规定》第七十条规定，保险代理人及其从业人员在办理保险业务活动中不得有下列行为：

（一）欺骗保险人、投保人、被保险人或者受益人；

（二）隐瞒与保险合同有关的重要情况；

（三）阻碍投保人履行如实告知义务，或者诱导其不履行如实告知义务；

（四）给予或者承诺给予投保人、被保险人或者受益人保险合同约定以外的利益；

（五）利用行政权力、职务或者职业便利以及其他不正当手段强迫、引诱或者限制投保人订立保险合同；

（六）伪造、擅自变更保险合同，或者为保险合同当事人提供虚假证明材料；

（七）挪用、截留、侵占保险费或者保险金；

（八）利用业务便利为其他机构或者个人牟取不正当利益；

（九）串通投保人、被保险人或者受益人，骗取保险金；

（十）泄露在业务活动中知悉的保险人、投保人、被保险人的商业秘密。

除上述规定外，保险代理人及保险代理机构从业人员在开展保险代理业务过程中，不得索取、收受保险公司或其工作人员给予的合同约定之外的酬金、其他财物，或者利用执行保险代理业务之便牟取其他非法利益。

小结

寿险产品特有的销售方式催生了个人代理人。个人代理人具有的特性与寿险公司形成双方的利益关系，并成为寿险公司销售产品的主要甚至核心渠道。个人代理人与寿险公司具有比较成熟的法律关系，这些法律关系成为双方合作发展的基础。监管部门对个人代理人从业资格、代理权和行为规范的规定，为个人代理人的健康发展创造了良好的环境。

第 2 章

组织管理体系

关键词：

基本特点、管辖与管理、基本原则、主要内容个人代理人组织管理体系，是指寿险公司按照一定规则和内部联系建立的销售队伍组织架构、职级、权责关系组合而成的整体。组织管理体系既是寿险公司管理个人代理人队伍的基本抓手，也是个人代理人个人职业发展的路径，更是个人代理人利益分配的基本依据。

接下来各章内容引自中国人寿《中国人寿保险股份有限公司保险营销员管理办法（2018 ABC 综合版)》（简写为国寿基本法)、平安寿险《个人寿险业务人员基本管理办法（2016 年版)》（简写为平安基本法)、太平洋寿险《太平洋寿险营销业务人员基本管理办法（2017 修订)》（简写为太平洋基本法)、新华保险《新华人寿保险股份有限公司个人业务保险营销员管理基本办法（2020 版）A 类》（简写为新华基本法)、友邦保险《友邦中国保险营销员奖金津贴与考核晋级制度（2017 年，北京地区适用)》（简写为友邦基本法)，以帮助读者进一步了解"基本法"的具体内容。

基本特点

个人代理人制度的特点之一，是个人代理人队伍是靠招募而非招聘建立起来的。个人业绩和从业时间达到一定的标准和要求，就具备做主管的资格，就有了招募下属的权力。招募到一定数量的下属，就可以成为一名初级主管。随着个人和团队业绩、人力规模的发展，主管的职级也可以不断地晋升。主管的职位、佣金、津贴、奖金等视其所属团队的人力和业绩而定。主管本人也因下属人力越多、层级越多，推动其职级越高，直至成为组织中最顶端的主管，组成金字塔状的人力组织结构，形成典型的直线型组织架构。个人代理人组织架构体系如图2-1所示。

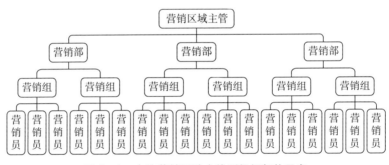

图2-1 寿险营销团队直线型组织架构示意

个人代理人队伍直线型组织管理体系主要体现出以下几个特点。

靠"血缘关系"建立

个人代理人队伍是靠招募发展壮大的。各级主管所形成的团队不论多大，最初都是由主管直接招募、培育下属，一些优秀的下属又招募、培养他们的下属，最后形成树状关系团队。行业内将这种队伍发展关系称为"血缘关系"。在个人代理人组织结构中，每一个层级的上下级，都直接反映团队发展所形成的"血缘关系"。整个团队组织结构，更能一目了然地反映整个组织的"血缘关系"。整个管理体系中上下级关系明确、简单，直接体现招募者与被招募者的管理关系。即使是业务员晋升，或者是主管降级，也仍然以这种"血缘关系"为主导，确定新的管理关系和管理利益。

国寿基本法

1. 主管推荐的新人，归入该主管的直辖组；业务系列人员推荐的新人，暂归入推荐人直接主管的直辖组。

2. 业务系列人员晋升为组经理时，与其具有多重推荐关系的业务系列人员均回归至其辖下；若被推荐人先于推荐人晋升为主管，被推荐人及与其具有多重推荐关系的业务系列人员均不再回归给推荐人。

太平洋基本法

1. 业务主管推荐的各级业务员（行销主管）直接隶属于其本人管理。各级业务员（行销主管）推荐的业务人员直接隶属于推荐人的直接主管管理，待推荐人晋升为业务主管后调整隶属关系。业务主管直属的业务人员在晋升为行销主管后，仍直接隶属于原业务主管管理。由公司推荐的业务人员，可由公司根据实际情况指定主管，指定后不得再行改动。

2. 业务员晋升为业务主任时直接隶属于业务经理，与原业务主任不再有隶属关系。业务主任晋升为业务经理时直接隶属于营业区（若营业区尚未形成，则直接由公司管理）。业务经理晋升为业务总监时直接由公司管理。

3. 业务员晋升为业务主任时，由其直接或间接推荐且尚未晋升为业务主管的业务人员均应划归其管理。业务主任晋升为业务经理时，其任业务主任期间直接或间接育成的其他业务主任（尚未晋升为业务经理或以上职级）及所辖业务室，均应一并划归其管理。业务经理晋升为业务总监时，其任业务经理期间直接或间接育成的其他业务经理（尚未晋升为业务总监）及所辖业务部，均应一并划归其管理。

4. 业务总监降为业务经理后，其本人及辖属人员归原区育成人管理；若原区育成人已不在业务总监职级，则归上一代区育成人管理，依此类推；若无法找到任何仍在业务总监职级的直接或间接区育成人，则应以业务部为单位进行运作。业务经理降为业务主任后，其本人及辖属人员归原部育成人管理；若原部育成人已不在业务总监或业务经理职级，则归上一代部育成人管理，依此类推；若无法找到任何仍在业务经理或以上职级的直接或间接部育成人，则归上级主管管理；若无上级主管，则应以业务室为单位进行运作，或根据总公司《无归属团队代管管理规定》调整隶属关系。业务主任降为业务员后，其本人及辖属人员归原室育成人管理；若原室育成人已不在业务主管职级，则归上一代室育成人管理，依此类推；若无法找到任何仍在业务主管职级的直接或间接室育成人，则归上级主管管理；若无上级主管，则根据总公司《无归属团队代管管理规定》调整隶属关系。

新华基本法

主管推荐的新人归其所属，业务员系列人员推荐的新人暂归属其主管，待该营销员晋升为业务经理层级后再归其所属；公司统一招募的新人由公司根据需要统一分配。

业务员系列晋升为业务经理层级时，与其形成增员关系且仍在同一营业组的各级营销员一并归属其营业组；业务经理层级晋升为营业部经理时，其直辖组、在同一营业部的直接育成组和间接育成组一并归属其营业部。

业务经理层级降为业务员系列或解约后，降级业务经理及原营业组营销员回归原育成人直辖组，如该业务经理原育成人直辖组不存在，则回归原育成人的上一级育成人直辖组，依此类推，直至回归其所在营业部经理的直辖组；如降级业务经理与原育成人不在同一营业部，则该业务经理及所辖营销员不再回归原育成人，而直接回归至其所在营业部经理的直辖组。

体现主管对下属的直接管理权

在个人代理人组织管理体系中，各级主管按垂直系统直线排列，只对所属下级拥有直接的管理职权。营销团队中每一个成员只能向一个直接主管报告。这种组织管理体系的运行机制，反映为一个纵向的控制与协调关系。具体表现为：营销区域主管或营销部主管是其所属团队的最高管理者，负责营销团队销售计划的制订和组织实施；其相关指令按照纵向等级关系层层下达，并由各级下属主管遵照执行。其各层级主管根据上一级主管指令行事，并享有适当的管理权。业务员的首要职责是按照直接主管的要求去做。在这种组织体系的管理下，高级主管的指令纵向传递迅速，便于统一领导和协调。另外，由于个人代理人队伍主要依靠纵向管理和控制，因此内部管理效率相对较高。

国寿基本法

同级的各档主管互不管辖；区域总监级主管管辖与其有培育关系的各档组经理和处经理，处经理级主管管辖与其具有培育关系的各档组经理。

组经理直辖组人员晋升为组经理时，彼此不再具有管辖关系，新晋升的组经理归属上级主管管辖，原组经理与其建立培育组关系；当原组经理晋升为处经理时，重新管辖其培育的组经理。

处经理管辖的组经理晋升为处经理时，彼此不再具有管辖关系，新晋升的处经理归属上级区域总监管辖，原处经理与其建立培育处关系；当原处经理晋升区域总监时，重新管辖其培育的处经理。

区域总监管辖的处经理晋升为区域总监时，彼此不再具有管辖关系，原区域总监与其建立培育区关系。

没有正式的组织配置

个人代理人整体是一个组织，各个层级的团队也是一个组织。但与其他组织不同，保险公司按照"基本法"设计利益分配关系，采取团队主管按照团队业绩计提收入的方式，形成主管的报酬，而且基本上是每一个团队只能有一名主管直接计提（更高层主管提取属于间接提取）。主管是靠对下属以及下属团队的管理获取管理报酬。另外，个人代理人队伍特有的"血缘关系"，形成下级业务员或主管只能接受一位上级主管的领导，不允许出现多个直接上级主管。因此，在组织管理体系中，从上到下，不论职级多高，没有正式的组织配备和人员配备，都是靠主管个人直接管理自己所辖团队。有的高职级主管，管理的团队规模大，提取的收入高，会自己支付报酬聘请助理帮助处理一些日常管理上的事务。

管辖与管理

个人代理人队伍是靠主管招募下属建立发展起来的。这种特殊的队伍发展方式，形成了主管对团队特殊的管理关系：管辖关系和直辖关系并存。二者的本质都是管理关系。

管辖与直辖

管辖的本意是管理、统辖一定范围内的人员和事项。引入寿险营销团队，指的是主管对所辖团队人员和事项的管理权。主管与管辖具有密不可分的联系。没有管辖的主管，不仅不能履行主管的责任，也会失去主管的意义。

寿险个人代理人队伍是靠招募发展的，而招募又分为主管直接招募、下属主管直接招募、公司招募多种情景。由此形成主管与下属多种关系并存。

1. 管辖关系。

管辖关系，是指营销主管对与本人有管理或育成关系团队的管理权，直接体现在对横向育成、纵向直辖团队人员和事项的管理关系。主管的团队，不仅有自己招募、培育的团队，也有依据公司"基本法"规定划归的人员和团队，如公司招募或引进的团队。主管与这些人员和团队形成管辖关系。

2. 直辖关系。

直辖关系，是指主管对其直接招募人员或下属生成团队形成人员和事项的管理权，直接体现主管对团队的纵向管理关系。例如，主管 A 招募了业务员 B，A 与 B 形成直接管理关系。若日后 B 晋升到一定级档，但只要还在主管 A 团队内（职级低于主管 A），A 与 B 仍然是直辖关系。主管 A 所直接拥有的团队被称为直辖团队。管辖与直辖关系详见图 2 - 2。

3. 推荐管辖关系。

一般寿险公司"基本法"都规定，业务员在成为主管之前没有招募新人的权力，但可以向直接主管推荐新人，由此就产生了推荐管辖关系与回归管辖关系。

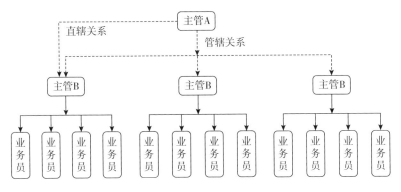

图2-2 管辖与直辖关系示意

　　推荐管辖关系，是指主管直接下属业务员所推荐新人与主管之间形成的管理关系。在"基本法"规定中，业务系列人员（推荐人）与新人（被推荐人）之间形成推荐关系，而主管与新人则成为推荐管辖关系。如主管A招募了业务员B，业务员B推荐了业务员C。B与C形成推荐与被推荐关系，主管A与业务员C形成推荐管辖关系。这种推荐管辖关系可能是长久的，也可能是暂时的，完全取决于推荐人（B）或被推荐人（C）下一步的发展。因此，对主管A而言，推荐管辖关系是一种不确定的直辖关系。如果业务员B一直为业务员系列人员，主管A与业务员C则一直是推荐管辖关系，否则，这种关系将改变。

　　4. 回归管辖关系。

　　回归管辖关系，是指当推荐人先于被推荐人晋升为主管时，其过去所推荐新人立即划归其团队所辖形成的管理关系。如业务员B（推荐人）晋升为业务主管，而业务员C（被推荐人）仍为业务员时，业务员C及与其有多重推荐关系（如业务员C还推荐

了业务员 D）的业务人员则即时归属业务员 B 团队内。业务员 B
与业务员 C 形成回归管辖关系。这种回归管辖关系实质是直辖关
系，只不过是经过了推荐管辖过程，或者说是由推荐管辖关系转
为直辖关系，同时也终止了主管 A 与业务员 C 原来的推荐管辖
关系。由推荐管辖关系到回归管辖关系详见图 2 – 3。

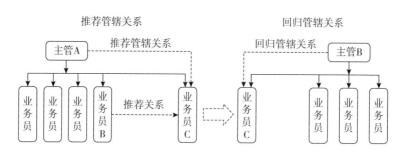

图 2 – 3　由推荐管辖关系到回归管辖关系

　　同样，营销主管晋升一个职级时，其直辖团队、在同一团队
内的直接育成组和间接育成组一并归属其新晋升的团队。

　　另外，现实中还会出现如下两种情况：

　　一是被推荐人先于推荐人晋升。若业务员 C（被推荐人）先
于业务员 B（推荐人）晋升为主管，则业务员 C 以及与其具有多
重推荐关系的业务人员均不再回归给业务员 B。

　　二是主管降级。若主管在考核中被降级，而降级主管与原主
管仍同属一个上级主管团队，则降级主管及其所属团队回归原主
管团队。若原主管团队已经不存在（如离司），则回归至原主管
上一级主管，依此类推。若降级主管与原主管已经不在同一个上
级主管团队了，则该降级主管及所辖团队不再回归原主管，而直

接回归至其所在上一级团队主管，成为其直辖团队。

直接管理与间接管理

直接管理，是指主管直接对下属和团体成员的管理关系。这种直接管理没有中间层，反映的是一个直接的纵向管理。

间接管理，是指主管对下属管理中间还相隔有层级的管理关系，主管要通过中间层级主管来管理低层级团队成员。通常主管与低层级人员之间相隔一级，也可以相隔两级。直接管理与间接管理关系如图2-4所示。

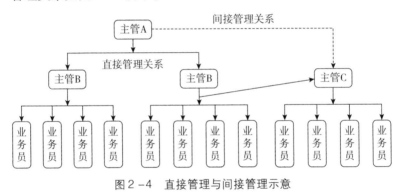

图2-4　直接管理与间接管理示意

在图2-4中，主管A与主管B是直接管理关系，主管B与主管C也是直接管理关系，而主管A与主管C因为中间间隔着主管B，所以是间接管理关系。

设计原则

一般个人代理人组织管理体系采用纵向划分的方法，将业务员的管理，从最高层主管到最底层业务员分成若干个管理层级，同时用横向划分方法，将每一个层级又分成若干个经营单位。纵向划分决定着主管的管理层级，横向划分决定管理幅度①。如果管理层级较多、管理幅度相对较窄，则被称为高长式组织结构；如果管理层级较少、管理幅度较宽，则被称为扁平式组织结构。

绝大多数寿险公司个人代理人组织普遍采用三级结构，基本属于扁平式组织管理体系。扁平式组织结构不仅压缩了管理层次，减少了管理传导链条，而且最重要的是拉近了最高管理层与一线销售人员的距离，使上下级营销主管之间联系更加自由、快捷、准确，保证了管理效率。

虽然扁平式组织管理体系已成为寿险公司普遍采用的方式，但是对一家寿险公司而言，究竟"扁平"到什么程度才能实现管理效率最大化，并且更能保证各个层级营销主管能够获得最佳的管理效率和足够的个人利益，则要根据公司个人代理人队伍发展战略而确定。一般在设计组织管理体系的时候，都应遵循以下几个基本原则。

精简高效原则

精简高效是个人代理人组织管理体系设计的基本原则，它直接体现在减少组织管理层级上。减少组织管理层级，一方面可以

---

① 管理幅度是指一个管理者直接管理部属的数目。

减少间接佣金①分配的层级，不仅能够直接控制公司的销售成本，还可以保证业务员以及各个层级主管能够有一个合适的收入水平。按照一般的分配原理，在间接佣金确定的情况下，管理层级越多，参与间接佣金分配的人就越多，每个人分得的相对就越少；否则，就越多。另一方面，就组织管理体系而言，管理层级越多，从上向下的管理效率在中途"衰竭"的就越多；否则，就越少。所以，减少组织层级，可以使营销团队"最高主管"能更直接有效地管理自己的团队，实现管理效能最大化。

统一管理原则

统一管理原则，是指要保证各级主管能够统一管理下属团队和人员的原则。统一管理原则也是保证营销团队自主经营并高效运行的最基本原则。即在各个层级主管以及团队中，所有业务员必须服从一个上级主管的领导和指挥，只有这样，才能形成领导和指挥的统一，保证最高营销主管的决策得以贯彻和执行。为此，要求在代理人组织管理体系设计上注意以下几点。

一是营销团队必须由主管自己管理。因为团队是主管自己招募建立起来的。自己建立并由自己管理，这是寿险营销队伍管理的一个基本特色。另外，保险公司通过管理利益已经支付了主管的管理报酬，团队业绩与主管的利益密切相关，不应该出现别

---

① 佣金分为直接佣金和间接佣金：直接佣金主要用于销售人员销售保单的报酬；间接佣金主要用于支付主管的各种报酬，如增员奖励、管理津贴等。

人管理团队，主管"不劳而获"的情况（主管自己聘请的管理人员除外）。还有，主管通过管理团队展示自己的管理才能，也是一个优胜劣汰的过程。有管理能力的主管，会在自己的管理中不断地晋升到更高层级，而相对能力不足的主管，也会在团队自主经营中被淘汰，这样才能保证主管队伍都是优秀的管理人员。

二是上下只能管理一级。下级主管只能接受直接上级主管的领导，不应该允许上级主管越级管理下属主管，也不能允许下级主管越级汇报或请示。

三是保险公司管理最高主管。保险公司应该通过最高主管向营销团队下达业务和行政意见，而不应该直接向各个层级主管或代理人直接下达指令，以尊重主管团队的"血缘关系"和营销团队的管理特点。

统一管理原则并不是把一切权力都集中在各级主管，而是应该既有集权也有分权。该集中的权力必须集中起来，例如招募业务员最终的审批权、解除代理合同、业务员或主管的晋升与降级审批权等；该下放的权力就应该放给各级主管，例如，营销策划、一般会议（晨会、夕会等）管理、职场管理等日常性事务。

权、责、利一致原则

权、责、利一致原则，就是说各个层级营销主管所承担的职责、拥有的权力和享有的利益应该一致。权力是责任的基础，有了权力才有可能负起责任；责任又是对权力的约束，主管在运用权力时必须要考虑可能产生的后果，不至于滥用权力；享有利益的大小决定了主管是否愿意承担责任和接受权力的程度。利益大责任小的事情，谁都愿意做。相反，利益小责任大的事情，谁都不愿意做。即使勉强去做，其积极性也会受到影响。因此，在代理人组织管理体系设计时，既要明确规定每一个主管的职责范围，又要赋予完成其职责所必需的管理权力，更要给予相适应的利益。这些利益直接体现在间接佣金的分配上。

经营目标原则

经营目标原则，就是代理人组织管理体系建立和工作的开展，都要围绕个险销售目标进行。营销团队各个层级的维持考核目标，应与公司个险渠道的年度业务发展目标相结合，才能实现公司的销售能力与销售目标的统一。个险营销管理体系中，现有和年度队伍发展计划各个层级考核目标汇总数，应该就是公司个险渠道首年保费和队伍发展的最低目标。这样建立起来的组织管理体系才是一个有机的整体，才能为实现公司个险渠道业务目标奠定良好的基础。

管理幅度适当原则

管理幅度适当原则，就是各级主管直接管理的下属要有一个适当的数量，具体体现在确定个人代理人组织管理体系中，初级主管（组经理/主任）、中级主管（部经理）和高级主管（区域总监）最低管理的人的数量（团队人数）或团队数量。如果管理幅度过小，会导致主管团队人力过少，不仅影响主管管理利益收入，而且也无法形成所需要的"人气"；如果管理幅度过大，会造成主管"力不从心"，容易导致团队管理弱化，无法形成整体销售能力。

管理幅度受多方面因素影响，例如主管个人素质、管理能力、日常管理事务的业务量，以及团队下属人员素质等。因此，寿险营销团队各层级管理幅度没有统一的标准，因公司、因人而异。管理幅度与管理层级呈反比：在人力规模一定的情况下，管理幅度大，管理层级就可以减少；管理幅度小，管理层级就可以增多。管理幅度的大小影响和决定着个人代理人组织管理层级、管理人员，每一家寿险公司都应根据影响管理幅度的因素来确定各个层级的管理幅度。

相对稳定原则

相对稳定原则，就是个人代理人组织管理体系一经确定，就要保持相对稳定，不宜经常变动。因为个人代理人组织管理体系的任何变动，基本都会产生各级主管管理利益的变动，都会对代理人队伍和主管队伍的稳定、团队销售业绩产生直接的影响。不论怎样变动，其结果都是"有人欢喜有人愁"。个人代理人组织管理体系相对稳定，才能保证队伍的基本稳定。

但是，寿险发展的竞争环境是不断变化的，公司本身的发展战略、发展因素等也会不断变化，当各种外部环境和内部条件发生较大变化时，现有的代理人组织管理体系相对僵化、运作效率低下，而且在公司生存和发展受到竞争压力时，不可避免地就要调整和变革个人代理人组织管理体系。因为只有调整和变革，才会给个人代理人队伍的管理重新带来效率和活力。

主要内容

个人代理人组织管理体系的主要内容，一般包括发展路径、管理层次、管理幅度、职级档次、路径转换、晋级进档六个方面。

发展路径

寿险公司一般为业务员的职业发展设置业务发展和管理发展两个路径，称为"业务线"和"管理线"。

业务线是为业务员个人自我发展而设计的成长路径。即只做保单销售者，不做团队管理者，也没有下属人员，凭借个人的销售业绩，按照公司设计的个人职级发展路径向上发展。

管理线是为业务员成为团队主管而设置的发展路径。它基本上是主管发展的阶梯，各级主管凭借自己的销售与管理能力，招募组建团队并负责团队的日常管理事务。主管的职级由团队的人力规模和业绩决定。

对于个人代理人来讲，由于知识、水平、性格、能力、社会经验和经历等方面的不同，决定着每个人走向成功的道路不同。

有些人善于组织和管理，喜欢团队活动，是很好的团队管理者；有些人个人业绩很突出，喜欢自己独立工作，不善于管理他人，所以，寿险公司个人代理人组织管理体系中，一般都有"业务线"和"管理线"两个发展路径，供业务员选择，以发挥每一个人的特长，达到"人尽其才"的最佳效果（见图2-5）。

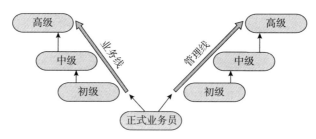

图2-5　个人代理人发展的"业务线"和"管理线"

管理层次

管理层次是指个人代理人组织管理体系纵向划分的管理层级数目。个人代理人队伍虽然是靠主管招募建立和发展的，属于规模型人力组织，但当人力规模不是很大时，主管可以直接管理每一个下属，形成一个基本的营销团队，保险公司将此设置为一个管理层级。有的公司将这个层级称为组，也有的公司称为室。当团队人力规模发展大了，特别是主管下属中也有人通过招募建立了新的营销组/室，形成了新的管理层级，保险公司就将几个组/室组合成一个大的管理层级，导致整个团队增加到两个层级。有的公司将这个层级称为部，也有的公司称为处。依此类推，将几个部/处组合成更大的管理层级，形成第三个管理层级，有的公司称之为区。当前，我国寿险业主要公司中，有的设置两个管理层级，有的设置三个管理层级，详见表2-1。

表2-1　主要寿险公司管理层级比较

管理层级	国寿	平安	太平洋	新华	友邦
第一层	营销组	营业组	业务室	营业组	营业组
第二层	营销处	营业部	业务部	营业部	营业部
第三层	营销区	营业区	业务区	—	区域

　　个人代理人是人力密集型销售组织。在我国，队伍规模大的公司已经超过百万业务员。在逐渐全面开放的市场环境下，要求对个人代理人队伍管理具有较高的效率，才能在市场竞争中生存和发展。这一客观要求对管理层级的设计有着直接的影响。两个管理层级比三个管理层级显得扁平化一些，但如果主管人员管理的下属人数过多，超过有效管理幅度，则管理效率未必就高。

国寿基本法

　　下设营销区、营销处和营销组。分别由区域总监职级、处经理职级和组经理职级主管履行管理职责。

平安基本法

　　营业部是指各级营业部经理、业务总监所辖的营业单位；营业组是指营业部之下，由各级业务主任所辖的营业单位。

新华基本法

　　营业部是指各级营业部经理（含）以上层级所管辖的营销

团队；营业组是指营业部之下且由各级业务经理所管辖的营销团队。

友邦基本法

营业部是指直接接受业务总监/区域业务总监日常管理的营业团队，包括总监直辖组、直接或间接育成的所有营业组，或经过公司批准的委托其管理的其他团队。

区域是指直接接受区域业务总监日常督导的营业区域，包括区域业务总监本人的营业部、其直接或间接育成的所有营业部，或经过公司批准的委托其管理的其他团队之总和。

管理幅度

管理幅度又称管控幅度，是指一个管理人员直接管理下属人员的数量。管理幅度对组织管理体系设计有着重要的影响。对个人代理人队伍的管理而言，在业务员数量一定的条件下，管理幅度大，管理层级虽然可以减少，但导致主管管理下属的数量较多，对下属业务员提供具体指导的机会相对较少，以及可能由于主管管理不过来而对下属的管理效率低下；反之，管理幅度小，管理层级就要增加，不仅要大量增加各级营销主管，造成间接佣金支出的增加，还可能会导致上下级主管关系的复杂化，甚至形成利益冲突。一家寿险公司个人代理人组织管理体系中，各级主管管理幅度以多大为宜，没有统一的标准，完全视各家公司个人代理人队伍发展战略而定。但是，不论是大型寿险公司，还是小型寿险公司，在确定管理幅度的时候，一般都要考虑下列因素：

1. 对主管的要求。

管理幅度的大小取决于管理者的素质和管理能力。主管素质高和管理能力强，直接管辖的人数就可以多一些；否则，就少一些。如果希望团队主管整体素质高一些，管理能力强一些，管理幅度就可以设计得宽一些，自然就会淘汰那些素质低能力弱的人。

2. 对业务员的要求。

如果招募的代理人整体素质较高、能力较强，就可以减少主管的指导和监督。业务员销售能力很强，不需要事事向主管请示或请教，从而减少与主管接触的频次，主管直接管辖的人数就可以多一些；否则，就得少一些。通常，代理人素质的高低，招募门槛（条件）是一个重要的因素。如果希望招募的代理人素质高一些，可以将招募门槛（条件）设置得高一些；否则，就低一些。

3. 主管日常工作量。

如果各级营销主管有大量的日常性工作，而且这些工作已有规定的处理程序和解决方法，甚至利用现代科技赋能主管的管理工作，则主管直接管辖的人数可以多一些；如果主管经常面对的是较复杂或不确定的工作，则直接管辖的人数不宜过多。

不论管理幅度是大一些还是小一些，保险公司对每一个最高主管管辖团队在总人数上都应该有所控制。如果队伍数量过大，不仅可能会出现管理效率低下的问题，更严重的可能还会发生一支队伍左右整个公司新单销售的局面。如果发生团队流出（行业称为集体跳槽）时，不仅会对公司销售业绩造成较大的影响，甚至会让公司蒙受巨大的损失。

职级档次

职级档次是指为业务员或主管划分的职级和档次，即将个人代理人队伍按照"业务线"和"管理线"两个发展路径划分成不同的级别，如初级、中级和高级，在每个级别内又设置高、中、低不同的档次，整体构成级别和档次的组合，一般被统称为级档，详见图2-6。

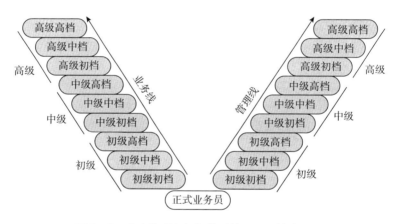

图2-6 个人代理人组织体系的职级和档次示意

管理层次从表面上看是组织管理体系中的层级数量，实质上却是个人代理人队伍内部纵向分工的表现形式。不同管理层级主管在营销管理链条中的地位不同，其职能和权限也不同。不同职级主管所从事的管理工作量也是不同的，越是高职级的主管，管理性工作就越多；越是低职级的主管，相应的管理性工作也就越少。

高职级主管的主要职责为：对整个所辖团队全面负责，如制定团队自主经营的发展战略、年度销售计划、团队人力发展规划、团队文化建设计划等，并统一组织实施战略、规划和计划。

中级主管的主要职责为：贯彻高职级主管所制定的团队发展战略，拟订和选择年度销售计划的实施方案、步骤和程序，对计划的实施进行控制，并督导基层主管达成销售业绩，在组织管理体系中起承上启下的作用。

初级主管的主要职责为：组织实施保单销售、管理和售后服务工作，直接指导和督导下属业务员完成保单销售计划，同时负责营销团队增员。基层主管是营销市场第一线的接触者，是整个个人代理人组织管理体系中最基本的骨干力量，其作用相当于军队组织体系中的班长。

国寿基本法

保险营销员分为两个系列。

1. 业务系列：包括业务员、业务主任、业务经理、高级业务经理四级。

2. 主管系列：包括组经理、处经理、区域总监三级，分别管辖营销组、营销处和营销区。组经理级主管分设组经理、高级组经理和资深组经理三档；处经理级主管分设处经理、高级处经理和资深处经理三档；区域总监级主管分设区域总监和高级区域总监两档（见图 2-7）。

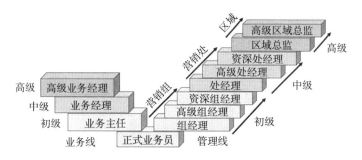

图2-7 国寿个人代理人组织管理体系

平安基本法

组织发展的职级包括试用业务员、正式业务员、业务主任、高级业务主任、资深业务主任、营业部经理、高级营业部经理、资深营业部经理、业务总监、高级业务总监、资深业务总监。行销发展的职级包括试用业务员、正式业务员、行销主任、高级行销主任、资深行销主任、行销经理（见图2-8）。

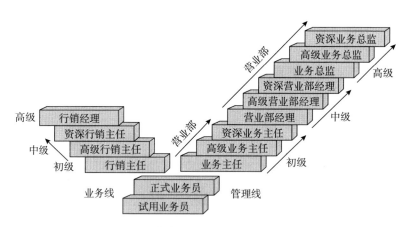

图2-8 平安寿险个人代理人组织管理体系

太平洋基本法

业务人员分为组织发展和个人发展两个系列。

1. 组织发展系列。

组织发展系列设业务员、业务主任、业务经理和业务总监4档，共分10级。业务员职级依次为业务员 A/业务员 B、正式业务员；业务主任职级依次为主任、高级主任、资深主任；业务经理职级依次为经理、高级经理、资深经理；业务总监职级依次为总监、资深总监。组织发展系列中业务主任及以上职级统称为业务主管。

2. 个人发展系列。

个人业绩较好但又不适合或不愿意按组织发展系列晋升的业务人员，可申请按个人发展系列晋升。个人发展系列设业务员、行销主管两档，共分5级。行销主管职级依次为行销主任、行销经理、行销总监（见图2-9）。

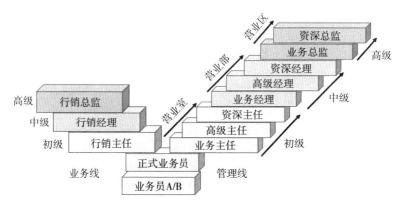

图2-9 太平洋寿险个人代理人组织管理体系

新华基本法

营销员分为业务员系列和主管系列。业务员系列包括试用层级、正式层级和行销专务层级；主管系列包括业务经理层级、营业部经理层级和总监层级；共2个系列，6个层级，18个级别，各层级包含的营销员级别具体如下所述。

试用业务员层级：包括试用业务员、降级业务员。

正式层级：包括正式业务员。

行销专务层级：包括行销专务、高级行销专务、资深行销专务。

业务经理层级：包括业务经理、高级业务经理、资深业务经理。

营业部经理层级：包括营业部经理、高级营业部经理、资深营业部经理。

总监层级：包括区域总监、高级区域总监、资深区域总监、功勋总监、高级功勋总监、首席功勋总监（见图2-10）。

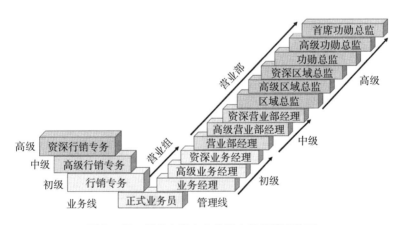

图2-10 新华人寿个人代理人组织管理体系

友邦基本法

各级销售路径营销员、各级业务主管、各级业务总监、各级业务经理定义如下所述。

各级销售路径营销员：指助理销售经理、销售经理、资深销售经理、销售总监、资深销售总监。

各级业务主管：指业务经理及以上级别。

各级业务总监：指业务总监、资深业务总监、执行业务总监、区域业务总监。

各级业务经理：指助理业务经理、业务经理、资深业务经理、业务处经理、资深业务处经理、助理业务总监（见图2－11）。

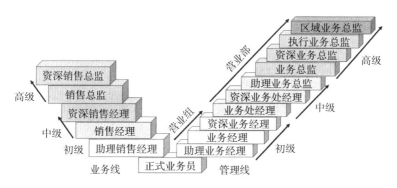

图2－11　友邦保险个人代理人组织管理体系

注：助理业务经理和助理业务总监并不是单独的级别，而是为有潜力向上晋级的营销员/主管准备的特别晋级计划。

路径转换

"业务线"和"管理线"可以互相转换。业务员/主管从事了一段保单销售/管理工作后，对市场有了进一步了解，对保单销售/团队管理也有了一些体验，对自己做业务员/主管有了重新认识，可能对自己的未来发展有了新的选择要求。这时，应该给业务员/主管一个新的选择机会，允许其更改原来的选择，即从"管理线"转任"业务线"，或从"业务线"转任"管理线"。

但这种发展路径的转换，只能在较低级档进行。因为，已经走"管理线"主管的级档越高，管理的下属业务员和团队也就越多。如果其个人转任"业务线"，会造成较多下属业务员或团队处于"群龙无首"的局面，给再上一级主管直接形成压力。而已经走"业务线"级档较高的业务员，转任"管理线"的时候，要从头开始发展团队，很难在短期内达到高职级主管的维持考核要求。所以，从稳定个人代理人队伍的角度考虑，这种发展路径的转任只能允许在较低级别时进行，才能保证转任的成功率，而且一般只允许转任一次。

国寿基本法

业务系列和主管系列之间可以相互转换：

1. 业务经理和高级业务经理符合业务主任晋升组经理条件的，可申请转为组经理。

2. 各级主管可根据本人业绩转为业务主任、业务经理或高级业务经理。当主管个人业绩达到所转换职级维持考核条件，可提出转换系列申请。组经理转系列为业务经理或高级业务经理须任组经理满12个月（见图2－12和图2－13）。

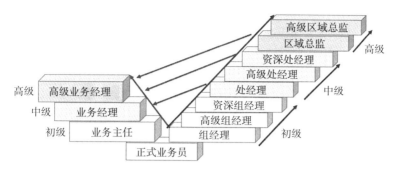

图 2-12　国寿"管理线"转任"业务线"

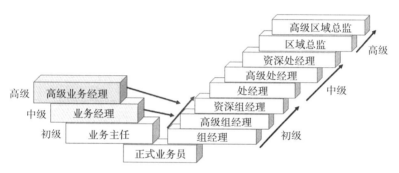

图 2-13　国寿"业务线"转任"管理线"

平安基本法

行销发展路线人员与组织发展路线人员可相互转任,具体规定如下:

1. 行销系列转任组织系列,需本人提出申请,筹备期最长为 9 个月。超过筹备期未转任成功,取消筹备资格。再次申请至少需间隔 3 个月。

2. 由行销系列转任组织系列的,均从业务主任职级开始,按照晋升业务主任的条件进行考核。

3. 由行销系列转任组织系列的,可带走其所属组的直接和间接推荐的业务员，并归属其组下。

4. 由组织系列转任行销系列的，根据个人业绩和年资确定转任的行销系列职级（见图2-14和图2-15）。

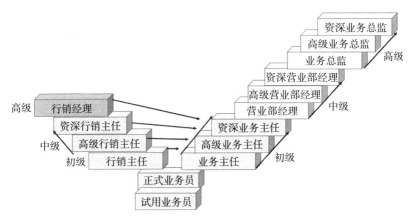

图2-14 平安人寿"业务线"转任"管理线"

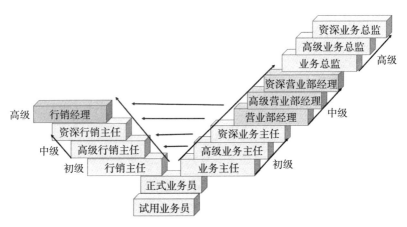

图2-15 平安人寿"管理线"转任"业务线"

太平洋基本法

业务人员由组织发展系列转入个人发展系列时，自提出申请当月（不含）的前3个月各项考核指标达到相应职级行销主管的维持考核标准，方可转任相应职级。个人发展系列转入组织发展系列时，自提出申请当月（不含）的前6个月各项考核指标达到晋升主任的条件，可转任"主任"职级（见图2-16和图2-17）。

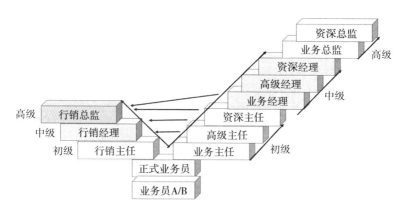

图2-16 太平洋寿险"管理线"转任"业务线"

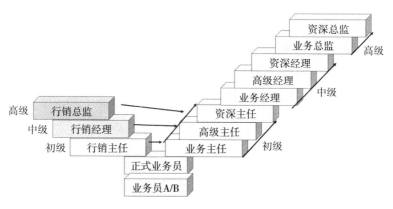

图2-17 太平洋寿险"业务线"转任"管理线"

友邦基本法

组织发展路径与销售路径均可申请路径转换。路径转换的申请在每个财政季度末进行，级别变化于下个财政季度的首月操作。对于销售路径下的各级营销员，若申请转至组织发展路径，需任销售路径保险营销员满连续 6 个月后，方可按组织发展路径下晋级业务经理的标准转任业务经理。对于组织发展路径下各级业务经理、各级业务总监和区域业务总监，若申请转至销售路径，则需降级为正式业务员（SA）满连续 6 个月后，方可按销售路径下晋级销售经理的标准转任销售经理（见图 2 - 18 和图 2 - 19）。

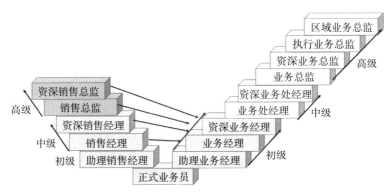

图 2 - 18　友邦保险"业务线"转任"管理线"

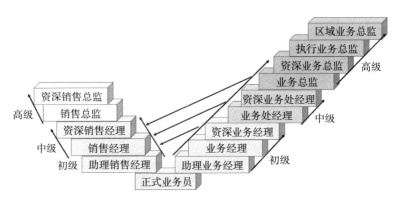

图 2 - 19　友邦保险"管理线"转任"业务线"

晋级进档

晋级进档总时长，是指假设个人代理人都在规定的最短时间内顺利晋级，一个业务员从最低一级晋升到最高一级最快所需要的全部时间，通常以月份来表示。如果总时长较短，业务员很快达到"顶峰"，往往会没有了奋斗的目标，长期处在维持的状态，容易失去斗志。如果总时长太长，业务员长时间不能晋升，也会对前途失去信心，往往出现半途而退的情况。

图 2－20 和图 2－21 是平安人寿、太平洋寿险、友邦保险组织管理体系中，管理层级和档次晋升总时长设计的比较。

从三个公司的"基本法"对层级和档次晋升总时长的规定来看，相差甚大，但其中没有对错，也没有好坏之分，反映的是不同的个人代理人队伍建设思想。

平安

行销发展序列	晋升需要时间（月）	划分
试用业务员		
正式业务员	3	
行销主任	36	初级
高级行销主任	6	中级
资深行销主任	6	
行销经理	6	高级
合计	57	

太平洋

个人发展序列	晋升需要时间（月）	划分
业务员A/业务员B		
正式业务员	3	
行销主任	6	初级
行销经理	6	中级
行销总监	6	高级
合计	21	

友邦

销售序列	晋升需要时间（月）	划分
正式业务员		
销售经理	12	初级
资深销售经理	6	中级
销售总监	12	高级
资深销售总监	12	
合计	42	

图 2－20　个人发展序列晋升时间的比较

	平安			太平洋			友邦	
组织发展系列	晋升需要时间	划分	个人发展序列	晋升需要时间	划分	销售序列	晋升需要时间	划分
正式业务员	6		正式业务员	4		正式业务员	6	
业务主任	6	初级	业务主任	4	初级	助理业务经理	6	初级
高级业务主任	6	中级	高级主任	4	中级	业务经理	>6或>12	中级
资深业务主任	6	高级	资深主任	4	高级	资深业务经理	>12	高级
营业部经理	6	初级	业务经理	4	初级	业务处经理	12	初级
高级营业部经理	6	中级	高级经理	4	中级	资深业务处经理	12	高级
资深营业部部经理	6	高级	资深经理	4	高级	业务总监	12	初级
业务总监	6	初级	业务总监	4	初级	资深业务总监	12	中级
高级业务总监	6	中级	资深总监	4	高级	执行业务总监	12	中级
资深业务总监	12	高级				区域业务总监	12	高级
累计	66		累计	36		累计	90或96	

图 2-21　主管序列晋升时间的比较

小结

　　个人代理人队伍主管招募发展的特性，形成了直线管理型组织管理体系。这个组织管理体系以"血缘关系"为基础，形成各级主管对下属的直接管理权，而且没有组织、人力配备，完全靠主管个人来管理团队。因此，在设计组织管理体系的时候，要将组织管理设计的一般原则与个人代理人队伍的特性相结合，才能设计出适合个人代理人队伍特点的组织管理体系。在具体的内容上，不论是管理层级、管理幅度还是职级档次，没有好坏之分，只有适不适合自己公司的管理需要。

第 3 章

考核体系

关键词：

考核期、业绩考核、人力考核、育成考核、业绩回算、

工作考核和素质考评、考核运用

个人代理人完全靠考核实现个人成长和发展，实现自己的价值。一个公司的个人代理人"基本法"考核体系，就是个人代理人成长的路径，确定个人职级的升降，决定个人所能获得的利益是增加还是减少，也是个人代理人队伍各个组织层级建制的标准，直接影响到整个组织体系、架构的维系和发展。所以，在个人代理人"基本法"三大体系中，如果说组织管理体系是架构设计，利益关系是收入分配制度，那么考核则是成就组织管理体系和利益分配制度的途径。通过考核体系，实现组织管理体系的维系，实现利益分配。"基本法"考核体系，主要由考核期、业绩考核、人力考核、业绩回算、工作和素质考核以及考核结果运用几个部分组成。

考核期

　　考核期是指对考核所划定的时间段。通常，保险公司对不同职级业务员和主管的考核期不同，而不同公司对考核期的划定也不同。但不论时间段如何划分，就考核期而言，一般分为单期考核和滚动考核两种。

单期考核

单期考核，也称固定考核，是指以一个固定期间作为考核期所进行的考核。例如，以一个季度作为一个考核期，在每个季度结束日进行考核。如图 3 − 1 所示。

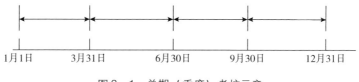

图 3 − 1　单期（季度）考核示意

单期考核方式比较简单，相当于每年只在确定的时间开展考核工作，全年考核工作的工作量相对稳定。但这种方式对被考核者来说，可能会形成在整个考核期"前松后紧"的业务发展状况，也会造成个人代理人队伍随着销售淡季或旺季出现大升大降的情况。销售旺季，业务员和主管的业绩好，考核结果一般也好，晋升的人员也会多；销售淡季，考核结果可能相对较差，降级、离职人员可能就较多。

平安基本法

本办法所称"考核期"，分为季考核期、半年考核期和年度考核期。季考核期，是指每年 1 ~ 3 月、4 ~ 6 月、7 ~ 9 月、10 ~

12月；半年考核期，是指每6个月为一个考核期，为每年1~6月、4~9月、7~12月、10月至次年3月；年度考核期，是指每12个月为一个考核期，为每年1~12月，7月至次年6月。正式业务员维持考核，本季考核期任职未满2个月者，并入下一考核期参与考核；正式业务员以上层级维持考核，本考核期任职未满一个考核期者，并入下一考核期参与考核。晋升营业部经理的时间固定为每年的1月1日或7月1日（见图3-2）。

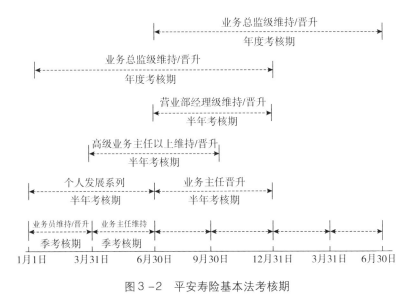

图3-2　平安寿险基本法考核期

新华基本法

各级别人员考核期的规定如下。

1. 试用营销员：自录入系统起1~12个月。

2. 降级营销员：降级后1~6个月。

3. 正式营销员、行销专务层级、业务经理层级：自然季度，即每年的 1~3 月、4~6 月、7~9 月、10~12 月，分别于 4、7、10、次年 1 月进行考核；正式营销员于当考核季任职未满整考核期的，不参与当考核季的维持考核，但可以参加晋升行销专务或业务经理级别的考核；资深业务经理晋升营业部经理考核期为 3 个月或 6 个月，即一个自然季度或连续两个自然季度。

4. 营业部经理层级：考核期 6 个月，即连续两个自然季度。

5. 总监层级：维持考核 6 个月，即连续两个自然季度；晋升考核 12 个月，即连续四个自然季度。

考核月指自然月。

每月 15 日（含）前录入系统的营销员，录入系统之日起至当月末为第一个考核月；15 日后录入系统的营销员，录入系统之日起至次月末为第一个考核月。

友邦基本法

保险营销员合同书考核，按公司财政季度进行；助理销售经理、销售经理的级别考核按公司财政季度进行；其他各级销售路径营销员、助理业务经理、各级业务经理和助理业务总监的级别考核按公司财政半年度进行；各级业务总监和区域业务总监的考核在每个财政年度的年末进行。保险营销员唯有经历一个完整的考核期，方可进行保险营销员合同书考核和级别考核。

各级销售路径营销员、助理业务经理和各级业务经理的晋级均按公司财政季度进行，即每年的 2 月、5 月、8 月、11 月为考察期末；各级业务总监和区域业务总监的委任在每年的 6 月与 12 月进行，即每年的 5 月和 11 月为考察期末。各级销售路径营销员的晋级，以及各级业务总监和区域业务总监的委任须严格按照本制度约定的考察期执行。对于晋级助理业务经理、晋级/转任业务经理，或晋级其他级别业务经理的，其考察期间为自晋级考察期末起回溯至最近一次任现级别时间为止，但最长不超过本制度约定的晋级考察期。

若同一月份既为考核期又为晋级期的，则先执行考核，若能通过考核再考察晋级。

各级保险营销员的考核、晋级（委任）、路径转换的考察期跨财政年度的，且前后财政年度的考察要求不同，则若考察期有大于等于6个月的时间处于后财政年度的，即按照后财政年度的考察要求执行营销员的考核、晋级（委任）、路径转换；否则即按照前财政年度的考察要求执行营销员的考核、晋级（委任）、路径转换。

若各级保险营销员的考核、晋级（委任）、路径转换的考察期内指标定义有所调整的，则按照调整前后的定义各自统计，即调整前的月份按原有定义统计各项指标、调整后的月份按新定义统计各项指标。

滚动考核

滚动考核也称循环考核，是指按照确定时间段以滚动方式所进行的考核，如图3-3所示。

滚动考核是一个递进式的考核，有利于督导业务员和主管积极拓展业务，保持业务持续稳定地发展，还可以综合调剂业务员

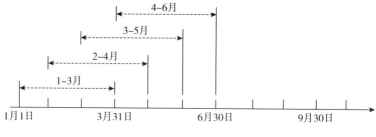

图 3-3 滚动考核示意

和主管团队的销售业绩，一般不会出现大起大落的现象。但因为考核频繁，会增加考核的工作量和管理成本。

国寿基本法

按季度考核，每年1、4、7、10月为考核月。业务员和考降业务主任按月滚动晋升考核。代理合同维持考核按月滚动进行。

考核包括职级维持考核、晋升考核和合同维持考核。业务系列人员达到晋升条件的可以申请晋升一档；达到职级维持条件，则维持该职级不变；否则给予降级处理。业务主任降级为考降业务主任后，佣金打八折发放，3个月内职级恢复后予以返还。

主管系列人员达到晋升条件的可以申请晋升一档；达到职级维持条件，则维持该职级不变；主管未达成职级维持条件的，即给予降级（档）处理。一个自然年度内，第一次仅因个人最近3个月综合持续率一项指标不达标而未通过维持考核，且无违法违规情况的主管，给予一次职级维持机会。

因特殊原因，在考核期内无法正常参会但能够提供公司认可的相关证明材料的人员，公司在该考核期可以给予考核保护。对因生育、住院等原因长期无法参会申请考核保护的人员，须提供公司认可的医疗机构出具的相关证明材料（包括但不限于病历、医保记录、生育证明、诊断证明等），并经公司审核通过。各省级分公司可对涉及人员的条件和具体要求进一步明确。考核保护期内，主管管理培育类津贴八折发放，恢复参与考核后，不予返还。主要涉及的管理培育类津贴项目如表3-1所示。

表3-1　涉及打折发放的管理培育类津贴项目

职级	涉及项目
组经理、高级组、资深组	直辖组津贴、绩优组经理奖、新主管特别津贴
处经理、高级处、资深处	直辖组津贴、处经理直辖津贴、责任津贴、直接培育组津贴、间接培育组津贴
区域总监、高级区域总监	直辖组津贴、直辖区津贴、责任津贴、直接培育处津贴、间接培育处津贴

省级分公司可视情况加入其他类委托报酬项目一并打折，但不得少于上述管理培育类津贴项目。

业务员、业务主任、考降业务主任未达成合同维持条件的，则解除代理合同。若当年度公司经营指标或渠道职能考核对合同维持考核有特殊要求的，按当年度公司考核标准执行。

太平洋基本法

1. 新人签约后即为业务员A，晋升为正式业务员的考核按月滚动进行，考核期为3个月。

2. 业务员B的维持考核期为3个月，并按3个月滚动。

3. 业务员B晋升正式业务员的考核按月滚动进行，考核期为 3 个月。若任"业务员 B"职级未满 3 个月，但已达到累计 FYC（首年度佣金）考核标准，即通过业务考核。

4. 连续任业务员 A/正式业务员满 3 个整月，即可参加晋升行销主任考核。业务员 A/正式业务员晋升行销主任按月滚动进行，考核期为 3 个月。

5. 业务员 A/正式业务员/行销主管晋升主任的考核按月滚动进行，考核期为 6 个月。

6. 业务主任维持考核期为自然季度，考核季当中任职的业务主任，若至考核季末已满 2 个月，则当季参加考核，考核月均指标（月均 FYC＝总 FYC÷2）；若至考核季末未满 2 个月，则当季不参加考核，下一考核季一并考核，考核月均指标（月均 FYC＝总 FYC÷经过整月数）。之后考核期按 3 个月滚动。

7. 业务经理和业务总监维持考核在自然季度末进行，第一个考核期须至少任本职级满 4 个整月，若至季末未满 4 个整月，则当季不参加考核，下一自然季度末一并考核，考核月均指标（月均 FYC＝总 FYC÷经过整月数）。之后考核期按 6 个月滚动。

8. 各级业务主管晋升考核在自然季度末进行，第一个考核期须至少任本职级满 4 个整月，若至季末未满 4 个整月，则当季不参加考核，下一自然季度末一并考核，考核月均指标（月均 FYC＝总 FYC÷经过整月数）。之后考核期为 6 个月，并按季度滚动。

9. 各级行销主管的晋升考核在自然季度末进行，第一个晋升考核期须至少任本职级满 4 个整月，考核月均指标（月均 FYC＝

总 FYC÷经过整月数），若至季末任本职级未满 4 个整月，则当季不参加考核，下一自然季度末一并考核，考核月均指标（月均 FYC＝总 FYC÷经过整月数）。之后晋升考核期为 6 个月，并按季度滚动。

业绩考核

业绩考核，是指对销售业绩进行的考核。通常包括保费考核、保单件数考核和品质考核。在销售业绩上，业务员与主管承担的责任不同。业务员承担的是个人销售业绩，而主管除了承担个人业绩外，更主要的是承担团队业绩。因此，在业绩考核上，可以分为对业务员考核和对主管考核两个部分。

对业务员的考核

业务员最主要的职责是销售保单。因此，通常对业务员主要是业绩考核和品质考核两个方面。

1. 业绩考核。

销售保单的业绩主要体现在保费收入和保单件数。首年保费收入是业务员创造的产值，保单件数是业务员创造的产量，佣金是业务员销售保单的报酬。因此，对业务员的业绩，可以考核保费、佣金和保单件数三个方面。

（1）考核保费。保费是业务员的销售额，可以用来直接考核业务员的销售业绩。考核保费，一是要明确考核保费范围。寿险产品不同，保费也不同。有长期保险产品，如终身寿险，也有短期产品，如旅游险，只有几天的时间；有总保费，也有首年保费和续期保费；有主险保费，也有附加险保费；有个险保费，也有团体险保费。因此，在考核保费时，首先要明确考核保费的范围：是用总保费，还是仅用首年保费或续期保费；是用全部保费，还是仅用长期险保费；是只考核主险保费，还是包括附加险保费。市场上，有的公司仅考核长期险保费，有的公司也包括短期险保费；有的公司只考核主险保费，有的公司也包括附加险保费。每个公司的选择，都体现了公司的业务发展战略。考核就是导向，考核什么，就是引导业务员重视什么，去做什么。二是要设置标准保费。寿险保费有趸交保费、期交保费；有长期期交保费，也有短期期交保费。虽然都是首年销售的保单，但保费收取方式不同，当期考核保费收入也就不同。仅简单地用保费指标考核，对于不同的保费收取方式，不能体现公平性。因此，有的公司设立标准保费，即以某一个期交保费为标准，其他保费按此打折计算，形成一个相对的保费。如以 10 年期以上长期主险保费为 1，趸交保费为 1/10（或 0.1），5 年交保费为 1/2（或 0.5），3 年期保费为 1/3（或 0.3）。三是要设置最低保费考核标准。考核就要有标准。通常保险公司都是按不同职级，设置不同的维持、晋升最低保费考核标准。级档越高的人员，维持、晋升考核的标准越高；一般同一级档人员维持考核低于晋升考核标准，但也有公司规定维持考核与晋升考核指标一致。

（2）考核佣金。佣金是业务员销售保单获取的报酬。佣金来自保费收入。就同类产品而言，佣金的高低基本上反映业务员销售业绩的高低。佣金是业务员的当期收入，能够有效地平衡不同交费方式下保费收入较大的差异。另外，佣金具有导向作用，可以引导业务员销售保险公司希望多销售的产品，实施公司产品战略。所以，考核佣金不仅可以间接体现业务员的销售业绩，还能引导业务员注重自己的收入水平。佣金考核，一是要明确佣金包括的范围。佣金来自保费，不同的保费产生不同的佣金。有首年佣金，也有续年佣金；有主险佣金，也有附加险佣金；有趸交保费佣金，也有期交保费佣金；有长期险保费佣金，也有短期险保费佣金，有个险佣金，也有团险佣金。考核不同的佣金，产生的实际效果不同。二是要设置佣金考核最低标准。通常保险公司分别针对不同级档设置不同的维持、晋升佣金考核最低标准。级档越高的人员，维持、晋升考核佣金的标准越高；同一级档人员维持考核的标准低于晋升考核的标准。考核佣金标准的高低，反映公司对业务员销售能力要求的一般水准，也是对业务员自己创造收入的最低要求。设置的考核标准高，虽然业务员普遍通过考核的难度相对较高，但可以促使业务员提高产能，提高收入；设置的考核标准低，虽然业务员普遍通过考核的难度相对低，但可能整体佣金收入水平也低，直接影响个人代理人的留存。所以，对业务员业绩考核标准的设置，既要考虑市场上同业公司的标准，也要考虑自己公司业务员的销售能力。追求考核高标准是必要的，选择适合自己公司的标准是必需的。

国寿基本法

FYC：包括个险长险主险、附加险和短期险的首年佣金或手续费。公司将定期公布列入 FYC 统计范围的短期险和附加险产品列表。

平安基本法

$$FYC = 初年度保费 \times 初年度佣金率$$

太平洋基本法

$$个人月均 FYC = \frac{考核期内个人累计 FYC}{考核期所含整月数}$$

$$团队月均 FYC = \frac{考核期内主管所在团队全体业务人员（含主管本人）达成的 FYC}{考核期所含整月数}$$

友邦基本法

保险营销员奖金津贴制度中，除以下特别说明外，FYC 仅包括个人寿险和个人意外及健康险 FYC。

NPA 2.0 人才计划①中的 FYC，包括个人寿险、个人意外及健康险、团体寿险、团体意外及健康险和团体旅行险的 FYC。

季度续保奖金的 FYC 包括个人寿险产品和个人长期意外及健康险产品的 FYC。

团体保险津贴的 FYC 包括团体寿险、团体意外及健康险和团体旅行险的 FYC。

---

① NPA 2.0 人才计划包括：菁英人才（HA）计划、金领人才（GA）计划和新秀人才（SA）计划三种类型。其中金领人才计划非签约即可参加，需根据新人首 3 个月的绩效进行评估，符合相关条件的营销员方能在后续月份加入金领人才计划。

团体退休金津贴仅基于团体退休金产品的 FYC 计算。

在保险营销员考核与晋级（委任）/转任中，FYC 包含个人寿险、个人意外险及健康险和团体保险的 FYC。此外，团体保险续保保费较前一年度保费增加部分所对应的佣金，亦可 100% 计入营销员考核与晋级（委任）/转任的 FYC 统计。

（3）考核保单件数。寿险公司通过考核保费、佣金引导代理人增加产值，考核保单件数则是引导代理人增加产量。保单件数就是业务员保单销售量，也与客户开发数量有直接的联系。保费是公司销售保单的收入，客户才是保险公司的资源和财富。客户越多，保险公司资源越多，公司业务就越稳定。所以，寿险公司一般对业务员业绩考核都有对保单件数的考核，属于对业务员"产量"的考核，也是对客户资源开发的考核。设计对保单件数考核，一是要确定保单件数定义。保单件数有多种：有主险保单件数，也有附加险保单件数；有个险保单件数，也有团险保单件数；有短期保单件数，也有长期保单件数；有趸交保单件数，也有期交保单件数；有 100 元保费的保单，也有 10 万元保费的保单。选择不同的保单件数，对公司经营管理的影响也不同。例如，从拓展客户资源上讲，主险保单基本上是新拓展的客户，主险保单越多，形成的客户资源就越多；附加险保单基本上是对已有客户的再开发，越多，对客户提供的保障越全面，公司的效益可能也越大。终身寿险是长期的保单，但公司不可能只销售终身保单；旅游险虽然只是几天有效的保单，但毕竟也是保单，而且可能还是效益型保单。所以，在现实中，寿险公司一般根据产品经营策略，对考核保单件数指标进行自己的定义。有的规定只考核主险长期险保单件数，有的规定要到达一定保费收入才算1件保单，还有的具体规定到某一种或某一类保险产品上。二是要设置保单件数的最低标准。考核保单件数，需要设置考核标准。通常寿险公司分别按照不同级档，设置不同的维持、晋升考核保单件数最低标准。职级越高的人员，维持、晋升考核保单件数的标准就越高。一般同一级档人员维持考核保单件数标准低于晋升考核标准。

国寿基本法

新单件数，指新签发的个险长险主险保单件数与短期险保费折算件数之和。个险长险主险期交保单单件保费达到1 000元计为1件（各省级公司可根据实际情况进行上调）；个险长险主险趸交保单单件保费达10 000元计为1件；短期险当月保费每累计1 000元（B、C版800元）折算为1件，折算件数不超过自然件数或卡折数；月交件当月保费每累计1 000元（B、C版800元）计为1件，折算件数不超过自然件数。公司将定期公布列入件数统计范围的险种。

平安基本法

所称"件数"，是指寿险新签约的长期险保单件数。

太平洋基本法

长险千P件数，指考核期内业务人员销售个人寿险业务长险新契约中，保费达到1 000元的考核件数（若为组合销售，涉及的不同长期险种根据保费达标情况分别计入考核件数）。

新华基本法

有效新契约件数，指符合有效新契约保费统计口径的1年期以上主险件数（不含年改趸件数）。

友邦基本法

所称"有效保险单件数"：寿险，1件计为1件有效保险单；长期意外及健康险，1件计为1件有效保险单；友邦康惠医疗保险/友邦尊享康惠医疗保险/友邦康逸医疗保险/友邦尊享康逸医疗保险/友邦传世无忧医疗保险计划/友邦附加添益Ⅱ少儿综合住院医疗保险/友邦附加添馨女性疾病保险，1件计为1件有效保险单；友邦康惠一家团体医疗保险/友邦康逸一家团体医疗保险，每1个被保险人的附约计为1件有效保险单；其他短期意外及健康险、团体旅行意外险不计为有效保险单。团体保险，1件计为1件有效保险单。团体退休金不计为有效保险单。

2. 品质考核。

寿险保单销售品质主要体现在保单继续率（也称续保率）上，即在一定时期内保单持续有效的比率。继续率越高，反映业务员保单销售质量相对越好。理论上讲，影响保单继续率的直接因素是退保率、失效率和满期/给付率。但因为保险公司考核的基本是最初1~2年的保单继续率，因此，基本还不会发生保单满期，而保险给付一般发生的也不多。所以，在品质考核中，主要考虑保单的退保和失效。退保率、失效率高，继续率就低，保单质量相对也就低；否则，相对就高。导致退保、失效率高的原因，既有客户的原因，也有业务员保单销售的原因，如误导客户投保、保单套利等，这些都属于销售品质问题。这些问题在承保的时候一般不容易发现，绝大多数保单在续保时才能反映、暴露出来。所以，一般寿险公司用继续率来考核业务员保单销售品质。

因为保单有交费宽限期①，在宽限期内保单仍属有效。因此，保单继续率的计算要包括宽限期在内。有的保险公司宽限期是30天，有的是60天。

在计算保单继续率时，一般都以年交保费为基础，在保单交费对应日加上宽限期，以涵盖宽限期内未交保费的保单。如果宽限期是30天，并计算第一年保单继续率，则观察继续率的时间为13个月；如果宽限期是60天，则为14个月。如果计算第二年的继续率，则是25个月或26个月。计算继续率，一般有用保费计算和保单计算两种。

保费计算继续率公式：

$$
\text{13/25个月保费继续率} = \frac{\text{前第13/25月（当月）所售保单现仍有效应交保费+迁入保单应交保费-考核期内预收保费+加保保单保费}}{\text{前第13/25月（当月）销售保费（不含趸交保费）-赔付终止保单保费-迁出保单保费-犹豫期撤单保费-免交保费-保单减保保费-满期保单保费}} \times 100\%
$$

---

① 宽限期，是指在人身保险合同中分期交付保险费的情况下，在投保人交付首期保险费后，对到期未交付续期保险费的投保人给予一定的宽限时间，通常为30日或60日。

保单件数计算继续率公式：

$$13/25\text{个月保单}\atop\text{继续率} = \frac{\text{前第}13/25\text{月（当月）所售保单现仍有}\atop\text{效保单件数+迁入保单件数}}{\text{前第}13/25\text{月（当月）销售保单件数-}\atop{\text{迁出保单件数-赔付终止保单件数-}\atop{\text{犹豫期撤单件数-免交保费保单件数-}\atop\text{满期保单保费}}}} \times 100\%$$

（1）选择计算基数。

选择计算基数，是指选择以什么指标为计算继续率的基数。保费和保单件数都可以作为计算继续率的基数，但两者有时会相差较大。因为不同的保单保费不同，也就是俗称的保费大单与小单之分。如果用保费计算继续率，而刚好是保费大单没有续保，则会对继续率直接产生较大的影响。例如，某业务员销售 100 张有效保单，其中有 1 张保单的年交保费是 10 元，另外 99 张都是 1 元。假设年度内有 6 张保单应该续保而没有按期续保，其中包括年交保费 10 元这张保单，在不考虑其他因素的情况下，用保费计算继续率与用保单件数计算继续率，会有不同结果：

如用保单计算，则继续率为 94%［（100 – 6）/100］。

如用保费计算，则继续率为 86.24%［（109 – 15）/109］。

可见，两个继续率相差很大，而且会直接影响业务员保单质量考核结果。

在现实中，各个公司的继续率计算基数各不相同，有的用保费，也有的用保单件数，还有的将两者结合用于考核业务品质。

（2）确定计算范围。

不论以保费还是以保单件数为基数，都要明确继续率的计算范围。

①明确是否包括附加险。包括与不包括附加险计算出来的继续率结果会不一样。每一个附加险都可以视作一张保单，也都有保费收入。一张主险保单，可能没有附加险保单，也可能有一张附加险保单，还可能有若干张附加险保单。如果仅以主险保单计算继续率，则这个组合合同只是 1 张保单。如果将每个附加险也视为保单件数，则为若干张保单。另外，附加险比较灵活，客户在保险期间可以随时增加，也可以随时减少。在附加险附加率①较低的情况下，包不包括附加险对继续率影响不是很大；但在附加险附加率较高的情况下，附加险对保单继续率影响就会较大。

②剔除正常业务因素。引起保单减少的因素很多，但能够反映业务员销售品质的主要是保单的退保和失效。在继续率的观察期内也会发生一些正常业务导致保单件数自然减少的事件，这类保单件数的减少，与业务品质基本没有关系，应该在考核继续率中予以剔除。具体包括以下四种：

一是保单正常终止。如果考核一年继续率，考核期最少 13

---

① 附加险附加率，是指某一时点主险保单平均拥有附加险的比率。计算公式为：附加率＝附加险保单件数总额/主险保单件数总额。

个月，考核两年继续率，考核期最少25个月，考核三年继续率，考核期最少37个月。在考核期内，难免发生一些正常事件导致保险合同终止。如发生全额理赔，赔偿或给付后保单终止，会直接影响继续率计算公式中分子数量的减少，应该在分母中予以剔除。

二是保单正常迁移外地。如今，社会人口流动环境越来越宽松，今年在这个城市打工，明年转到另一个城市创业已经很常见。所以保单异地迁移已经成为正常的业务。保单从甲地迁往乙地，在甲地看是公司保单的减少，但在乙地看是保单的增加，从总体看保单总量并没有减少。而在这种情况下考核具体经手业务员，一定会影响保单继续率，所以应该在分母中予以剔除。

三是犹豫期内的撤单。犹豫期，是指从投保人或被保险人自签收保险合同之日起，在一个约定的时间内投保人可以申请撤销保险合同的期限。在犹豫期内，保险合同已经成立，但没有瑕疵，属于正常的合同，投保人可以无条件撤销保险合同。按照我国保险监管部门的规定，长期险应有犹豫期：银保渠道产品、长期健康险犹豫期不得少于15天，其他产品犹豫期不得少于10天。在犹豫期内，投保人可以无条件解除保险合同。因此，保险公司在考核代理人继续率时，一般都应在分母中剔除犹豫期内的撤单。

四是考核期内预收保费。预收保费，是保险公司提前收取未来的保费，不属于继续率考核期内应该收取的保费。如果计算在内，将增加计算继续率公式中分子的数额，虽然会提高继续率，但实际上是掩盖了服务品质的真实情况。所以，对预收保费，应该在分子项中扣除。

（3）明确考核方式。

考核继续率，可以滚动考核，也可以单期考核。滚动考核是一个持续的考核，单期考核是一个阶段性考核。

国寿基本法

对个人代理人保单销售品质用"个人综合持续率"考核。

$$3个月保费（或件数）综合持续率 = \frac{本月之前的第16个月\sim第14个月承保的且一直有效的长险保单保险费（或件数）}{本月之前的第16个月\sim第14个月承保的长险新单保险费（或件数）} \times 100\%$$

$$综合持续率 = 50\% \times 保费持续率 + 50\% \times 件数持续率$$

1. 持续率按件数计算的，不应包括犹豫期撤单及发生理赔终止保险合同件；持续率按保费计算的，不应包括趸交、犹豫期撤单件及发生理赔终止保险合同件。

2. 保险费为每一保单年度所交保险费。当保险费为半年交时，保险费＝半年交保险费×2；当保险费为月交时，按每月实收保费计算。

3. 上述公式也适用集体综合持续率的计算。

平安基本法

第 13 个月年度保费继续率计算公式如下：

$$\text{第13个月年度保费继续率} = \frac{\text{考察期间出单之寿险新契约与生效后第13个月实收保费（含附约）}}{\text{考察期间出单之寿险新契约保费（含附约）}}$$

例：

$$\text{2016年6月30日第13个月年度保费继续率} = \frac{\text{2014年5月1日—2015年4月30日生效的新契约，在2015年5月1日—2016年6月30日实收的第二年保费（含附约）}}{\text{2014年5月1日—2015年4月30日生效的新契约保费（含附约）}}$$

对继续率的计算做出如下规定：

1. 第 13 个月年度保费继续率的计算范围不包含夏交件、犹豫期撤单件及发生理赔且保险责任终止件、免缴、注销、迁出、人为停效、效力终止、转换终止（投连转保）、到期终止。

2. 第 13 个月年度保费继续率的计算以生效时间为准，且考察期间为 12 个月。计算时考虑了保单 60 天的宽限期。

3. 提前收取的续期保费，不计入实收期的继续率，将自动计入应收期的继续率，并按此核发应收期的继续率奖金。

4. 保单减保，分母按照保单承保时的年缴保费计算；缴费年期变更，缴费频次为月缴、季缴的保单，分子、分母均折算为年缴保费计算继续率；保单发生部分领取，将部分领取作为分子的扣减项参与继续率计算。

5. 对于第二年度缴费频次为小缴别的保单，自开始纳入继续率计算的月份起，分子为保单第二年度的累计实收保费，分母为对应月份的首年累计应收保费，一直滚动统计至保单生效的第24个月。

6. 健康险长险纳入继续率的计算。

7. 第13个月年度保费继续率每个月计算、核发，滚动进行。

8. 新成立的营业单位，本年度无续期保单的，第13个月年度保费继续率以75%计算。

9. 核发当年度组和部年终奖金时，取用当年12月计算的继续率。

10. 考核中使用的继续率为本考核期最后一个月计算的继续率。

关于犹豫期退保件的考核规定："（一）各级业务员所做的保单犹豫期退保，将冲减当期业绩进行考核；对试用业务员，若转正后发生退保使其业绩未达转正条件，将降回试用职级；（二）主管辖下营业单位的犹豫期退保件，将冲减该营业单位退保当期业绩进行考核。"

太平洋基本法

当月个人年度新保业务第13个月保费继续率 = B ÷ A

A：结算当月前推第15个月至第26个月期间个人所销售的新保业务期缴保费

B：A中到当月末实收的第二年续期保费（含在当月末前复效的第二年保费）

例：2015年3月个人年度新保业务第13个月保费继续率 = B ÷ A

A：2013 年 1～12 月个人所销售的新保业务期缴保费

B：A 中到 2015 年 3 月末实收的第二年续期保费（含在 2015 年 3 月末前复效的第二年保费）

友邦基本法

对代理人继续率的考核，扩展至 36 个月。K1、K2 续保率计算公式如下所示：

$$K1 = \frac{前24个月间承保的保险单实收的第一保险单年度保险费}{前24个月间承保的保险单预期应收的第一保险单年度保险费}$$

$$K2 = \frac{前第36个月至前第13个月间承保的保险单实收的第二保险单年度保险费}{前第36个月至前第13个月间承保的保险单预期应收的第二保险单年度保险费}$$

K1、K2 续保率包括个人寿险产品和个人长期意外及健康险产品，且仅包括期缴保险费。

若发生冷静期（犹豫期）退保等全额退保情况，公司将对该保单原先计入业绩部分做相应扣除。若营销员因此业绩的扣除而丧失达标考核/晋级/路径转换的，则将对其予以终止营销员资格、降级或取消晋级/转任等处理。

对主管的考核

主管是营销团队的负责人。因此，对主管主要是团队业绩和个人业绩的考核。在个人代理人组织管理体系中，主管有管辖团队和直辖团队之分，因此在考核上也就分为对管辖团队的考核和对直辖团队的考核。

1. 对管辖团队的业绩考核。

管辖团队，是指全部归主管管理的团队和人员，包括直辖团队和非直辖团队。对主管管辖团队的业绩考核，主要是对主管管辖团队销售业绩和质量的考核。用到的指标与对业务员的考核指标基本相同，即保费、佣金和继续率，只不过是以团队的业绩为基数。但到具体计算团队业绩指标口径上，则有包含本人业绩与不包含本人业绩、包含直辖团队业绩和不包含直辖团队业绩以及按职级分别设置口径的情况。

（1）包含个人业绩与不包含个人业绩。主管个人也要销售保单。特别是低级档主管，保单销售不仅是其主要业务之一，还是其主要收入来源之一。但在对团队业绩进行考核时，就存在包含主管个人业绩和不包含主管个人业绩两种方式。两种方式各有利弊。包含主管个人业绩，可以引导主管不脱离市场一线，鼓励主管继续销售保单。对低级档主管来说，在团队组建初期人力不多、业绩不稳定的情况下，个人业绩对考核有较大的帮助。但可能会出现主管个人业绩优秀，直接左右团队业绩考核结果的情况。在这种考核导向下，往往引导主管重视个人销售业绩而忽视团队成员的销售业绩。然而不包含主管个人销售业绩，虽然可以避免个人业绩影响整个考核，引导主管更加注重团队成员的销售业绩，但对低级档主管来说增加了考核难度。因此，在实际执行中，一般都是对低级档主管考核包含个人业绩，对中高级档主管考核不包含个人业绩。但在考核团队人力时，一般都不包含主管本人。

（2）包含直辖团队业绩与不包含直辖团队业绩。直辖团队是主管直接招募、培育发展的团队，但也只是主管管辖团队的一部分。在考核主管管辖团队业绩时，可以包含主管直辖团队业绩，也可以不包含主管直辖团队业绩。通常直辖团队都是主管的"嫡系"团队，也是主管管辖团队中的优秀团队。如果考核主管包含直辖团队业绩，会引导主管注重直辖团队的销售业绩，而忽视对管辖团队中其他团队销售业绩的关注，因为只有直辖团队业绩影响对主管的考核，其他团队业绩不影响对主管的考核。如果考核主管不包含直辖团队业绩，会引导主管更多地关注所管辖的各个团队的销售业绩，因为各个团队的销售业绩都直接影响主管的考核结果，但可能会使主管忽视对直辖团队销售业绩的关注。

（3）按职级设置考核口径。不同级档主管的团队人力规模不同，所承担的责任不同，公司考核的侧重点一般也不同。因此，在考核主管团队业绩时，也可以将主管个人业绩、直辖团队业绩分为不同级档，设置不同的考核口径。如对低级档主管，引导他们注重团队业绩发展，在考核团队业绩时可以不包含主管个人或直辖团队业绩；而对较高层级主管，考核指标相对较高，可以包含个人业绩或直辖团队业绩。

平安基本法

对各级业务主任的维持、晋升考核中，"直辖人员""直辖月均标准人力"考核都"不包含本人"。

对各级业务经理的维持、晋升考核中，除了"本部月均标准人力"不包含本人外，营业组数也不包含直辖组。

对总监一级的维持考核则是："所辖营业部（含直辖部）月均合格人力80人以上/所辖营业部（含直辖部）月均标准人力60人以上（不含本人）。"

太平洋基本法

团队指标继续率。考核期团队"第13月保费继续率"指考核期最后一月的团队"第13月保费继续率"。截至考核期末月，若团队全体在职业务人员（含业务主管本人）均签约未满21个整月或无应缴续期保单，则该团队不考核此项指标。

当月团队年度新保业务第13月保费继续率等于团队内（含主管本人）所有签约满21个整月且在职人员的个人年度新保业务第13月保费继续率加权平均。

例：业务主任Y下辖3个正式业务员，分别为Y1、Y2、Y3[①]。2015年12月室年度新保业务第13月保费继续率＝（B＋B1＋B2＋B3）÷（A＋A1＋A2＋A3）

（1）A、A1、A2、A3分别指2013年10月~2014年9月Y、Y1、Y2、Y3所销售的新保业务期缴保费。

（2）B、B1、B2、B3分别对应A、A1、A2、A3中到当月末实收的第二年续期保费（含在2015年12月末前复效的第二

---

① Y、Y1、Y2、Y3均已签约满21个整月。

年保费）。

"室辖属健康人力/绩优人力"均不含业务主管本人，"部辖
属健康人力/绩优人力"均不含业务经理/业务总监本人及其直辖
业务室，"区辖属健康人力/绩优人力"均不含业务总监本人及
其直辖业务部。

新华基本法

营业部小组数：统计时直辖部所辖营业组数包括营业部经理
直辖组。

直辖部 FYC、合格人次、继续率：统计时均包括营业部经理
本人及直辖组。

2. 对直辖团队的业绩考核。

在考核中，突出对主管直辖团队业绩的考核，一方面是引导
主管注重直辖团队的业绩，另一方面也是倡导主管大力发展直辖
团队。

国寿基本法

具体内容详见表 3 - 2。

表 3 - 2　国寿各职级主管直辖团队考核汇总

维持职级	直辖团队考核
组经理	直辖组最近 3 个月累计 FYC 达到 7Q （初次晋升的组经理，在晋升后的四个考核期内，直辖组最近 3 个月累计 FYC 须达到 5Q）

维持职级	直辖团队考核
高级组经理	直辖组最近 3 个月累计 FYC 达到 8Q
资深组经理	直辖组最近 3 个月累计 FYC 达到 8Q
处经理	• 直辖组最近 3 个月 FYC 达到 10Q • 直辖处最近 3 个月累计 FYC 达到 50Q
高级处经理	• 直辖组最近 3 个月 FYC 达到 10Q • 直辖处最近 3 个月累计 FYC 达到 50Q
资深处经理	• 直辖组最近 3 个月 FYC 达到 10Q • 直辖处最近 3 个月累计 FYC 达到 50Q
区域总监	• 直辖处最近 3 个月累计 FYC 达到 50Q • 直辖区最近 3 个月累计 FYC 达到 320Q
高级区域总监	• 直辖处最近 3 个月 FYC 达到 50Q • 直辖区最近 3 个月累计 FYC 达到 320Q

资料来源：《中国人寿保险股份有限公司保险营销员管理办法（2018 ABC 综合版）》。

注：Q 是保险营销员在连续 3 个月中 FYC 的累计数。Q 值每年由公司根据寿险市场形势与业务发展状况进行测算来确定。

友邦基本法

具体内容详见表 3 - 3。

表 3 -3　友邦基本法业务经理级主管（维持）直辖团队业绩考核

考核级别	考核期	直辖组 FYC（元）	个人及直辖组 K2 续保率
业务经理（MOA）		25 000	
资深业务经理（MOA2）	半年度	40 000	70%（若无 K2，则 K1≥85%）
业务处经理（MOA3）		55 000	
资深业务处经理（MOA4）		65 000	

资料来源：友邦基本法（江苏二线城市 2018 版）。

3. 对主管个人业绩的考核。

主管都是从业务员起步，也曾经都是比较优秀的业务员。业务员做了主管后，一般随着级档的不断提高，工作内容和重点逐步由个人销售转向团队管理。越是级档高的主管，越是逐渐脱离销售。但主管管理团队下属的主要任务就是指导、督促下属销售保单，因此，为了不让各级主管脱离销售一线市场，可以通过考核主管个人业绩的方式，"强迫"主管不能停止销售保单。通常对低级档主管个人业绩考核要求相对高一些，对高级档主管考核要求低一些，甚至是象征性的。考核内容基本与业务员相同，主要是 FYC 和继续率。

国寿基本法

具体内容详见表 3 - 4。

表 3 - 4　国寿各职级主管个人业绩考核汇总

维持职级	对个人业绩考核
组经理	• 个人最近 3 个月累计 FYC 达到 2Q • 个人最近 3 个月综合持续率达到 80%
高级组经理	• 个人最近 3 个月累计 FYC 达到 2Q • 个人最近 3 个月综合持续率达到 80%
资深组经理	• 个人最近 3 个月累计 FYC 达到 2Q • 个人最近 3 个月综合持续率达到 80%
处经理	• 个人最近 3 个月累计 FYC 达到 1Q • 个人最近 3 个月综合持续率达到 80%
高级处经理	• 个人最近 3 个月累计 FYC 达到 1Q • 个人最近 3 个月综合持续率达到 80%
资深处经理	• 个人最近 3 个月累计 FYC 达到 1Q • 个人最近 3 个月综合持续率达到 80%

维持职级	对个人业绩考核
区域总监	个人最近 3 个月综合持续率达到 80%
高级区域总监	个人最近 3 个月综合持续率达到 80%

资料来源:《中国人寿保险股份有限公司保险营销员管理办法（2018 ABC 综合版)》。

人力考核

个人代理人队伍靠各级主管招募下属建立和发展，因此对主管的考核中，一般都包含对主管所属人力的考核，以引导主管注重团队人力发展。人力考核主要包含两个方面：一是要求各个职级主管要维持最低合格下属的人数，也就是人力数量的考核；二是主管必须保持一定数量的直属下一级管理者，以维持团队合理的组织架构，也就是组织架构的考核。

人力的定义

考核主管人力，是指在考核期内主管团队达到最低保单销售数量和佣金收入要求的业务员数量。

招募业务员的目的是拓展销售业绩，但业务员销售保单具有不确定性，有的时候可能连续出单（成功销售保单），有的时候可能一段时间都没有出单。另外，业务员销售保单的保费收入、佣金收入也不同。例如，销售一张保险卡，保费收入 100 元，佣金收入 15 元，理论上讲这也算出单。但这样的出单产能太低，业务员的收入也太低，并不是公司所希望的。因此，保险公司在考核的时候，一般不考核主管团队总人力（在册人力），而是考核团队中达到公司人力标准要求的人力。其目的是引导主管督促下属销售保单，达成业绩，同时也实现对主管的考核与下属销售业绩直接挂钩。

由于我国的寿险还没有形成行业营销团队统一人力标准，对于营销团队人力的定义也就没有统一的称谓和指标，寿险公司基本都是根据自己的需要设立考核团队人力的指标和标准。因此，在行业内就出现了众多的团队人力考核指标，如有效人力、合格人力、标准人力、活动人力、举绩人力、正式人力等。这些指标不仅定义不同，其内容和口径也不相同。以下是市场上一些寿险公司考核使用的人力指标以及在其基本法中的定义。

1. 有效人力。

国寿基本法：有效人力，是指最近 3 个月累计 FYC 达到 1Q 的人员。

2. 举绩人力。

国寿基本法：举绩人力，是指当月新单件数大于零的持证人力，具体标准以公司当年度对举绩人力的定义为准。

3. 合格人力。

平安基本法：合格人力，是指 A 类机构当月 FYC 大于 1 100 元（含）以上的业务人员，B 类机构当月 FYC 大于 880 元（含）以上的业务人员，C 类机构当月 FYC 大于 660 元（含）以上的业务人员。

新华基本法：合格人力，是指当月个人 FYC≥800 元的营销员。

4. 合格人次。

新华基本法：合格人次，是指考核期内每月合格人力之和。

5. 标准人力。

平安基本法：标准人力，是指各版本基本法分年资业务员当月 FYC 达到表 3 – 5 对应要求的业务人员。

表 3 – 5　各版本基本法分年资业务员 FYC 对应要求　　　　　　　（元）

基本法版本	1 年内业务员	1~2 年业务员	2 年以上业务员
H + 类	1 750	2 450	3 500
H 类	1 500	2 100	3 000
超 A 类	1 500	2 100	3 000
A 类	1 250	1 750	2 500

注：1 年内业务员指入司第 0 ~ 12 个月的业务员（入司第 0 月指入司当月）；1 ~ 2 年业务员指入司第 13 ~ 23 个月的业务员；2 年以上业务员指入司第 24 个月及以上的业务员。

6. 绩优人力。

太平洋基本法：绩优人力，是指当月末在职且当月个人 FYC 达到 3 000 元的业务人员。

7. 健康人力。

太平洋基本法：健康人力，是指当月末在职且当月个人 FYC 达到 1 500 元的业务人员。

8. 正式人力。

太平洋基本法：正式人力，是指任正式业务员或行销主管职级满 1 个月的人员。其中，签约后直接任正式业务员的人员，须通过一次正式业务员维持考核，或经考核实现职级晋升。

9. 所辖与直辖人力。

太平洋基本法：室/直辖室辖属正式人力，是指截至考核期末，业务主任所辖业务室/业务经理所辖直辖室中，任职正式业务员或行销主管职级满 1 个月的人员。其中，签约后直接任正式业务员的人员，须通过一次正式业务员维持考核，或经考核实现职级晋升，方可自达标次月起，计入被考核对象的"室/直辖室辖属正式人力"指标中。

10. 活动人力。

友邦基本法：活动人力，是在一定时间（一般为月度）范围内，达到公司工作要求的代理人。"活动"一般指出单，没有保费、件数要求。

11. 活动人次/人力。

友邦基本法：活动人次/人力，是指当月完成 1 件或 1 件以上有效保险单且于考察期末仍持有效《保险营销员合同书》的营销员可被计为 1 个活动人次/人力。

12. 有效出席人数。

友邦基本法：

（1）符合以下条件的营销员方可被计为各级业务经理考核中的有效出席人数：

各级业务经理直辖组组员在其直属主管的级别考核期间个人标准出席率≥60%，且该组员在其直属主管的级别考核期间实际出席次数≥8 次，且该组员在其直属主管的级别考核期末仍持有效《保险营销员合同书》。

（2）符合以下条件的营销员方可被计为各级业务经理晋级考察中的有效出席人数：

晋级申请者直接、间接招募营销员或其直辖组组员在其晋级考察期间个人标准出席率≥80%，且该营销员在晋级申请者的晋级考察期间实际出席次数≥8次，且该营销员在晋级申请者的晋级考察期末仍持有效《保险营销员合同书》。

（3）实际出席次数的统计周期为：自主管级别考核考察期初或晋级申请者的晋级考察期初起，至考察期内最后一次个人标准出席率统计期末为止。

（4）在主管的级别考核期或晋级申请者的晋级考察期最后一个月签约的GA/HA，可豁免实际出席次数的要求，但其他条件仍需符合。若GA/HA在上述考核期间无应到出席次数可统计，则认为该GA/HA在此期间的个人标准出席率为100%。

（5）出席管理特别方案之尊老方案也适用于上述有效出席人数的统计。

人力考核

对主管进行人力考核，实际上反映的是公司对营销团队发展的导向。不同公司营销团队发展的战略不同，考核导向不同，选择的指标不同，目前来看，主要有以下几种类型：

1. 注重对主管直辖人力的考核。

2. 注重主管育成的考核。

3. 注重活动人力的考核。

表 3-6、表 3-7、表 3-8、表 3-9、表 3-10、图 3-4 和图 3-5 所表示的是一些公司分别对初级中档、中级中档、高级初档主管人力考核的汇总。

表 3-6　初级中档主管维持考核中人力考核汇总

公司	职级名称	人力名称	数量	下一级主管	数量
国寿	高级组经理	直辖组有效人力	4 人	直接培育组经理	1 人
平安寿险	高级业务主任	直辖人员	4 人	直接育成组	1 组
太平洋人寿	高级主任	室正式人力	4 人	—	—
新华人寿	高级业务经理	直辖组合格人次	6 人次	累计育成组数	1 个

表 3-7　中级中档主管维持考核中人力考核汇总

公司	职级名称	人力名称	数量	下一级管理者			
				管辖主管	数量	育成主管	数量
国寿	高级处经理	直辖组有效人力	4 人	管辖组经理	4 人	直接培育组经理	1 人
平安寿险	高级部经理	本部月均标准人力	15 人	营业组（不含直辖）	4 组	直接育成营业部	1 个
太平洋人寿	高级经理	直辖室正式人力	4 人	辖属	3 室		
新华人寿	高级营业部经理	直辖部合格人次	70 人次	营业部小组数（直接育成）	5 个（2 个）		

表 3-8　高级初档主管维持考核中人力考核汇总

公司	职级名称	人力名称	数量	下一级管理者			
				管辖主管	数量	育成主管	数量
国寿	区域总监	直辖处有效人力	20 人	管辖处经理	3 人	直接培育处经理	2 人

公司	职级名称	人力名称	数量	下一级管理者			
				管辖主管	数量	育成主管	数量
平安寿险	业务总监	所辖营业部（含直辖部）月均合格人力80人以上	80＋人	—	—	直接育成部	2个
		所辖营业部（含直辖部）月均标准人力60人以上（不含本人）	60＋人				
太平洋人寿	总监	直辖部正式人力	16人	辖属	3部	—	—
新华人寿	区域总监	直辖部合格人次	70人次	营业部小组数（直接育成组数）	5个（2个）	累计增部属（直接增部数）	3个（1个）

表3-9 友邦保险业务经理维持考核中人力考核

考核级别	直辖组活动人次（不含本人）	直辖组有效出席人数（不含本人）	主管本人招募活动新人人次	直接育成业务主管数
业务经理（MOA1）	4	2	2	—
资深业务经理（MOA2）	6	2	2	1
业务处经理（MOA3）	8	3	2	2
资深业务处经理（MOA4）	12	4	2	3

表3-10　友邦保险助理业务总监维持考核中人力考核

指标	标准
直辖组活动人次（不含本人）	12
Pre-AO之活动人次（不含本人）	75
直辖组有效出席人数（不含本人）	4
主管本人招募活动新人人次	2
Pre-AO之业务主管数（不含本人）	6（其中直接育成业务主管数≥3）

注：助理业务总监的直辖组、直接育成组及所有间接育成组简称为Pre-AO。

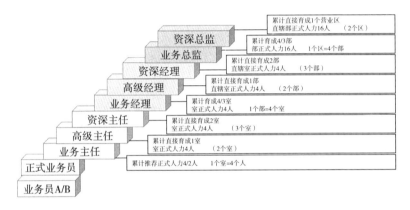

图3-4　太平洋基本法各级主管晋升人力考核（2017版）

注：累计推荐正式人力4/2人，指累计推荐4人，其中至少直接推荐2人，含行销主管，不含业务主管；累计育成4/3室，指累计育成4室，其中至少直接育成3室，不含业务经理、总监；累计育成4/3部，指累计育成4部，其中至少直接育成3部，不含总监。

业绩回算

业绩回算，是指对被考核人进行考核时，对其推荐人员或育成人员/团队业绩按一定时期及比例计入被考核者业绩内的一种考核方式。业绩回算主要包括以下几个方面。

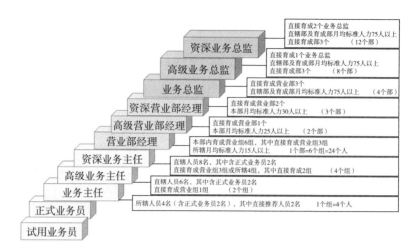

图 3 –5　平安基本法各级主管晋升人力考核（2016 H＋版）

注：人力要求均不含本人。标准人力，是指各版本基本法分年资业务员当月 FYC 达到对应要求的业务人员。

1. 回算用途。

主管直接育成下属，下属及其团队与主管分离。分离导致主管团队业绩减少。在对主管考核时，通过回算，将被育成主管一定时期内的业绩按照一定比例计入育成主管团队考核业绩内，作为育成主管团队的考核业绩，以弥补主管因育成分离①导致团队业绩出现暂时下降时的考核需要。业绩回算多是用于维持考核，即通过业绩核算帮助被考核者维持现有的级档，也有用于晋升考核，但一般都有一定的限定条件，其目的是不能将业绩回算作为主管晋升的主要业绩。

①　育成分离，详见"育成利益"一章。

2. 回算种类。

业绩回算基本上分为增员回算和育成回算。增员回算是将被推荐人一定时期内的销售业绩（FYC）按一定比例计入推荐人考核业绩内，作为推荐人的考核业绩。育成回算是在对育成主管考核时，将被育成团队业绩、人力和架构按一定时期一定比例计入对育成主管团队考核内，作为育成主管团队的考核业绩。

3. 回算期限。

业绩回算都有一定的期限规定。只有在规定的时间内才可以回算，超过规定的时间不能回算。一是对回算开始时间的限制。对被推荐人业绩回算开始时间有两种选择：一种是以被推荐人入司的时间算起，如平安基本法规定为"自入司之日起 3 个月"；另一种是以被推荐人与公司签约的时间算起，如国寿基本法规定为"被推荐人签约后 6 个月内"。对育成回算开始的时间，一般都是从被育成者第一个考核期开始回算。二是对回算期间的限制。一般对期间的规定有两种：一种是按月份规定回算期间，另一种是按考核期规定回算期间。通常对被推荐人业绩回算采用按月份规定期间，对育成回算采用按考核期规定期间，而且不同职级回算业绩的期间不同。

4. 回算范围。

回算范围一般包括三个方面：业绩、人力和团队架构回算。

业绩回算，一般是回算被推荐人的 FYC 和保单件数或直接育成团队的 FYC。

人力回算，一般是回算育成团队人力给育成主管。

团队架构回算，一般是将已经育成团队计入对主管所属团队数量考核中。

5. 回算数额。

回算数额一般分为三种：

（1）全额回算。按回算规定范围，在规定的期限内始终都是全额（100%）回算给推荐人或育成主管。

（2）比例回算。按回算规定范围，在规定的期限内按一定比例回算给推荐人或育成主管。如每一次都将被推荐人 FYC 的 40% 回算给推荐人。

（3）分期比例回算。按回算规定范围，在规定的期限内分不同期间，按不同比例回算给推荐人或育成主管。通常是最初回算的比例高，以后逐渐降低。如第一个考核期回算 100%，第二个考核期回算 60%，第三个考核期回算 30%。

国寿基本法

1. 维持考核。

（1）增员回算：业务主任以上职级营销员直接推荐新人的，被推荐人签约后 6 个月内 FYC 的 40%，可以计入推荐人个人 FYC 考核，但最多计入不超过其个人考核标准的 50%。

（2）培育回算：主管直接培育出新团队，对培育者进行维持考核时，将直接培育团队业绩、人力、架构按以下三种情况进行回算：

被培育者为组经理时，回算给培育者直辖组考核，回算4个考核季，第1~2个考核季按100%，第3~4个考核季按40%。

被培育者为处经理时，回算给培育者直辖处考核，回算8个考核季，第1~4个考核季按100%，第5~8个考核季按40%。

被培育者为区域总监时，回算给培育者直辖区考核，回算12个考核季，第1~4个考核季按100%，第5~8个考核季按70%，第9~12个考核季按30%。

说明：被培育处经理的直辖组、被培育区域总监的直辖处作为直接培育团队进行回算。被培育处经理的管辖组数作为培育者直辖处考核的管辖组数回算，被培育区域总监的管辖处数作为培育者直辖区考核的管辖处数回算。

2. 晋升考核。

在主管晋升考核时，被培育平级团队仅算为培育者的培育数（架构数），被培育团队在培育者晋升考核期内的业绩及人力均不计入培育者的晋升考核。当直接培育团队数大于考核要求数时，最近培育出的一个FYC最高的团队的业绩、人力按以下两种情况进行回算。

被培育者为组经理时，回算给培育者直辖组考核，最多回算2个考核季。即若第1个考核季回算后培育者仍未达到晋升考核要求，则第2个考核季被培育者仍可参与培育者晋升回算。

被培育者为处经理或区域总监时，回算给培育者团队考核，最多回算4个考核季。即若第1个考核季回算后培育者仍未达到晋升考核要求，则第 2 个考核季被培育者仍可参与培育者晋升回算；若培育者仍不能晋升，则在第 3 个考核季被培育者可按 40% 的比例参与培育者晋升回算；若培育者仍旧不能晋升，则在第 4 个考核季被培育者仍可按 40% 的比例参与培育者晋升回算。

3. 回算架构和人力时，如非整数，则四舍五入。

4. 从被培育者晋升当期开始计算回算时间。

平安基本法

正式及以上各职级业务人员进行维持考核时，所增员的新人自入司之日起 3 个月的 FYC 和件数的 20% 回算给推荐人进行个人业绩维持考核，回算 FYC 和件数最高不超过其考核标准的 50%。

各级业务主管育成新业务主管（组或部）、行销主任，在随后的考核期对原业务主管进行维持考核时，新晋升小组（部）的团队 FYC 及人力（行销主任只回算本人 FYC 及人力）的考核规则如下：

1. 新业务主管晋升后第 1 个和第 2 个维持考核期 100% 回算给原业务主管计算维持考核，回算不适用于晋升考核。

2. 新行销主任从晋升起半年内本人 FYC 及人力 100% 回算给原主管进行维持和晋升考核。且行销主任适用如下折算原则：各级主管直接育成 3 个行销主任，可算作育成 1 个营业组；但对每一个主管，行销系列折合组数不超过 2 个（含）。折算组数适用于各级主管的晋升考核及维持考核。

3. 回算期间，原主管或新主管任何一方不参加早夕会期间，业绩回算不中断，回算期间不顺延。

在主管晋升考核中，若主管直接育成组（部）在主管晋升考核期内晋升，则属于同期育成组（部）。对于同期育成组（部），纳入考核的规则如下：

1. 若拟晋升主管育成的组数（部数）未超过考核标准，则同期育成组（部）仅算为拟晋升主管的组数（部数），同期育成组（部）在主管晋升考核期内的业绩和人力均不计入主管的晋升考核中本组（部）指标考核。

2. 若拟晋升主管育成的组数（部数）超过考核标准，如果非同期育成组（部）数已经达到主管考核标准的组数，主管的晋升考核中本组（部）业绩和人力指标可以不扣除同期育成组（部）在主管组（部）内期间的业绩和人力；如果非同期育成组（部）数未达到主管考核标准的组数，则依据同期育成组（部）在主管组（部）内期间FYC从低至高的顺序，依次扣除，直至非同期育成组（部）数和已扣除的同期育成组（部）数达到主管晋升考核标准的组（部）数。

例如，在7月进行考核时，业务主任A拟晋升为高级业务主任（考核期为1~6月），若A仅4月1日同期育成业务主任B，则B仅算为A的育成小组数，A的晋升考核中本组的业绩和人力指标扣除B小组在A组期间（1~3月）的业绩和人力。

若A在4月1日同期育成了业务主任B，7月1日同期育成业务主任C，且B在A组期间（1~3月）的FYC高于C在A组期间（1~6月）的FYC时，则A晋升考核中业绩和人力指标扣除C小组1~6月的业绩和人力。

若A已经育成了非同期育成组B，再同期育成C时，则A晋升考核中业绩和人力指标不扣除C小组在A组期间的业绩和人力。

3. 若拟晋升主管在晋升考核时同期间接育成小组，如非同期育成组数已经达到主管考核标准的组数，则主管的晋升考核中本组业绩和人力指标可以不扣除同期间接育成组在主管组内期间的业绩和人力。

例如，在7月进行考核时，业务主任A拟晋升为高级业务主任，原已有1个育成组B。若A在7月1日同期育成了业务主任C，C在7月1日同期育成业务主任D，则A的晋升考核中业绩和人力指标不扣除D小组在A组期间的业绩和人力。

太平洋基本法

增员回计：正式业务员直接推荐新人签约，新人签约起6个整月内的FYC可按30%折算计入正式业务员本人（推荐人）相应时间段的维持考核，但折算金额最高不超过正式业务员维持考核标准的50%。

育成回计：业务主管（育成人）直属的业务人员晋升为业务主任/经理/总监（被育成人），自晋升当月起的9个月内，被育成人所辖业务室/部/区每月的FYC回计入分出团队，育成人按回计后的业务室/部/区FYC计算室/部/区管理津贴。回计的具体比例见表3-11。

表 3 –11　回计比例 (%)

育成后的月份	比例
第 1 ~ 3 个月	75
第 4 ~ 6 个月	50
第 7 ~ 9 个月	25

室/直辖室辖属正式人力回计：室/直辖室/直辖部辖属的业务人员/业务主任晋升为业务主任/业务经理，自晋升当月起的 9 个月内，分出团队的业务主任/经理及其直接管理的正式业务员与行销主管/业务主任人数回计入原相应上级主管的维持考核指标（指"室/直辖室辖属正式人力"），但不计入晋升考核指标。

辖属业务室/部回计：业务经理/总监辖属的业务主任/经理晋升为业务经理/总监，自晋升当月起的 9 个月内，分出团队的业务经理/总监及其直接管理的业务主任/经理回计入原业务经理/总监的维持考核指标（指"辖属业务室/部"指标）。

新华基本法

业务经理直接育成新业务经理（不含直接定级的业务经理），在随后对原业务经理进行维持考核时，给予两个考核期的回算期：

1. 第一个考核期，按新晋升业务经理直辖组 FYC 的 100% 和合格人次的 100%，回算给原业务经理计算维持考核。

2. 第二个考核期，按新晋升业务经理直辖组 FYC 的 50% 和合格人次的 50%，回算给原业务经理计算维持考核。

3. 回算不适用于原业务经理的晋升考核。

4. 以上考核期均指被育成业务经理的维持考核期。回算期不因任何原因中断或顺延。

友邦基本法

新业务经理的业绩回计规则：自 2010 年 12 月起，首次晋级或签约成为新业务经理的，则在其晋级或签约后的首 12 个月内，该新业务经理的直辖组 FYC、直辖组活动人次和直辖组有效出席人数可 100% 回计至其上级直接育成或直接招募的业务主管之考核考察中，但不可回计至其上级直接育成或直接招募的业务主管之晋级/委任考察中。

新业务总监的业绩回计规则：自 2010 年 12 月起，首次委任或签约成为新业务总监的，则在其委任或签约后的首 12 个月内，该新业务总监的营业部 FYC、营业部活动人次、营业部活动新人人次和营业部业务主管数可 100% 回计至其上级直接育成或直接招募的总监之考核考察中，亦可 50% 回计至其上级直接育成或直接招募的总监之委任考察中；在其委任或签约后的第 13～24 个月，该新业务总监的营业部 FYC、营业部活动人次、营业部活动新人人次和营业部业务主管数可 50% 回计至其上级直接育成或直接招募的总监之考核考察中，但不可再回计至其上级直接育成或直接招募的总监之委任考察中。

工作考核和素质考评

对业务员和主管的考核，除了业绩、人力、架构考核外，通常还对信用、素质、参会①及主管工作等方面进行考核，这些统称为工作考核和素质考评。考核的方式和内容主要有以下几种。

综合测评

综合测评是指对个人代理人信用、品质、参会、培训、主管履职等方面所进行的综合性测评。这种综合测评一般有两种方式：一种是另外制定管理办法，作为"基本法"配套规定，详细制定综合测评的内容和考核标准；另一种是直接明确在"基本法"内，作为一个专题或附加在考核内容上。不论是哪一种方式，都体现出对个人代理人信用、素质、品质、行为和履职的要求，以及容忍度。

参会考核

个人代理人是因为共同的代理而形成了队伍，其工作性质又都是"独立"开展业务，所以，个人代理人队伍基本属于松散型组织。日常的工作主要是在外寻找、拜访、洽谈客户，基本上是靠个人独立工作实现生存和发展。主管主要通过晨会/夕会召集下属进行相关新政策宣导、进行简单的专业培训、举行同伴经验分享等方式对团队实行管理。因此，业务员是否参加晨会/夕会，以及公司、主管召集的会议，成为主管能否实施管理的关

---

① 因为保险公司与个人代理人是代理关系，为避免出现劳动纠纷，保险公司一般用"参会"代替"出勤"。

键。为督促约束个人代理人参加晨会/夕会以及主管和公司组织的活动，绝大多数公司都将参会直接纳入考核之内，有的公司甚至明确地进行量化考核。

工作考核

工作考核主要是针对主管履职的考核。在"基本法"中，一般都有各级主管职责的规定。为了督促各级主管认真履行自己的职责，可以在"基本法"中量化主管具体的工作事项，并纳入对主管的考核中。如平安基本法中明确规定："营业单位工作考核的内容为：（1）出勤率≥90%；（2）活动率≥80%；（3）三个月转正率≥40%；（4）犹豫期撤件率<3%。"

培训考核

培训是公司将业务员训练成专业销售者、将业务员培养成主管的基本途径。监管机构也有培训要求，一般要求每年合规培训时长不得少于40小时。为了督促业务员和主管积极参与公司组织的培训，一般都将培训纳入"基本法"的考核内。通常，培训考核体现在以下几个方面。

1. 通过转正考试。

对新入司业务员，一般保险公司都有一个系列的新人培训课程，要求新人在一定时间内必须参加培训并且通过新人培训课程的考试。通过新人培训考试者，被视为已经具备了一定的寿险知识和销售技能，才可以销售保险产品。因此，一般保险公司都将通过新人培训考试纳入新人转正考核内容之一。各个公司的"基本法"中基本都规定了：新人必须通过公司的新人培训课程考试，才可以转正，否则不可转正。

2. 参加制式培训课程。

制式培训课程是保险公司为业务员和主管成长、发展所设计的系列课程。一般是依据公司个人代理人教育培训纲要，划分业务员、主管不同的职业生涯阶段，根据业务员或主管不同阶段的发展需要，有针对性地开展教育训练。一些公司将业务员和主管参加并通过制式培训纳入考核，并且明确规定，业务员和主管必须参加并且通过公司制式培训指定的课程。

3. 将通过培训课程与晋级挂钩。

为了重视对业务员和主管的教育培训，保险公司还将业务员和主管通过规定的教育培训课程直接与考核挂钩，明确规定主管晋升前必须通过公司教育培训规定该职级必须要通过的课程，否则不能晋级。为了鼓励业务员和主管积极参加公司的培训（特别是制式培训），保险公司通常会规定一个通过指定课程的有效期，如业务员可以提前参加并通过指定的晋升课程，通过后，2年之内有效。

考核应用

不论是综合测评，还是出勤考核，以及工作考核，最终都是应用到对业务员或主管的晋升、维持和降级上。

1. "一票否决"。

如果被考核者在工作考核或素质考评中不合格，一律不准晋升。国寿基本法规定："综合测评不合格，不予晋升。"平安基本法规定："工作考核和素质考评不合格的，即使业绩已达到条件，也不得予以晋升。"

2. 量化后纳入考核。

将工作考核或素质考评量化，纳入考核范围内。如太平洋基本法规定："各级主管晋升考核要求个人月均出勤 16 天。"友邦基本法规定："对不同职级人员标准出勤率的考核标准不同，为 70%～80%。"

3. 直接降级。

对于工作考核或素质考评极差的业务员或主管，可以直接降级。如平安基本法规定："对个别管理能力差、品行差、业绩极差、费用管理混乱及固定费用高的业务主管，经申报区域事业部审核，再报总公司市场营销部同意，可立即给予行政降级，不必等考核期结束。"

国寿基本法

按照《中国人寿保险股份有限公司个险营销员信用品质管理办法》（国寿人险发〔2015〕293 号），开展营销员信用评级工作的分公司应将信用品质考核结果纳入营销员综合测评。若在考核月（1 月、4 月、7 月和 10 月）营销员的信用评级级别低于 A 级（不含），则视为当期综合测评不合格，不予晋升。

平安基本法

业务主管的晋升考核，需重视工作考核和素质考评。素质考评指的是对其业务品质管理水平和个人品德、领导能力等方面进行的考评。工作考核和素质考评不合格的，尽管业绩已达到条件，也不得予以晋升。

营业单位工作考核的内容为："（1）出勤率≥90%；（2）活动率≥80%；（3）3个月转正率≥40%；（4）犹豫期撤件率＜3%。"

对个别管理能力差、品行差、业绩极差、费用管理混乱及固定费用高的业务主管，经申报区域事业部审核，再报总公司市场营销部同意，可立即给予行政降级，不必等考核期结束。

在一个考核期中，业务人员累计未参加早夕会超过考核期1/4的时间，则一律不予晋升。

太平洋基本法

各级主管晋升考核要求个人月均出勤16天。

友邦基本法

标准出席率＝实际出席次数/应到出席次数

晨会次数按每周实际工作日计。对不同职级人员标准出勤率的考核标准不同，为70%～80%。

考核运用

对业务员和主管的考核结果，主要运用在转正、维持考核、晋升、降级、考核观察期和解除代理合同上。

转正

转正，一般是指由试用转为正式业务员。转正考核是指对被考核人转为正式业务员的考核，通常以业绩考核为主，辅以培训、出勤考核。

平安基本法

（H＋类机构）试用业务员自入司当月起 6 个月内达到下列条件，自次月起晋升为正式业务员。

1. 入司满 3 个月。

2. 累计 FYC 3 000 元。

3. 通过转正培训。

试用业务员自入司月起 6 个月内未晋升为正式业务员，自第 7 个月起 3 个月内累计 FYC 达到 1 800 元，可于次月转正。

太平洋基本法

新人签约后即为业务员 A，晋升为正式业务员的考核按月滚动进行，考核期为 3 个月，FYC 须达到 1 680 元。

维持考核

维持，是指业务员或主管维持现有级档。维持考核是指对维持现有级档所进行的考核。

1. 维持考核是优胜劣汰的考核。

维持考核是业务员或主管最基本的考核。在维持考核的基础上，优秀业务员或主管才有晋升的机会。但如果业务员或主管达不到维持考核的标准，按"基本法"规定就要降级，甚至解除代理合同。因此，维持考核是业务员优胜劣汰的考核，考核标准也是业务员能否留存的底线。通过维持考核，优秀的留下，不适合做业务员的、滥竽充数的将被淘汰。

2. 维持考核标准对队伍稳定有直接影响。

在整个主管群体中，晋升的是少数，维持的是多数，职级越高这一特性越明显。维持考核不仅是各级主管维持自己级档的最低标准，也是公司维持营销队伍组织架构的最低标准，更是队伍规模、销售业绩的最低标准。因为从理论上说，在人力不变的情况下，各个级档主管销售业绩维持考核指标之和，就是公司个人代理人渠道的最低销售能力；最低的团队人力之和，就是整个代理人队伍的最低人力规模。因此，维持考核的标准低，队伍的整体数量、素质、销售业绩、品质等也都低，导致公司整体销售能力、业务品质等方面也就相对都低。反之则高。但如果维持考核标准制定得太高，绝大多数业务员或主管都不能达到，也将出现留存率低、大批主管降级的现象。因此，合理确定维持考核内容和标准是关键，应该根据个人代理人队伍发展的不同时期，结合公司个人代理人队伍发展战略，不断地调整维持考核的内容和标准，以适应市场变化和队伍的变化。

3. 考核的内容。

对业务员维持考核主要是业绩考核，对主管维持考核主要是团队业绩、人力、品质和育成的考核，还有公司对低级档主管仍然有个人业绩和品质的考核。

（1）对业务员维持考核的内容和标准。对业务员维持考核的内容和标准比较简单，通常只考核 FYC、保单件数和继续率，达到一定的标准就通过了维持考核。

国寿基本法

一个自然年度内，第一次仅因个人最近 3 个月综合持续率一项指标不达标而未通过维持考核，且无违法违规情况的主管，给予一次职级维持机会（见表 3 - 12）。

表 3 - 12　国寿各级业务系列人员维持考核指标

职级	考核期	FYC	保单件数	综合继续率	其他
业务主任		1Q	累计 2 件		
业务经理	3 个月	6Q	累计 6 件	≥80%	通过相应职级综合测评及培训
高级业务经理		12Q	累计 6 件		

平安基本法（H＋类机构）

正式业务员的维持条件为：

1. 转正后第一次参加考核的正式业务员最近一季考核期达到月平均 FYC 700 元，予以维持。

2. 其他正式业务员于最近一季考核期达到下列条件，予以维持：

（1）低年资正式业务员：

①月平均件数 1 件。

②月平均 FYC 700 元。

（2）高年资正式业务员①：

①季度累计件数 4 件。

②月平均 FYC 900 元，月平均 FYC 1 200 元。

可参见表 3 – 13。

表 3 – 13　平安各级行销系列人员维持考核

职级	任职时间	考核期	月均 FYC（元）	月均保单件数	13 个月保费继续率
业务员（低年资）		3 个月	700	1 件	
行销主任	6 个月	6 个月	3 300	2 件	≥70%
高级行销主任			4 200		
资深行销主任			6 100		
行销经理			8 500		

友邦基本法

维持考核内容详见表 3 – 14。

表 3 – 14　友邦各级销售路径营销员维持考核

职级	考察期	个人 FYC（元）	个人 K2 继续率	个人标准出席率
助理销售经理	财政季度（12 ~ 2 月、3 ~ 5 月、6 ~ 8 月、9 ~ 11 月）	15 000	75%（若无 K2，则个人 K1≥90%）	60%
销售经理		25 000		
资深销售经理	6 个月（12 ~ 5 月、6 ~ 11 月）	100 000		
销售总监		300 000		
资深销售总监		600 000		

---

① 高年资正式业务员指入司满两年的正式业务员，自 2017 年 1 月 1 日起，高年资正式业务员月平均 FYC 标准调整为 1 200 元。

（2）对主管维持考核的内容和标准。主管的主要职责是发展、管理团队，因此对主管的考核，主要是团队业绩、团队人力、团队品质和团队活动的考核。初级主管管理的队伍规模小，因此对初级主管一般也考核个人业绩。各个公司业务、队伍发展策略不同，对主管维持考核的内容和标准也就不同。下面以中级主管为例，介绍一些公司对主管维持考核内容和标准的不同。

国寿基本法对处经理三个档次维持考核，包括主管个人业绩、直辖团队业绩、管辖组织架构（管辖组经理数量）和育成主管数量4个方面，而且在业绩考核、人力考核标准上，3个档次的维持标准相同，详见表3－15。

表3－15　国寿处经理层级维持考核

考核内容	处经理	高级处经理	资深处经理
考核期	3个月		
个人累计 FYC	1Q		
个人综合持续率	80%		
直辖组有效人力	4人		
直辖组 FYC	10Q		
直辖处有效人力	20人		
直辖处累计 FYC	50Q		
管辖组经理	至少3人	至少4人	至少4人
直接培育组经理	至少2人	—	—
直接培育处经理	—	至少1人	1人
培育处经理	—	—	2人
其他	通过相应职级综合测评和培训考试		

平安基本法对中级部经理 3 个档次的维持考核，包括团队业绩、直辖团队业绩、组织架构和育成主管 4 个方面。与国寿相比，没有对主管个人业绩的考核，但有对管辖团队的业绩考核，详见表 3-16。

表 3-16　平安寿险部经理层级维持考核

考核内容	营业部经理	高级营业部经理	资深营业部经理
考核期	最近一个半年考核期		
本部月均 FYC（元）	70 000	85 000	100 000
直辖组月均 FYC（元）	14 000		
本部月标准人力（不含本人）	10 人以上	15 人以上	20 人以上
营业组（不含直辖）	4 组		
其中含直接育成组	2 组		
本部寿险新契约第 13 个月年度保费继续率	70% 以上		
直接育成营业部	—	1 个	2 个

友邦基本法中中级主管分为 4 档，维持考核包括直辖组业绩、直辖组活动人次、直辖组有效出席人数、育成主管数量和个人指标 5 个方面。与国寿、平安相比，明显突出对主管、对直辖团队活动量和业绩的考核，在总共 7 项 8 个内容中，有 5 项是考核直辖团队的指标，详见表 3-17。

表 3-17　友邦保险业务经理维持考核

考核内容	业务经理（MOA1）	资深业务经理（MOA2）	业务处经理（MOA3）	资深业务处经理（MOA4）
考核期	6 个月（12~5 月、6~11 月）			
直辖组 FYC（元）	25 000	40 000	55 000	65 000
直辖组活动人次（不含本人）	4 人次	6 人次	8 人次	12 人次

考核内容	业务经理 （MOA1）	资深业务经理 （MOA2）	业务处经理 （MOA3）	资深业务处经理 （MOA4）
直辖组有效出席人数 （不含本人）	2 人		3 人	4 人
主管本人招募活动新 人次	2 人次			
直接育成业务主管数	—	1 个	2 个	3 个
个人及直辖组 K2 续 保率	70%（若无 K2，则 K1≥85%）			
个人标准出席率	60%			

注：符合以下条件的营销员方可被计为各级业务经理考核中的有效出席人数：各级业务经理直辖组组员在其直属主管的级别考核期间个人标准出席率≥80%，且该组员在其直属主管的级别考核期间实际出席次数≥8 次，同时该组员在其直属主管的级别考核期末仍持有效《保险营销员合同书》。

主管本人招募活动新人次为：各级业务主管在其对应级别的业务主管维持考核或晋级（委任）/转任考察期间直接招募的，首次以非业务主管身份与公司签约的非 FT 计划之新进保险营销员；在其直辖主管考察期末仍然持有效《保险营销员合同书》；在其直辖主管考察期间的月份达到公司当时规定的活动人力标准。

中级初档主管一般是大型个人代理人队伍中人数最多的主管，不仅是个人代理人队伍的中流砥柱，更是队伍发展的关键。因为这个层级的主管，都是由初级主管晋升上来的，也是由小主管迈入中层主管的第一个台阶，是由小团队迈进大团队的开始。如果将初级主管比作"腿"，高级主管比作"头"，那么中级主管就是"腰"，"腰粗"队伍才能大。如果这些由"腿"转成"腰"的主管在这个位置通过考核，能够"维持"住自己的职级，就为他们继续"进步"、壮大队伍奠定了基础。如果"维持"不住，将退回到"腿"，不仅意味着个人发展受挫，也意味着一个新生团队发展受挫。因此，对这个级档的维持考核，成为新生中级主管以及其团队能否持续向前发展的关键。

同时，一些公司对主管维持考核的内容，也反映了公司对主管工作要求的导向。从以上3家公司对中级初档主管的考核内容看，共性是都要求注重直辖团队人力和业绩，以及主管直接培育下属主管的数量。个性也十分清楚：国寿基本法仍然要求主管保持一定的个人业绩和业务品质；平安基本法用平均FYC来考核，要求相对较高；友邦基本法则侧重主管本人和团队的"活动"考核。在对品质的考核上，国寿基本法考核主管"个人综合持续率"，平安基本法考核"本部寿险新契约第13个月年度保费继续率"，而友邦基本法则考核"主管个人及直辖组24个月继续率"，详见表3－18。

表3－18　三家公司中级初档主管职级维持考核内容比较

	国寿	平安	友邦
主管称谓	处经理	营业部经理	业务处经理
考核期	3个月	6个月	6个月
维持条件	• 个人最近累计FYC达到1Q • 直辖组有效人力达到4人 • 直辖组FYC达到10Q • 个人综合持续率达到80% • 直辖处有效人力达到20人	• 本部月平均FYC 60 000元 • 直辖组月平均FYC 12 000元 • 本部月均标准人力10人以上（不含本人） • 营业组4组（不含直辖组），其中含直接育成组2组	• 直辖组FYC 55 000元 • 直辖组活动人次8人（不含本人） • 直辖组有效出席人数3人（不含本人） • 主管本人招募活动新人次2人 • 直育业务主管数2人

	国寿	平安	友邦
维持条件	• 直辖处累计 FYC 达到 50Q • 管辖组经理至少 3 人，其中直接培育组经理至少 2 人 • 通过处经理综合测评和培训考试	• 本部寿险新契约第 13 个月年度保费继续率 70% 以上。	• 本人及直辖组 K2 续保率 70%（若无 K2，则 K1 不低于 85%） • 个人标准出席率 60%

注：K1 = 前 24 个月承保的实收首年保费/前 24 个月承保的预期应收首年保费；K2 = 前第 36 个月至前第 13 个月间承保的实收第二保单年度保费/前第 36 个月至前第 13 个月间承保的预期应收第二保单年度保费；K1 和 K2 续保率包括个人寿险产品、个人长期意外及健康险产品，且仅包括期交保费。

晋升

晋升，是指业务员或主管由现在的级档晋升至上一个级档。晋升考核，是指对业务员或主管晋升所进行的考核。

1. 逐级晋升与跳级晋升。

对于晋升，一般规定都是逐级晋升，但业绩非常优秀者，也可以允许其跳级晋升。

友邦基本法

各级保险营销员的晋级/委任均为逐级晋级/委任，降级亦为逐级降级。但助理业务经理不是晋级中必须经历的级别，普通保险营销员可直接晋级业务经理或在任助理业务经理期间晋级业务经理。但每位营销员只有一次晋级助理业务经理的机会，且助理业务经理仅用于晋级中，在降级中不设此级别。

平安基本法

各级业务人员晋升考核时，达到晋升条件的各级业务人员须逐级晋升；各级业务人员维持考核时，达不到现任职级的维持标准的须逐级降级。

太平洋基本法

符合相应晋升条件的业务主管可申请跳级晋升。

新华基本法

营销员晋升考核时，达到晋升条件，同时参加相关培训，且培训合格后予以晋升。原则上每次晋升一级，特别优秀的营销员，若达到更高级别晋升标准的 1.5 倍时，可跨一级晋升。除业务员系列可跨级晋升高级业务经理外，其余级别仅允许层级内跨级晋升，总监层级不允许跨级晋升。

2. 晋升的难度。

每晋升一档，意味着上一个台阶。个人代理人组织管理体系一般是 3 级，但有的公司是 8 档，有的是 9 档。如果晋升考核内容要求太高，如团队业绩指标、人力指标要求较高，被考核人很难达到，则绝大多数人很难通过晋升，其结果不仅是个人发展难，团队发展也难。如果晋升考核相对较为容易，比如团队业绩指标、人力指标要求较低，虽然代理人晋升较快，但公司整体的销售业绩、人力发展并不一定大，容易形成"官多兵少"的局面。所以，在晋升考核中，设置合适的考核内容和标准是晋升考核的关键，这很考验管理者的专业水平和智慧。

对个人业务系列晋升考核，主要在任职时间要求、FYC、保单件数、继续率和一些特定的项目上（见表3-19、表3-20和表3-21）。

对主管晋升考核，主要集中在以下几个方面：

一是主管管辖团队的业绩，包括团队FYC、人力、继续率。

二是直辖团队的业绩，包括直辖团队的FYC、人力、继续率。

三是主管育成下属数量，包括直辖下属主管、同级主管。

表3-19　国寿各级业务系列人员晋升考核

职级	任期	考核期	FYC	保单件数	继续率	其他
业务员	—		1Q	累计2件	—	
业务主任	12个月	3个月	9Q	累计6件	85%	通过综合测评及培训
业务经理			15Q	累计9件		

注：每一栏表示为晋升至上一档的条件。如业务主任晋升到业务经理，需要任期满12个月、3个月的考核期、FYC达到9Q、考核期内累计保单件数6件、继续率达到85%以上、通过综合测评及培训。

表3-20　平安各级行销系列人员晋升考核

职级	任职时间	考核期	月均FYC（元）	月均保单件数	13个月保费继续率	其他
试用业务员	满3个月		3 000	1		通过转正培训
业务员	满36个月		4 500			
行销主任		6个月	5 600	3	≥75%	—
高级行销主任	满6个月		8 400			
资深行销主任			11 800	6		
行销经理						

利益：打造高绩效保险代理人团队

表 3 –21　友邦各级销售路径营销员晋升考核

级别	连续服务年资/现任级别年资	考察期限	个人 FYC	个人 K2 继续率	个人标准出席率	月度新单回访完成率
助理销售经理（LC1）	连续服务年资满 12 个月且任现级别连续年资满 6 个月	6 个月（连续两个财政季度）	50 000	80%（若无 K2，则个人 K1 ≥95%）	60%	80%
销售经理（LC2）	6 个月（任 LC2 级别连续年资）		100 000			
资深销售经理（LC3）	12 个月（任 LC3 级别连续年资）		300 000			
销售总监（LC4）	12 个月（任 LC4 级别连续年资）		600 000			
资深销售总监（LC5）						

四是主管个人业绩，包括 FYC、继续率。

五是活动量，包括直辖活动人次、有效出席人数、招募新人次、个人出席率、新单回访等。

六是通过公司组织的晋级考试和综合测评。

这些对主管考核的项目，不同公司选择考核的内容不同，体现出公司注重的方面不同。有的注重对直辖团队业绩、人力的考核，有的注重对管辖团队业绩、人力的考核，也有的注重对主管活动量的考核。详见表 3 – 22、表 3 – 23、表 3 – 24 和表 3 – 25 所展示的国寿、平安、友邦三家公司就同一级别主管晋升考核的内容和指标以及三家公司的比较。

表 3 -22　国寿处经理层级晋升考核

考核内容	处经理	高级处经理	资深处经理
考核期	3 个月		
任职时间	6 个月		
个人累计 FYC	2Q		—
直辖组有效人力	5 人		
直辖组 FYC	12Q		
个人综合持续率	80%		
直辖处有效人力	24 人		—
直辖处累计 FYC	62Q		
直接培育处经理	1 人	2 人	3 人
培育处经理	—	—	4 人
拟组建区团队有效人力	—	—	至少 100 人
晋升测评	通过晋升高级处经理综合测评	通过晋升资深处经理综合测评	通过晋升区域总监综合测评
测评与培训	通过高级处经理综合测评和培训考试	通过高级处经理综合测评和培训考试	通过高级处经理综合测评和培训考试

表 3 -23　平安寿险部经理层级晋升考核

考核内容	营业部经理	高级营业部经理	资深营业部经理
考核期	任职期满一个半年考核期		
本部月均 FYC（元）	108 000	126 000	120 000
直辖组月均 FYC（元）	18 000	18 000	20 000
本部越标准人力（不含本人）	25 人以上	30 人以上	70 人以上
本部寿险新契约第 13 个月年度保费继续率	75% 以上		
直接育成营业部	1 个	2 个	3 个

表 3 –24 友邦保险晋级资深业务经理及以上级别

考核内容	资深业务经理（MOA2）	业务处经理（MOA3）	资深业务处经理（MOA4）
考核期	自晋级考察期末起回溯至最近一次任MOA1止，但最长不超过12个月	自晋级考察期末起回溯至最近一次任MOA2止，但最长不超过12个月	自晋级考察期末起回溯至最近一次任MOA3止，但最长不超过12个月
直辖组 FYC（元）	120 000	175 000	220 000
直辖组活动人次（不含本人）	16（其中主管直接招募的活动人次≥8）	24（其中主管直接招募的活动人次≥12）	32（其中主管直接招募的活动人次≥16）
直辖组有效出席人数（不含本人）	4	6	8
主管本人招募活动新人次	4	4	4
直接育成业务主管数	1	2	3
个人及直辖组 K2 续保率	75%（若无 K2，则 K1≥90%）		
个人标准出席率	80%		
月度新单回访完成率	80%		

表 3 –25 三家公司中级初档主管职级晋升考核内容比较

	国寿	平安	友邦
主管称谓	处经理	营业部经理	业务处经理（MOA3）
考核期	3 个月	6 个月	6 个月
条件	• 任处经理满 6 个月 • 个人累计 FYC 达到 2Q • 直辖组有效人力达到 5 人 • 直辖组 FYC 达到 12Q	• 任职营业部经理满一个半年考核期 • 本部月平均 FYC 90 000元	• 自晋级考察期末起回溯至最近一次任MOA2止，但最长不超过12个月

	国寿	平安	友邦
条件	• 个人综合持续率达到80% • 直辖处有效人力至少24人 • 直辖处累计FYC达到62Q • 直接培育处经理1人 • 通过晋升高级处经理综合测评 • 参加公司晋升高级处经理制式培训并考试合格	• 直辖组月平均FYC 15 000元 • 直接育成营业部1个 • 本部月均标准人力25人以上（不含本人） • 本部寿险新契约第13个月年度保费继续率75%以上	• 直辖组FYC 220 000元直辖组活动人次32人（其中主管直接招募活动人次≥16） • 直辖组有效出席人数8人（不含本人） • 主管本人招募活动新人次6人 • 直育业务主管数3人 • 本人及直辖组K2续保率75%（若无K2，则K1不低于90%） • 个人标准出席率80% • 月度新单回访完成率80%

3. 均衡性。

均衡性，是指主管在晋级进档考核中，各个级别档次的考核内容和标准要循序渐进，应该形成均衡向上的等差台阶。业务员和主管晋升考核的过程，就是一个赛马的过程，应该通过各个级别档次的考核，让不同能力水平的主管，发展管理不同规模的团队。最优秀的营销主管能够发展管理最大的团队。在晋升考核设计上，要避免出现几个小台阶很容易上，一个大台阶很难上，甚至上不去，导致晋升出现瓶颈的情况。

4. 晋升与维持考核指标的差异。

就同一职级而言，晋升与维持考核的内容/项目应该基本相同，只是指标上的差异。这种差异反映了主管晋升后保持该职级的稳定性。因为一般主管晋升，都带有"冲击"该级档的行为，冲击成功站到该级档上，面临的就是维持考核的问题。如果晋升考核与维持考核之间差异较小，主管维持的压力就会相对增加，反之，就会减少。

确定晋升与维持考核指标的差异，一般有下列几种方式：

（1）统一绝对额作差额。即对各级人员晋升与维持考核设置统一的绝对额作为差额。例如，国寿对业务系列人员的考核中，从业务主任晋升到业务经理，个人 FYC 考核要达到 9Q，而维持业务经理的考核是 6Q，差额为 3Q；从业务经理晋升到高级业务经理，个人 FYC 考核要达到 15Q，而维持高级业务经理的考核是 12Q，差额也是 3Q，详见表 3 – 26。

表 3 –26　国寿各级业务系列人员晋升与维持考核指标

职级	个人 FYC			保单件数			继续率		
	晋升	维持	差额	晋升	维持	差额	晋升	维持	差额
业务员	—	1Q	—	—	2	—	—	—	—
业务主任	1Q	1Q	—	2	2	—	85%	80%	5%
业务经理	9Q	6Q	3Q	6	6	0			
高级业务经理	15Q	12Q	3Q	9	6	3	—	—	—

（2）不统一的差额。即对各级档人员晋升与维持考核确定不同的差额。如平安基本法对各级档人员晋升与维持考核，是随着级档越高，晋升与维持考核指标绝对额相差越大。例如，行销主任晋升与维持的绝对差额是 1 200 元，而行销经理晋升与维持

的绝对差额是 3 300 元，详见表 3 – 27。

表 3 –27　平安各级行销系列人员晋升与维持考核指标

职级	FYC（元）			保单件数			继续率		
	晋升	维持	差额	晋升	维持	差额	晋升	维持	差额
试用业务员	—	3 000	—	1	—	—		—	
业务员	3 000	700 ~ 1 200	2 300 ~ 1 800		1 ~ 4	2			
行销主任	4 500	3 300	1 200			1	≥75%		5%
高级行销主任	5 600	4 200	1 400	3	2	1		≥70%	
资深行销主任	8 400	6 100	2 300			1			
行销经理	11 800	8 500	3 300	6	3	3	—		—

（3）没有差额。对各职级人员晋升与维持考核的指标没有差额，晋升指标就是维持指标。如友邦保险对各级销售路径营销员的考核，除了销售经理一个级别晋升与维持考核指标不同外，其他三个职级的晋升与维持考核指标都是相同的，即晋升的指标也是维持的指标。这种考核直接加大维持考核的压力，详见表 3 –28。

降级

降级，是指代理人维持考核没有达到规定的要求，按"基本法"规定被降级。降级大体分为以下几种：

表 3-28　友邦各级销售路径营销员晋升与维持考核指标

职级	个人 FYC（元）			个人 K2 继续率		
	晋升	维持	差额	晋升	维持	增幅
助理销售经理		15 000		80%	75%	5%
销售经理	50 000	25 000	25 000	（若无 K2，	（若无 K2，	
资深销售经理	100 000	100 000	0	则个人	则个人 K1	
销售总监	300 000	300 000	0	K1≥90%）	≥95%）	
资深销售总监	600 000	600 000	0			

1. 业务考核降级。

业务考核降级，是指依据维持考核结果，只要有一项指标没有达到规定的要求，就直接降级。如太平洋基本法规定："业务人员在维持考核期内，不符合相应职级任一维持条件（含综合素质考核）的，应降低一个职级。"

2. 行为考核降级。

行为考核降级，是指代理人因为行为的原因被降级，如平安基本法规定："对个别管理能力差、品行差、业绩极差、费用管理混乱的业务主管，可予以降级，但降级须经区域事业部同意方可执行。"

国寿基本法

业务系列人员达到职级维持条件，则维持该职级不变，否则给予降级处理。业务主任降级为考降业务主任后，佣金打八折发放，3 个月内职级恢复后予以返还。

主管未达成职级维持条件的，即给予降级（档）处理。一个自然年度内，第一次仅因个人最近3个月综合持续率一项指标不达标而未通过维持考核，且无违法违规情况的主管，给予一次职级维持机会。

主管降级的处理：

1. 组经理降级为业务系列、转系列或解约时，其直辖组人员回归其直接培育人，直接培育人不存在的，回归至原直接培育人的上一级培育人，依此类推。如无培育人存在的，组织归属由公司统一安排。

2. 处经理降级为组经理级、转系列或解约时，其营销处归属其直接培育人管辖，直接培育人不存在的，归属上一级培育人，依此类推。如无培育人存在的，组织归属由公司统一安排。

3. 区域总监降级为处经理级、转系列或解约时，其营销区归属其直接培育人管辖，直接培育人不存在的，归属上一级培育人，依此类推。如无培育人存在的，组织归属由公司统一安排。

太平洋基本法

业务员A的第二次维持考核在签约后第6个整月末进行，维持考核期为签约第4~6个整月。若截至该维持考核期末，业务员A未达到晋升正式业务员标准，则降级为业务员B。但若按"解约考核"标准应解约的，须做解约处理。

业务人员在维持考核期内，不符合相应职级任一维持条件（含综合素质考核，下同）的，应降低一个职级。

业务人员行为品质和业务品质低下，业务主管管理混乱、辖属人员违规违纪严重，公司可对其连续降级直至解除个人代理合同。

3. 有条件降级。

有条件降级，是指在维持考核的基础上，设置一定的条件，达到了相应的条件才降级，否则不降级。如新华基本法对主管降级的规定，不仅明确主管未参会的天数，还参考主管个人业绩和团队业绩的一定比例，才确定主管是否降级。

新华基本法

营销员维持考核时，达不到现任级别的维持考核标准，予以降级；原则上每次降一级，但业绩特别低下的可连降数级直至解约。

业务员系列：

未参会天数＜15 天的按对应级别维持标准考核。

15 天≤未参会天数＜30 天的，个人 FYC≥70%，对应考核标准，则正常通过考核，否则按照考核规则予以降级。

未参会天数≥30 天的，个人 FYC≥50% 对应考核标准，则正常通过考核，否则按照考核规则予以降级。

业务经理层级（含观察期）：

未参会天数＜15 天的，按对应级别维持标准考核。

15 天≤未参会天数＜30 天的，个人 FYC＞0，组 FYC≥70%，对应考核标准，则正常通过考核，否则按照考核规则予以降级。

未参会天数≥30 天的，个人 FYC >0，组 FYC≥50%，对应考核标准，正常通过考核，否则按照考核规则予以降级。

营业部经理（观察期）：

未参会天数 <15 天的，按对应级别维持标准考核。

15 天≤未参会天数 <30 天的，个人 FYC >0，组 FYC≥70%，部 FYC≥70%，对应考核标准，则正常通过考核，否则按照考核规则予以降级。

参会天数≥30 天的，个人 FYC >0，组 FYC≥50%，部 FYC≥50%，对应考核标准，则正常通过考核，否则按照考核规则予以降级。

营业部经理层级：

未参会天数 <30 天的，按对应级别维持标准考核。

30 天≤未参会天数 <60 天的，个人 FYC >0，组 FYC≥70%，部 FYC≥70%，对应考核标准，则正常通过考核，否则按照考核规则予以降级。

未参会天数≥60 天的，个人 FYC >0，组 FYC≥50，部 FYC≥50%，对应考核标准，则正常通过考核，否则按照考核规则予以降级。

4. 给予机会。

给予机会，是指在特定的条件下，对没有达到维持考核要求的主管，给予一次维持的机会。如国寿基本法规定："主管未达成职级维持条件的，即给予降级（档）处理。一个自然年度内，第一次仅因个人最近 3 个月综合持续率一项指标不达标而未通过维持考核，且无违法违规情况的主管，给予一次职级维持机会。"

考核观察期

观察期，是指因某些因素导致被考核人未达成维持考核要求，可以暂时保留级别而设立的考察期限。设置考核观察期的目的，是给予被考核人员一个保护期或缓冲期。可以进入观察期的因素主要有以下几种：

1. 非主观因素。

非主观因素，是指被考核人因非主观因素导致维持考核没有通过而进入考察期。如被考核人因生病、休产假等原因。

国寿基本法

因特殊原因，在考核期内无法正常参会但能够提供公司认可的相关证明材料的人员，公司在该考核期可以给予考核保护。对因生育、住院等原因长期无法参会申请考核保护的人员，须提供公司认可的医疗机构出具的相关证明材料（包括但不限于病历、医保记录、生育证明、诊断证明等），并经公司审核通过。各省级分公司可对涉及人员的条件和具体要求进一步明确。

太平洋基本法

各职级人员（不含业务员 A 职级）维持考核期未达到考核标准的，经公司审核，确因病事假等非主观且难以避免的因素，可以暂时保留职级，进入相应职级的观察期。

2. 考核因素。

考核因素，是指被考核人仅仅是因为没有达到维持考核标准，而被允许进入观察期。如平安基本法规定："正式业务员于最近一季考核期未达到正式业务员的维持标准，但月均FYC（最后一个月不含综合开拓佣金）大于等于100元，自次季起进入观察期，否则自次月起终止合同。"

新华基本法

未能达到维持考核要求而考核降级的业务经理级别人员，若考核期内直辖组合计FYC达到本级别维持考核要求的70%，则允许进入观察期。

未能达到维持考核要求而考核降级的营业部经理级别人员，若考核期内直辖部合计FYC达到本级别维持考核要求的50%，则允许进入观察期。

3. 观察期内待遇降低。

在观察期内，虽然保留主管相应职级，但享受部分待遇相应减少。

国寿基本法

考核保护期内，主管管理培育类津贴八折发放，恢复参与考核后，不予返还。主要涉及的管理培育类津贴项目如表3-29所示。

表 3 −29　管理培育类津贴项目

职级	涉及打折发放的管理类津贴项目
组经理、高级组、资深组	直辖组津贴、绩优组经理奖、新主管特别津贴
处经理、高级处、资深处	直辖组津贴、处经理直辖津贴、责任津贴、直接培育组津贴、间接培育组津贴
区域总监、高级区域总监	直辖组津贴、直辖区津贴、责任津贴、直接培育处津贴、间接培育处津贴

省级分公司可视情况加入其他类委托报酬项目一并打折，但不得少于上述管理培育类津贴项目。

太平洋基本法

正式业务员及以上职级人员观察期收入标准如表 3 −30 所示。

表 3 −30　观察期收入标准

职级	观察期报酬
正式业务员	季度业务奖计提比例和服务津贴发放标准按正常职级的 70%
行销主任	季度业务奖计提比例和服务津贴发放标准按正式业务员，业务品质奖比例按正常职级的 70%
其他行销主管主任/经理/总监	季度业务奖计提比例和服务津贴发放标准按低一职级的行销主管室/部/区管理津贴分别按正常职级的 70%
其他主管	相应档次的管理津贴按低一职级

观察期其他报酬内容同正常职级。考核期达到维持或晋升标准可退出观察期。业务经理及以上职级进入观察期后，一个季度内如能达到相应职级的维持考核标准（FYC 按月均指标考核），也可退出观察期。[①]

[①]　业务员 A 职级不存在观察期。

新华基本法

观察期内佣金。

观察期内的业务经理，其业务经理管理津贴、营业组经营津贴、育成奖按正常标准的50%计发。

观察期内的业务经理，其育成人（包括直接、二代与三代）的育成奖，按正常标准的50%计发。

观察期内的营业部经理，其营业部经理管理津贴、营业部经营津贴、增部奖按正常标准的50%计发，营业部经理维持津贴不予发放。

观察期内的营业部经理，其增部人（包括直接与二代）的增部奖，按正常标准的50%计发。

4. 出观察期。

出观察期，是指观察期满，被考核人结束观察期。被考核人出观察期，一般要对被考核人进行维持考核，如果通过维持考核，则恢复原来职级和待遇；如果仍然未通过维持考核，则做降级处理。

新华基本法

处于观察期内的业务经理，观察期满时，根据业务经理维持考核标准进行出观察期考核。仍未能达到业务经理维持考核标准者，观察期结束后级别降至业务员系列；达到业务经理维持考核标准者，观察期结束后恢复正常业务经理级别；达到晋升高级业务经理考核标准，且通过培训与考评者，观察期结束后晋升为高级业务经理。

观察期考核降级的业务经理级别人员，观察期结束后，根据本人观察期内累计个人FYC、新契约件数、个人继续率的达成情况，按非试用业务员系列的维持考核标准进行级别确定；达到资深行销专务维持考核标准者，观察期后的级别调整为资深行销专务，依此类推，最低调整至正式营销员。

处于观察期内的营业部经理，观察期满时，根据营业部经理维持考核标准（业绩、件数、人力按该级别维持考核标准的50%，营业部小组数、直接育成组数、直辖部继续率按该级别维持考核标准的100%）进行出观察期考核。仍未能达到营业部经理维持考核标准者，观察期结束后级别降至资深业务经理；达到营业部经理维持考核标准者，观察期结束后恢复正常营业部经理级别；达到晋升高级营业部经理考核标准，且通过培训与考评者，观察期结束后晋升为高级营业部经理。

解除代理合同

如果考核未达到最低级档业务员业绩或出勤要求，保险公司会与业务员解除代理合同。因为考核而解除代理合同主要针对以下几种情况。

1. 只针对业务员。

因考核解除代理合同只是针对一般业务员，而不包括主管。因为主管达不到考核要求可以降级，还有"生存"的空间和机会，而一般业务员达不到考核的要求已经没有"退路"，只能解除合同。

2. 超过规定的时期没有新业务。

必须是业务员在超过了规定的时期内没有新业务，才可以解除代理合同，如规定"连续 3 个月内业务员 FYC 挂零"。一是规定的时间必须是"连续 3 个月"，如果中间有间断，则不可以解除合同；二是"FYC 挂零"，即业务员一点新业务也没有。二者缺一不可。

3. 超过规定的时间没有转正。

被招募的新人如果在超过规定的时间没有转为正式业务员或晋升到指定的职级，保险公司可以解除合同。

4. 没有达到维持条件。

业务员或低级别主管没有达到维持考核的标准，保险公司可以解除合同。

5. 规定期间连续未出勤。

未转正的业务员或业务员，如果连续未参会天数超过公司规定的天数，公司可以解除合同。如公司规定"连续 3 个月未参会"。一是必须"连续 3 个月"，如果中间有参会，则不符合条件；二是超过 3 个月。二者缺一不可。

国寿基本法

业务员连续 3 个月 FYC 为零或签约起 6 个月内不能晋升为业务主任，则解除代理合同。

业务员、业务主任、考降业务主任未达成合同维持条件的，则解除代理合同。若当年度公司经营指标或渠道职能考核对合同维持考核有特殊要求的，按当年度公司考核标准执行。

业务员、业务主任、考降业务主任未达成合同维持条件的，则解除代理合同。

业务主任达不到职级维持条件，不降级为业务员，调整为考降业务主任。考降业务主任达到业务员晋升业务主任的条件，则恢复为业务主任。

考降业务主任连续3个月FYC为零或3个月内不能晋升为业务主任，则解除代理合同。

业务主任连续3个月FYC为零，则解除代理合同。

平安基本法（H+机构）

试用业务员自入司月起9个月内未晋升为正式业务员，自次月起终止保险代理合同。

试用业务员连续3个月FYC（不含综合开拓佣金）挂零时，自次月起终止保险代理合同。

太平洋基本法

对于未经公司同意，连续3个月未出勤的业务人员，公司将与其解除个人代理合同（若分公司有更严格的要求，在向总公司报备后，按分公司要求执行）。

小结

代理人考核体系由考核期、业绩考核、人力考核、行为考核构成，主要用于晋升、维持、降级甚至解除合同。由于目前行业没有统一规范的标准，寿险公司考核体系结构大同小异，但内容和指标存在较大的差异。考核是公司个人代理人队伍建设的导向，不同公司考核体系之间的差异，体现的是队伍建设思想和管理方式的差异。这其中，没有最好的，只有最适合的。

第 4 章

新人利益

关键词：

新人佣金制度、新人津贴、新人奖励、佣金与津贴的关系新人，是指被招募的新个人代理人。个人代理人队伍最大的特点就是人员流动性大。这一点不是中国所特有，海内外寿险市场都如此。不断有新人加入，不断有"老人"退出，形成一个流动的循环。个人代理人队伍的存在和发展，靠的都是新人加入，"老人"退出。而且一般要做到加入的新人大于退出的"老人"，才能保证队伍发展，否则，就会出现队伍的萎缩。但是所有寿险公司都要经历新人进入营销团队初期，缺乏保险知识，缺少销售经验和技能，更缺少市场经验；保单销售业绩低，个人销售收入低，从事保险营销激情低的"三缺三低"时期。为了帮助新人顺利度过"三缺三低"时期，保险公司除了加大对新人的培训力度外，还制定了一些相应政策和制度，以解决新人的实际困难，提高新人留存率。因此，在行业个人代理人管理中，就自然而然划出了一个特殊群体——新人，并为此制定了一些特有的制度和政策，由此形成一个特定利益——新人利益。新人利益，主要包括新人佣金、新人津贴和新人奖励。

新人佣金制度

保险公司对新人支付佣金，基本上有两种制度，即纯佣金制度和津贴佣金制度。

纯佣金制度

纯佣金制度，是指保险公司对新人仅仅支付佣金的一种报酬制度，它是直接按照新人保费收入的一定比例支付佣金，即：

$$佣金额 = 保费收入 \times 佣金率$$

纯佣金制度具有直接激励作用。寿险公司虽然是不同产品佣金率不同，但整体佣金支付水平在产品设计时就已经基本确定，只不过是支付时间和方式不同。业务员保单销售成功后，马上就能获得一个确定报酬，直接体现"多劳多得"，这是个人代理人制度的一个特性。另外，对寿险公司而言，这种纯佣金制直接与保费收入挂钩，佣金支出与保费收入正相关，尽管保费收入越多，佣金支付越多，但只要实际佣金支付率在产品设计范围内，保险公司就能够很好地控制佣金支付成本。

因为这种佣金支付是按照业务员保费收入比例计提佣金，因而会导致业务员收入不稳定。保费收入高的时候，相对佣金收入也高；保费收入低的时候，相对佣金收入也低。这种波动对新人而言会表现得非常明显，对新人留存有一定的影响。

津贴佣金制度

对新人在一定时间内，除了支付佣金外，还给予一定额度的津贴的方式被称为津贴佣金制度。给予新人津贴的原因有以下几点：

一是新人在进入行业初期，保单销售技术还不成熟，销售业绩要从头开始，甚至最初 1~2 个月可能都没有销售业绩。但新人也要维持日常生活，所以保险公司支付给新人一定津贴，帮助他们渡过最初的难关。

二是通常保险公司佣金都是隔月发放，即当月销售保单要到下个月才能结算佣金，有一个时间差，发放津贴就弥补了这个时间差。

三是新人在保单销售过程中难免要发生一些消费，津贴也可以弥补新人的相关费用支出。

实际上，保险公司给予新人的津贴是一种预付佣金。既然是一种预付，保险公司就要考虑如何收回预付佣金。津贴佣金制度与纯佣金制度的区别，就在于设计发放津贴的同时，也要设计好在什么时间内，通过什么方式，把已经支付的预付佣金逐步收回来。

津贴佣金制是保险公司以津贴名义预付一部分佣金（也有的将其称作一笔无息贷款），然后通过扣减津贴期间佣金比例的方式，分期逐渐收回已经支付的津贴。

假设某公司实行津贴佣金制，对新人每个月支付报酬由三部分构成：津贴、达标业绩佣金和超额业绩佣金。每月达标业绩以 A 表示，每月超额业绩以 B 表示。具体津贴佣金制度设计如表 4 - 1 所示。

表 4 - 1　具体津贴佣金制度设计

月份	月付津贴额（元）	+	每月佣金额计算方式				
1	1 000	+	0%		A + 25%	×	B
2	1 000	+	25%	×	A + 25%	×	B
3	750	+	50%	×	A + 35%	×	B
4	750	+	50%	×	A + 35%	×	B
5	500	+	75%	×	A + 50%	×	B
6	250	+	100%	×	A + 50%	×	B
合计	4 250						

第 1 个月，津贴额 1 000 元。对 A 部分不支付佣金，佣金为 0。对 B 部分支付应付佣金的 25%，佣金额为 25% × B。

第 2 个月，津贴额 1 000 元。对 A 部分支付应付佣金的 25%，佣金额为 25% × A。对 B 部分支付应付佣金的 25%，佣金额为 25% × B。

第 3 个月，津贴额 750 元。对 A 部分支付应付佣金的 50%，佣金额为 50% × A。对 B 部分支付应付佣金的 35%，佣金额为 35% × B。

……

第 6 个月，津贴额 250 元。对 A 部分支付应付佣金的 100%，佣金额为 100% × A。对 B 部分支付应付佣金的 50%，佣金额为

$50\% \times B$。

另假设某新人选择津贴制佣金，依据表 4 - 1 公司津贴佣金制度，该新人前 6 个月的报酬构成及收入合计如表 4 - 2 所示。

表 4 - 2　该新人前 6 个月报酬合计　　　　　　　　　　（元）

月份	A	实际完成数	B	月领津贴	定额内收入	超定额收入	收入合计
1	500	550	50	1 000 +	0% × 500 +	25% × 50 =	1 013
2	550	605	5	1 000 +	25% × 550 +	25% × 55 =	1 152
3	650	780	130	750 +	50% × 650 +	35% × 130 =	1 121
4	800	960	160	750 +	50% × 800 +	35% × 160 =	1 206
5	950	1 235	285	500 +	75% × 950 +	50% × 285 =	1 356
6	1 050	1 365	315	250 +	100% × 1 050 +	50% × 315 =	1 458
合计	4 500	5 495	995	4 250	2 626	430	7 306

月均收入：7306/6 = 1218

此人 6 个月保单销售获得的佣金情况如下所示：

第 1 个月，津贴额 1 000 元。对 A 部分 500 元不支付佣金，佣金额为 0。对 B 部分 50 元支付佣金的 25%，佣金额为 13 元（25% × 50）。当月该新人报酬总额是 1 013 元（1 000 + 0 + 13）。

第 2 个月，津贴额 1 000 元。对 A 部分 550 元支付应付佣金的 25%，实际佣金额为 138 元。对 B 部分 55 元支付应付佣金的 25%，实际佣金额为 14 元（25% × 55 元）。当月该新人报酬总额是 1 152元（1 000 + 138 + 14）。

第 3 个月，津贴额 750 元，对 A 部分 650 元支付应付佣金的 50%，实际佣金额为 325 元。对 B 部分 130 元支付应付佣金的 35%，实际佣金额为 46 元（35% × 130）。当月该新人报酬总额是 1 121 元（750 + 325 + 46）。

……

第 6 个月，津贴额 250 元。对 A 部分 1 050 元支付应付佣金的 100%，实际佣金额为 1 050 元。对 B 部分 315 元支付应付佣金的 50%，实际佣金额为 158 元（50% × 315）。当月该新人报酬总额是 1 458 元（250 + 1 050 + 158）。

6 个月内，保险公司共支付给该新人报酬总额 7 306 元。其中包括津贴 4 250 元。该新人在 6 个月内实际佣金收入是 5 495 元，故保险公司对该新人实际津贴额只有 1 811 元（7 306 − 5 495），6 个月里已经收回预付佣金 2 439 元（4 250 − 1 811）。

从另一个角度看，该新人 6 个月应该获得佣金 5 495 元，但保险公司实际只支付佣金 3 056 元，余下的 2 439 元（5 495 − 3 056）是保险公司已经收回的预付佣金额。

从上述例子中可以看出：

1. 津贴额应该是逐月减少。新人刚进公司，还没有销售业绩，这时应该以津贴为主要收入来源。但随着新人业绩的提升，应该逐渐转向以佣金收入为主。即新人津贴应该是逐渐减少，津贴期内实际佣金支付比例逐步增加，通过二者来平衡新人的当期收入。津贴与津贴期内实际佣金支付比例是负相关，即支付津贴额越高，实际支付佣金比例越低，直至津贴期结束，佣金支付比例达到 100%。这样的津贴佣金制度，才能真正发挥津贴的作用，使新人有一个比较稳定均衡的收入。

2. 支付的津贴要收回。保险公司是通过削减津贴期内应付佣金比例的方式，来逐渐收回已经支付的津贴。所以，实行新人津贴制度，就要按照基本原理和原则，科学地设计津贴制度。每个月支付多少津贴额，预期多长时间收回津贴，通过什么方式收回等都应该由精算师负责设计（而不是销售部门负责），切忌盲目乱发津贴，扩大销售成本。

3. 新人在津贴期内超额业绩越多，保险公司收回"津贴"的时间越短，反之亦然。上述案例假设6个月津贴期结束还有1 811元津贴没收回，如果超额业绩再高一点，这个数就会更少甚至可完全收回。津贴期时间越短，收回金额就应该越多，反之亦然。所以，保险公司更应该重视新人在津贴期内的销售业绩。

4. 若新人在未达到预定销售业绩前就离司，保险公司应该收回尚欠"预付佣金"（上例中的1 811元）。通常实行有津贴佣金制度，都需要新人入司时提供担保人。如果保险公司还没有收回已经支付的津贴而新人提出离司，对于未收回的"预付佣金"部分，应该由业务员退还给公司，或者由担保人代为偿还。

两种佣金制度的区别

一是有"底薪"与"无底薪"的区别。津贴就相当于给新人的"底薪"，纯佣金制就等于"无底薪"。

二是实际支付佣金比例不同。津贴佣金制度下，在津贴期内实际支付的佣金，都是应付佣金的一个折扣。而纯佣金制度下是全额支付应付佣金。

两种佣金制度在一个寿险公司可以同时存在，一般由新人入司时自己选择。

新人津贴

新人津贴，是指对新人入司一段期间内所给予的收入补贴。

目前市场上的寿险公司普遍实行对新人发放津贴。但这种新人津贴与传统津贴佣金制不同，基本上是"无偿"给予的津贴，只要新人 FYC 达到公司规定的标准，就支付新人津贴。而且一般没有将津贴当作"预付佣金"，也就没有"收回佣金"的计划和措施。

新人津贴的发放方式，按不同特点可以分为以下几种类型。

有责与无责津贴

有责津贴，是指新人在履行了相关责任后才可以享受新人津贴的方式。通常保险公司规定新人要履行的责任主要是保单销售要达到一定的量，或者是个人 FYC 要达到一定的额度，以及参加公司新人培训合格等事项。如平安基本法中的"训练津贴"，明确规定新人只有达到当月 FYC 的责任额，才可以享受训练津贴。

无责津贴，是指新人只要办理了招募手续就可以享受新人津贴的方式。在这种方式下，新人几乎不需要履行什么责任就可以享受新人津贴，保险公司基本上是按新人"人头"发放新人津贴。

多个方案与一个方案

多个方案，是指将新人津贴分成不同方案，在不同地区实行不同方案的方式。如国寿基本法中的"新人津贴"，按新人年龄段分别执行"新秀版津贴"、"新锐版津贴"和"新锐加强版津贴"。也可以按地区制订多个方案，如新华基本法中的"新人责任津贴"，将新人津贴在全系统分成 A 类、B 类、C 类三种，在不同地区实施不同的方案。多个方案适合于大公司，或分支机构在全国比较多的公司，因为各地经济环境不同，收入水平不同，市场竞争程度不同，因此，制订差异化新人津贴方案，更容易贴近当地实际情况，更有利于参与当地市场竞争。

一个方案，是指新人津贴只有一个方案，整个公司系统都执行一个新人津贴方案的方式。一个方案方式适合于中小公司，或机构所处地区差异不是很大的公司。

划分时段与不划分时段

划分时段，是指对新人津贴按照不同时段确定不同额度的发放方式。如国寿基本法中的"新人津贴"、友邦基本法中的"新人津贴制度"，都是将新人津贴支付期间分成三个时段；平安基本法中的"训练津贴"则分成两个时段。在这种方式下，每个时段在相同条件下给予的新人津贴标准不同，而且随着时间延长，津贴额逐渐减少，基本上实现了新人津贴与新人收入的衔接。如平安基本法中的"训练津贴"，在第一阶段的 1~3 个月，如果新人的 FYC 为 3 000～6 000 元，在优才计划下可以获得 4 200 元津贴；而在 4～12 个月时段，同样的 FYC，则会获得 3 300 元新人津贴，相对减少了 900 元。

不划分时段，是指新人津贴期间只有一个时段。如新华基本法中的"新人责任津贴"不划分时段，公司从始至终都实行一个津贴标准。

扣减佣金与不扣减佣金

扣减佣金，是指在支付新人津贴同时扣减新人一定比例的佣金。如平安基本法中的"训练津贴"规定，在津贴期内，新人只能获得"初年度标准佣金的 80%"。"转正津贴"则是"自入司月起 6 个月内累计实发个险 FYC 超过 3 000 元的部分，初年度佣金按标准佣金发放"。友邦保险的"新人津贴制度"规定："每月留存 FYC 的 25%，最多不超过当月获得的津贴额，无津贴则不留存"，但"留存金额将在津贴期结束后 3 个月内平均发放"。

不扣减佣金，是指支付新人津贴并不扣减新人的佣金，或者说发放新人津贴的同时，也按标准佣金率支付新人佣金。

附条件与不附条件

附条件，是指对新人津贴发放附带有一定的其他条件（如参会、培训、转正、晋级等），符合条件才发放新人津贴。如国寿基本法中的"新人津贴"附带"营销员未达到分公司参会率要求的当月不享受新人津贴"。"第 4～12 月新人津贴的获取条件为，要求新人最近一次考核的推荐职级为业务主任及以上职级，否则按 50% 发放，晋升业务主任后正常发放"。友邦保险的"新人津贴"附带新人"出席率达到 80%，且通过活动量管理，方可获得新人津贴"。新华保险的"新人津贴"则规定"第 7～12 个月新人责任津贴计发条件为签约 6 个考核月内晋升正式营销员（含）以上级别"。

不附条件，是指对新人津贴发放不附带其他条件，只依据公司新人津贴最基本要求发放津贴。

足期发放与不足期发放

足期发放，是指新人津贴按规定的全部期限发放。如规定新人津贴发放 12 个月，即使新人在 12 个月内已经晋升为主管级档人员，新人津贴也继续发放，直到 12 个月期满。如新华基本法中的"新人责任津贴"规定："若新人在录入系统起 12 个考核月内晋升至行销专务层级，则新人责任津贴与行销专务责任津贴二者择高发放；若新人在录入系统起 12 个考核月内晋升至主管系列，则新人责任津贴与主管各佣金项目兼得。"

不足期发放，是指新人津贴发放期内，只要新人晋升到一定级档（如初级初档），就立即停止发放的方式。因为晋升到一定级档，就可以享受一定的管理津贴，也就增加了收入，新人津贴也就失去了实际意义。

当期发放与延期发放

当期发放，是指在津贴期内发放佣金的方式。上述各种方式基本都属于当期发放。

延期发放，是指将新人津贴一部分延迟一段期间发放的方式。延期发放下，新人津贴额就是新人的首年佣金额（俗称"双佣"），但对当期实际支付打折发放，如只支付70%。在该保单第2保单年度如期续保后，以及新人月度继续率达到公司要求的标准后，再补发剩余津贴部分。这种方式等于将新人津贴的一部分（如30%）延长12个月发放。采用这种方法，一方面因为有还未支付的津贴，可以促进新人留存；另一方面将一部分津贴与业务品质挂钩，可以避免套利行为。

培训津贴

培训津贴，是指对新人参加公司组织的培训发放津贴。培训津贴发放不与新人FYC挂钩，但与参加公司组织的新人培训挂钩。一般要求新人加入公司后，每月参加公司组织新人培训达到一定天数以及符合相应的条件，公司就发放培训津贴。培训津贴一般按天发放，如每天50元。有最多给付时间规定，如最多给付时间3个月。也可以一次性发放一笔金额。

国寿基本法

从新人签订代理合同当月起的12个月内，每月按其当月

FYC 计发新人津贴。营销员解约后重新签约者不享受新人津贴。签约时非业务员职级人员不享受新人津贴。营销员未达到分公司参会率要求的当月不享受新人津贴。

$$新人津贴 = 新人津贴类型 × 新人品质系数$$

按照新人的年龄，新人津贴分为新秀版与新锐版。

1. 新人年龄小于 22 岁，或大于 40 岁，享有新秀版津贴。

2. 新人年龄为 22（含）~40（含）岁，享有新锐版津贴。

3. 新人年龄为 22（含）~40（含）岁，经公司招募面谈以及综合测评后认为具备较高素质和潜质，若当月新增［首次签约，年龄为 22（含）~40（含）岁］且长险举绩 1 人，新人与增加人均达到分公司月度参会率要求，当月可享有新锐加强版津贴，见表 4 - 3、表 4 - 4 和表 4 - 5。

表 4 - 3　新人津贴发放规则 A 版　　　　　　　　　　　　（元）

签约时间	新人当月 FYC	新秀版		新锐版		新锐加强版	
		城区	郊县	城区	郊县	城区	郊县
1~3 月	10 800（含）以上	4 500	3 500	4 800	3 800	5 200	4 200
	7 200（含）~10 800	3 000	2 800	3 400	3 200	3 900	3 700
	3 600（含）~7 200	2 200	2 000	2 600	2 400	3 100	2 900
	1 800（含）~3 600	1 400	1 200	1 800	1 600	2 300	2 100
	900（含）~1 800	800	600	1 000	800	1 500	1 300
4~6 月	3 600（含）以上	1 500	1 300	1 800	1 600	2 300	2 100
	1 200（含）~3 600	1 000	800	1 200	1 000	1 700	1 500
7~12 月	1 800（含）以上	1 100	900	1 300	1 100	1 700	1 500

表4 –4　新人津贴发放规则 B 版　　　　　　　　　　　　　　　　　（元）

签约时间	新人当月FYC	新秀版		新锐版		新锐加强版	
		城区	郊县	城区	郊县	城区	郊县
1~3月	9 000（含）以上	3 500	3 300	3 800	3 600	4 200	4 000
	6 000（含）~9 000	2 200	2 000	2 500	2 300	3 000	2 800
	3 000（含）~6 000	1 500	1 300	2 000	1 800	2 500	2 300
	1 500（含）~3 000	1 100	900	1 500	1 300	2 000	1 800
	750（含）~1 500	600	500	800	700	1 300	1 200
4~6月	3 000（含）以上	1 200	1 100	1 500	1 400	2 000	1 800
	1 000（含）~3 000	800	700	1 000	900	1 500	1 400
7~12月	1 500（含）以上	900	800	1 100	1 000	1 500	1 400

表4 –5　新人津贴发放规则 C 版　　　　　　　　　　　　　　　　　（元）

签约时间	新人当月FYC	新秀版		新锐版		新锐加强版	
		城区	郊县	城区	郊县	城区	郊县
1~3月	7 200（含）以上	2 700	2 500	3 000	2 800	3 400	3 200
	4 800（含）~7 200	2 000	1 800	2 300	2 100	2 800	2 600
	2 400（含）~4 800	1 300	1 100	1 600	1 400	2 100	1 900
	1 200（含）~2 400	900	700	1 200	1 000	1 700	1 500
	600（含）~1 200	500	400	700	600	1 200	1 100
4~6月	2 400（含）以上	1 000	900	1 200	1 100	1 600	1 500
	900（含）~2 400	600	500	800	700	1 200	1 100
7~12月	1 200（含）以上	700	600	900	800	1 200	1 100

　　第4~12月新人津贴的获取条件为，要求新人最近一次考核的推荐职级为业务主任及以上职级，否则按50%发放，晋升业务主任后正常发放。

　　每月15日（含）以前签约的新人，新人津贴发放起始月为当月。每月 15 日以后签约的新人，新人津贴发放起始月为新人签约的次月。

分公司可视自身队伍发展情况和当地市场竞争状况，在总公司标准基础上对各档 FYC 标准和发放金额做适度调整。

平安基本法

试用业务员可根据标准享受训练津贴。

同一业务员只计发一次，二次入司人员不享受（见表 4-6）。

新人训练津贴计发的有关规定如下：

1. 每月 15 日（含）以前入司的新人，训练津贴按照新人实际入司时间（签约时间）进行计发。

表 4-6　训练津贴发放规则

入司月份	新人当月 FYC 责任额	优才计划	FNA 计划①
1~3 月	700（含）~1 500	1 000	1 000
	1 500（含）~3 000	3 000	2 200
	3 000（含）~6 000	4 200	2 800
	6 000（含）~10 000	5 700	3 800
	10 000（含）~20 000	7 800	5 200
	20 000（含）~30 000	13 000	8 500
	30 000（含）以上	17 000	11 000
4~12 月	1 000（含）~3 000	1 300	1 300
	3 000（含）~6 000	3 300	2 200
	6 000（含）~10 000	5 700	3 400
	10 000（含）~20 000	6 900	4 600
	20 000（含）~30 000	11 000	7 000
	30 000（含）以上	15 000	10 000

① FNA 是指由财务补贴的新代理人。

入司月份	新人当月 FYC 责任额	NA 计划①
1~3 月	600（含）~1 000	600
	1 000（含）~1 500	1 100
	1 500（含）~3 000	1 400
	3 000（含）以上	1 700

2. 每月 15 日以后入司的新人，若当月业绩达到领取最低训练津贴要求的标准，则按照新人实际入司时间（签约时间）进行训练津贴的计发；若新人当月无业绩或业绩小于领取最低训练津贴要求的标准，则从新人入司的次月 1 日起进行训练津贴的计发。

试用业务员可领取的佣金有：

1. 训练津贴。

2. 初年度佣金：标准佣金的 80%。

3. 转正津贴：试用业务员自入司月起 6 个月内累计实发个险 FYC 超过 3 000 元的部分，初年度佣金按标准佣金发放；试用延长期 3 个月内累计实发个险 FYC 超过 1 800 元的部分，初年度佣金按标准佣金发放。

新人卓越奖：自入司月起 6 个月内实发个险 FYC 达到 4 000 元，且留存满 6 个月，则在第 7 个月可返还试用期间 FYC 打折部分的佣金。

---

① NA 是指新代理人，但是享受相对较低的财务补帖。

新华基本法

首次签约新人自录入系统起 12 个考核月内，根据其本人每月 FYC 达成情况，计发新人责任津贴，具体标准及计发条件见公司相关文件。

若新人在录入系统起 12 个考核月内晋升至行销专务层级，则新人责任津贴与行销专务责任津贴二者择高发放；若新人在录入系统起 12 个考核月内晋升至主管系列，则新人责任津贴与主管各佣金项目兼得。

第一次签约新人自录入业务系统起 12 个考核月内，根据其本人每月 FYC 达成情况，按相关标准计发新人责任津贴；第 7 ~ 12 个月新人责任津贴计发条件为签约 6 个考核月内晋升正式营销员（含）以上级别。

新人责任津贴分为新增新人与优增新人两类标准，其中，优增新人为签约时年龄在 25 周岁（含）至 45 周岁（含）且大专及以上学历，学历须经学信网审核认证。

各类标准具体如表 4 - 7、表 4 - 8 和表 4 - 9 所示。

表 4 - 7　新人责任津贴发放标准 A 类　　　　　　　　　　　（元）

计发条件	新增新人	优增新人
2 000 ≤ 月 FYC < 3 000	2 000	2 000
3 000 ≤ 月 FYC < 6 000	3 000	3 000
6 000 ≤ 月 FYC < 15 000	6 000	6 000
15 000 ≤ 月 FYC < 30 000	6 000	15 000
月 FYC ≥ 30 000	6 000	20 000

表4-8 新人责任津贴发放标准 B 类 （元）

计发条件	新增新人	优增新人
1 500≤月 FYC＜3 000	1 500	1 500
3 000≤月 FYC＜6 000	3 000	3 000
6 000≤月 FYC＜12 000	6 000	6 000
12 000≤月 FYC＜20 000	6 000	10 000

表4-9 新人责任津贴发放标准 C 类 （元）

计发条件	新增新人	优增新人
1 000≤月 FYC＜3 000	800	800
3 000≤月 FYC＜6 000	3 000	3 000
6 000≤月 FYC＜10 000	5 000	5 000
10 000≤月 FYC＜15 000	5 000	6 000
月 FYC≥15 000	5 000	8 000

友邦新人津贴制度

友邦新人津贴制度参见表4-10。

表4-10 新人津贴制度
一线城市（上海、北京、广州、深圳、苏州、佛山） （元）

首年佣金标准	1～3 月	4～6 月	7～12 月
FYC＜500	0	0	0
500≤FYC＜1 000	600	500	300
1 000≤FYC＜2 000	900	900	900
2 000≤FYC	1 200	1 200	1 200

或

保单件数标准	1～3 月	4～6 月	7～12 月
保单件数≥12	600	0	0

二线城市（其余城市） （元）

首年佣金标准	1～3月	4～6月	7～12月
FYC < 400	0	0	0
400 ≤ FYC < 800	500	400	200
800 ≤ FYC < 1,600	700	700	700
1 600 ≤ FYC	1 000	1 000	1 000

或

保单件数标准	1～3月	4～6月	7～12月
保单件数 ≥ 12	500	0	0

注：保留首月机会。

PA100 和 ATA 可计为 1 件保单。

出席率达到80%，且通过活动量管理，方可获得新人津贴，第7～12月不再有额外有效保单要求。

留存与发放规则。留存：每月留存 FYC 的 25%，最多不超过当月获得的津贴额，无津贴则不留存；发放：留存金将在津贴期结束后的 3 个月内平均发放。

资料来源：《友邦保险营销员奖金津贴制度——Agency 2.0 版本》。

完成且通过"体验式培训"并首次与公司签约的参加 HA 计划[①]的保险营销员，公司将发放人民币 1 000 元作为学习津贴。"体验式培训"的通过标准如下：

- 体验式培训出席率为 100%（培训期间任何理由的请假均视为缺席，不能计入培训出席率的统计）。

- 缘故电话接洽成功约到 5 人。

- 通过相关考试和话术通关。

- 通过合规培训及考试。

- 对于当地有其他额外要求的，准 HA 还需满足当地的要

---

① HA 计划指友邦保险个人代理人菁英人才计划。

求，才有资格享有学习津贴。

- 一位准 HA 最多只能参加两次体验式培训且需为连续参加，但最多只能领取一次学习津贴。

新人奖励

除了新人津贴，一些保险公司还会采取一些奖励措施，激励新人努力销售保单，尽快成长为合格销售人员。新人奖励通常有以下几种方式。

阶段性奖励

阶段性奖励，是指在一个销售阶段结束后，对达到公司规定的特定指标新人，给予特别奖励。如国寿基本法中"潜力新人奖"规定，新人在第一、二个季度达到规定的 FYC 和累计推荐的人力，公司将给予 1 000～1 500 元的奖励。

返还性奖励

返还性奖励，是指对在规定时间内达到公司规定业绩的新人，将津贴期间扣减的佣金作为奖励发还给业务员。如平安基本法中"新人卓越奖"规定，新人 6 个月内 FYC 达到 4 000 元，公司在第 7 个月返还试用期间 FYC 打折部分的佣金。

快速晋升奖励

对于入司一年以内的新人，如果在较短时间内达到相应职级晋升条件，并获得职级晋升，给予一笔奖励，以鼓励新人快速晋升，提高新人留存率。

国寿基本法

新人在签订代理合同后第 1 ~ 3 个月和第 4 ~ 6 个月达到相关条件，则在第 3 个月和第 6 个月时，公司分别按照表 4 – 11 和表 4 – 12 所示标准向该新人计发潜力新人奖。

表 4 – 11 潜力新人奖计发标准 A、B 版

月份	累计 FYC（元）	累计直接推荐举绩人力	潜力新人奖（元）
第 1 ~ 3 月	3 000	1 人	1 000
第 4 ~ 6 月	3 000	2 人	1 500

表 4 – 12 潜力新人奖计发标准 C 版

月份	累计 FYC（元）	累计直接推荐举绩人力	潜力新人奖（元）
第 1 ~ 3 月	2 400	1 人	800
第 4 ~ 6 月	2 400	2 人	1 000

营销员解约后重新签约者可享受潜力新人奖。累计直接推荐的当期举绩人力是指新人签约后直接推荐的，在第 1 ~ 3 个月和第 4 ~ 6 个月举绩且在核发该奖项时留存的人力。

平安基本法

新人卓越奖：自入司月起 6 个月内实发个险 FYC 达到 4 000 元，且留存满 6 个月，则在第 7 个月可返还试用期间 FYC 打折部分的佣金。

佣金与津贴的关系

佣金和新人津贴（包括新人奖励）基本上构成了新人的收入。

不同的津贴政策，先后顺序不同

在有责津贴政策下，给予的津贴基本上都与新人 FYC 直接挂钩，都是在新人 FYC 达到一定基准数额后，才给予新人津贴。而且是新人 FYC 越多，给予的新人津贴额也就越大。所以，新人是先有佣金收入，后有新人津贴，没有佣金收入，也就没有新人津贴。

但在无责津贴政策下，因为津贴的发放不与新人销售业绩挂钩，一般只要新人履行了入司手续，就给予津贴。在这种情况下，理论上是先有津贴，后有佣金收入。

佣金是劳动性收入，津贴是补助性收入

新人有销售业绩，才有 FYC 收入。所以，FYC 是新人劳动性收入。津贴是公司给予具有补助性质的收入。

劳动性收入是新人的根本性收入，是决定新人能否长期留存的关键性收入；津贴是新人的补助性收入，是调节新人收入的收入，起到"扶上马送一程"的作用。

佣金收入与津贴在新人收入构成中，应该是随着佣金收入的增加，津贴额适当减少。到津贴期结束时，新人应该完全可以靠佣金收入生存下去。

如果说津贴期新人收入很高，但津贴期结束后新人仍然不能靠佣金继续维持下去，那说明新人在津贴期完全是依赖津贴维持生存的。

佣金是"造血"性收入，津贴是"输血"性收入

如果用造血与输血来比喻佣金和津贴，那么佣金就是新人的"造血"，津贴就是给新人"输血"。因为 FYC 不仅是当期收入，还会为新人产生后续的续期佣金收入。FYC 越多，积累的续期佣金越多，为自己"造血"就越多。而津贴只是一种短期补充性收入，短期对新人有帮助，津贴期结束，"输血"也就停止了。所以，新人津贴的目的是通过"输血"实现新人自己"造血"，如果新人完全依赖输血，津贴期结束新人仍然是"贫血"，那就应该检讨公司新人利益制度和政策，并要及时做出适当调整。

佣金可以形成长期收入，津贴只是短期收入

通常新人有了 FYC（不包括趸交佣金），也就有了续期佣金（RYC），所以，新人佣金可以形成潜在长期的收入。津贴都是有期限的，基本上都是新人短期收入。津贴可以吸引新人或激励新人，但过多的津贴，就会打破"基本法"报酬制度，改变原有的利益分配关系。因为"基本法"利益是个人代理人的基本报酬制度，既有当期利益，也有续期利益；既有直接的销售利益，也有必要的管理利益，是一种长期的制度性、系统性报酬设计。而津贴一般都是当期收入，是一种短期激励行为。如果短期激励

过高，甚至成为新人收入的主要来源，当津贴期结束，新人的收入也必然较大幅度地下降，直接影响新人留存。

佣金可以惠及主管，津贴不能惠及主管

佣金分为直接佣金和间接佣金。直接佣金是指销售保单可以直接获得的佣金，通常是保费乘以佣金率。间接佣金是各级主管获得的增员、管理、育成等报酬，绝大多数都与下属直接佣金（FYC）挂钩，按直接佣金的一定比例提取（各种管理利益乘以佣金率）。所以，直接佣金与间接佣金有内在的联系。直接佣金高，带来的间接佣金也多，主管利益就会"水涨船高"，否则就低。但津贴一般不计入直接佣金，因此对间接佣金没有影响，并不惠及主管利益。津贴虽然增加了新人的收入，但不能增加主管间接佣金收入。

佣金源于制度性设计，津贴源于财务性安排

人寿保险的毛保费由纯保费和附加费用构成。附加费用分为两部分：管理费和佣金手续费。佣金手续费属于保险公司预定销售成本，在产品设计中一般都是单独列支的成本，属于制度性设计，只要支付的佣金手续费不超过产品设计，就不会出现超支的情况。

管理费是附加费用扣除佣金手续费后的剩余部分，用于公司日常经营管理费用支出，如员工薪酬、固定费用开支、日常行政费用开支等，也用于销售方面开支，如津贴和促销活动开支。所

以，新人津贴基本源于管理费，属于公司财务安排。

根据公司每年的保费收入计划，管理费和佣金手续费基本上都是一个定数。公司年度实际费用支出小于这个定数，就产生费差益，否则，就是费差损。费差损必然会影响公司利润。而如果公司没有利润，费差损就只能消耗资本金。如果公司用于新人津贴的费用过大，并成为管理费超支的主要原因，就会形成费用支出→费差损→偿付能力不足→增资→费用支出→费差损……的恶性循环。所以，保险公司在实行新人津贴的同时，要控制好津贴成本，否则就会形成较大的财务负担。

津贴是一把双刃剑

津贴是一把双刃剑，既可以解决新人的困难，助力他们长期留在公司，也可以成为新人套利的工具。新人除了享受新人津贴，赶上公司促销活动还可能享受业绩奖励。如果新人获得的报酬（佣金＋新人津贴＋晋升/其他奖励＋促销奖励＋保单现金价值）＞保费，业务员就可以通过"自保件"[①] 而获得套利的机会，公司就有被套利的风险。一般高现价产品是新人套利的主要产品。

套利给公司经营造成的影响有：一是首年销售业绩虚高，短期内形成快速增长；二是第二保单年度年自保件开始退保套利，导致退保率增高。套利给公司造成最大的后果是只出了大量的费

---

① 自保件是指业务员为自己购买的保单。

用，却没有形成保单的积累，不仅是"鸡飞蛋打"，严重的还可能给公司造成现金流风险（自保件退保）。

保险公司既要鼓励新人购买自家保险产品，又要防止新人套利。能够套利并不是新人的错，而是公司制度和政策上出现了漏洞。只要公司相关制度和出台的政策导致最终新人获得的利益总和小于保费，就不会出现套利行为。例如可以规定自保件不纳入业绩考核，以及不计入促销活动奖励业绩，一般就可以有效规避自保件套利。

小结

新人是寿险公司个人代理人队伍发展的来源。只有新人不断地加入、留存，才能实现个人代理人队伍的发展壮大。但新人入司初期一般要经历"三缺三低"时期，需要公司给予特殊的支持政策。因此，就有了新人佣金制度和新人津贴政策。佣金是业务员的基本报酬，新人津贴是新人的补助性收入。新人佣金制度主要是在标准佣金基础上打折支付，新人津贴则有多种支付方式。具体选择哪种方式取决于公司的新人策略，没有最好的，只有最适合的。新人津贴是一把双刃剑，可以助力新人成长，但也可能产生套利，甚至导致费用成本失控。因此，在实行新人津贴政策的同时，要处理好佣金与津贴的关系，防止出现新人依赖津贴或套利的行为。

第 5 章
销售利益

关键词：

佣金、业绩奖、继续率奖、利益导向

销售利益，是指业务员通过销售保单可以获得利益。销售利益主要由佣金、业绩奖和续保率奖构成。佣金属于业务员销售保单的基本收入，业绩奖相当于业务员的绩效薪酬，而继续率奖则是业务员的销售品质奖。

佣金

佣金是保险公司支付给个人代理人的代理报酬，也是个人代理人主要收入的来源，更是保险公司最大的销售成本。

佣金按类别分为直接佣金和间接佣金。直接佣金中包含首年佣金和续年佣金，而续年佣金又分为短期支付和长期支付佣金。详见图 5 – 1。

图 5-1　佣金分类

首年佣金

首年佣金，也称初年度佣金，是指向业务员所支付的第一个保单年度的佣金。一般的计算公式为：

$$首年佣金 = 首年保费 × 首年佣金率$$

1. 首年佣金是业务员的有效劳动收入。

保险代理人的特点之一是业务员按劳动成果获得报酬，或者说保险公司并非对业务员的所有劳动都支付报酬，只对业务员的有效劳动（保单销售成功）支付报酬（佣金）。业务员的日常工作是寻找客户、洽谈客户、服务客户，但并不是每天、所有的劳动付出都会有成果。业务员只有在成功地说服投保人购买人寿保险产品，并且在保险公司收到第一笔保费后，才会获得保险公司支付的佣金。如果业务员的推销不成功，业务员的劳动就是一种无效劳动，并不能获得任何报酬。

2. 首年佣金直接影响主管利益。

主管的增员利益、管理利益和育成利益基本上都是以首年佣金（FYC）为基数，因此，业务员的首年佣金直接影响主管的各方面利益。一般情况下，业务员首年佣金高，主管的增员利益、管理利益和育成利益就高，否则就低。

3. 首年佣金是寿险公司最大的销售成本。

寿险公司的首年销售成本包括首年佣金、核保成本、保单制作成本等，其中最大的成本是首年佣金。按照产品设计原理，佣金可以在交费期内均衡分摊。但是，佣金是销售人员的主要收入，而且寿险保单销售难度高，因此在实际的佣金设计中，寿险公司都将佣金集中在最初几年发放。特别是为了激励业务员积极销售保单，往往对首年保费支付较高的佣金，形成首年佣金远远高于续期佣金的状况。这种佣金策略，虽然促进了保单的销售，但也给首年销售成本带来了巨大的压力。因此，就寿险公司而言，首年佣金是最大的销售成本。

国寿基本法

若保单为短期内契约转换，则佣金按如下规则发放。

短期内契约转换指同一被保险人新旧保单的承保日期与解约日期①相距在 180 天之内，无论新旧保单是否为同一业务人员，均属于短期内契约转换。其中，新保单是指新承保的一年期以上主险保单，不含新增附加险、追加保险；旧保单是指在新保单承保之前同一被保险人的保单，不含永久失效保单、附加险保单、一年期（含）以下主险保单、银保保单。

---

① 承保日期指新保单保险合同成立日期，解约日期指旧保单保险合同解除日期。

对于先退保旧单，后投保新单的情况：新保单佣金未超过旧保单佣金的，不发放佣金；新保单佣金超过旧保单佣金的，只发放超过部分的佣金。该情况须在新保单佣金计发月操作。

对于先投保新单，后退保旧单的情况：新保单佣金低于旧保单佣金的，扣回新保单所有佣金；新保单佣金超过旧保单佣金的，扣回旧保单所有佣金。该情况须在旧保单退保审批通过月操作。

平安基本法

初年度佣金，是指业务人员销售保单于第一保单年度所领取的佣金，计算公式如下：

$$初年度佣金（FYC）=初年度保费 × 初年度佣金率$$

初年度佣金的发放适用如下规则：

1. 新契约回访成功且问题件已处理完成的保单方可发放初年度佣金。若新契约回访及问题件处理在保单生效月次月13号（含）前完成，则发放100%的初年度佣金，否则将暂扣100%佣金，待新契约回访及问题件处理完成后，再予以发放。

2. 若保单回执在保单生效月次月13号（含）前回销，则发放100%的初年度佣金，否则将预留50%的佣金，待其回执回销后，再予以发放。

3. 若该保单为短期契约转换，则佣金按如下规则发放：

对于先退保旧单，后投保新单的情况：新保单佣金未超过旧保单佣金的，不发放佣金；新保单佣金超过旧保单佣金的，只发放超过部分的佣金。

对于先投保新单，后退保旧单的情况：新保单佣金低于旧保单佣金的，扣回新保单所有佣金；新保单佣金超过旧保单佣金的，扣回旧保单所有佣金。

相关备注：

（1）定义：同一被保险人新旧保单的生效日期与解约日期相距在180天之内，无论新旧保单是否为同一业务人员，均属于短期契约转换。

（2）相关释义：新保单是指新生效的主险保单，但不含新增附约、追加销售项目产生的新契约；旧保单是指在新保单生效之前同一被保险人的保单，但不含永久失效保单、附加险、一年期主险、银行保险保单。

（3）操作时间：对于先退保后投保的情况，在新保单生效月操作；对于先投保后退保的情况，在旧保单退保月操作。

（4）发放的佣金参与相关待遇和考核的计算，件数参与待遇和考核的计算。

4. 若该单属于电销单转投个险单，按照如下短期契约转换规则发放佣金：

对于先退保电销单，后投保个险新单的情况：个险保单佣金未超过电销单保费对应的营销区拓佣金的，不发放佣金；超过的，只发放超过部分的佣金。

对于先投保个险新单，后退保电销单的情况：个险保单佣金低于电销单保费对应佣金的，扣回个险保单所有佣金；超过的，扣回电销单保费对应的佣金。

相关备注：

（1）定义：同一被保人个险单生效日在电销单的解约日期后180天内，或个险单生效日在电销单的解约日期前180天内且晚于电销保单生效日，均属于电销保单短期契约转换。

（2）电销单保费对应的营销佣金计算方式为：

营销佣金＝电销年化保费收入×营销佣金率

营销佣金率指新承保保单险种佣金率。

（3）操作时间：对于先退保后投保的情况，在新保单生效月操作；对于先投保后退保的情况，在旧保单退保月操作。

（4）发放的佣金参与相关待遇和考核的计算，件数参与待遇和考核的计算。

5. 若该单为新老万能保单转换，则佣金按如下规则发放：

对于老万能保单先停止交费或解约或部分领取，后投保新万能保单的情况：新万能保单初年度佣金未超过老万能保单初年度佣金的，不发放佣金；新万能保单初年度佣金超过老万能保单初年度佣金的，只发放超过部分的佣金。

对于先投保新万能保单，老万能保单后停止交费或解约或部分领取的情况：新万能保单初年度佣金低于老万能保单初年度佣金的，扣回新万能保单所有初年度佣金；新万能保单初年度佣金超过老万能保单初年度佣金的，扣回老万能所有初年度佣金。

相关备注：

（1）定义：新老万能保单投保人相同，且被保人也相同；

老万能保单停止交费或解约或部分领取时间与新万能保单购买时间的间隔小于1年，包括两种情况：老万能保单停止交费或解约或部分领取后1年内客户购买新万能保单，或客户购买新万能保单后1年内老万能保单停止交费或解约或部分领取；无论新老万能保单是否为同一个业务人员，均属于新老万能保单转换。

（2）相关释义：新万能保单是指新生效的万能主险保单，不包含追加和调整期交金额；老万能保单是指在新万能保单生效之前同一投保人与被保险人投保的老万能保单，不含永久失效保单或银保万能保单。

（3）说明：只对新万能保单业务人员进行扣佣；扣发的佣金为相关期交保费佣金，追加保费的佣金不扣；如老万能保单停止交费或者失效后1年内客户又补交保费，则补发扣发的新老万能保单转换佣金。与短期契约转换的处理顺序：如果本转换也同时符合短期契约转换的有关规则，则先执行短期契约转换处理，扣佣不返还；后执行新老万能保单转换处理，扣佣可能返还。

（4）发放的佣金参与相关待遇和考核的计算，件数参与待遇和考核的计算。

6. 若该单符合公司其他关于契约转换规定的，则佣金按相应文件规定发放。

太平洋基本法

初年度业务佣金是指业务人员承揽的趸缴业务或期缴业务在收取第一保单年度保费后所应支领的报酬。初年度业务佣金按月发放。

$$初年度业务佣金 = 初年度业务保费 \times 初年度业务佣金率$$

新华基本法

初年度佣金指营销员销售保单于第一个保单年度内所支领的佣金。计算公式为：

$$初年度佣金 = 有效新契约保费 \times 初年度佣金率$$

同时符合以下统计口径的保单，称为有效新契约保单，其产生的保费称为有效新契约保费：

1. 于本自然月内及以前承保出单。

2. 于下一自然月 5 日（含）以前客户签收。

3. 于下一自然月 19 日（含）以前完成回单、电子投保确认书录入及审核，且回访成功。

4. 未在犹豫期内退保。

5. 完成其他监管及公司有明确规定的相关要求。

营销员佣金采取下发佣金制，原则上于次月 25 日前发放。营销员佣金须由公司转账至营销员银行账户，解约人员的佣金在办完各种手续之后由公司统一核发。

续年佣金

续年佣金也称续期佣金，是指向业务员支付第二个保单年度以后的佣金。保单生效后，销售业务员一方面会帮助公司催交续期保费，另一方面也会为客户提供一些基本的服务，而保险公司也鼓励、要求业务员为客户提供必要的服务。因此，有的公司也将续年佣金称为服务津贴。续年佣金一般的计算公式如下：

$$续年佣金 = 续年保费 \times 续年佣金率$$

续年佣金按照支付的时间，分为短期付和长期付。短期付，是指向业务员支付的佣金少于交费期，一般只在最初几年支付佣金。例如，对 20 年交费保单，只支付最初 5 年的佣金。长期付，是指支付佣金基本与保单的缴费期相同，只要保单交费，就向业务员支付佣金。例如，对 20 年交费保单，支付 20 年佣金。在佣金支付总额一定的情况下，佣金支付期限越短，相对年支付的佣金越多；反之，就越少。

1. 续年佣金是业务员保单销售的递延性收入。

寿险保单多数是长期性保单，绝大多数投保人也会选择分期交付保险费。保险公司只有在收到保险费后才会支付给业务员佣金。收到首年保费，支付首年佣金，收到续年保费，支付续年佣金。因此，续年佣金实际上是业务员首年的销售成果，只不过随着保险公司收到续期保费，业务员才能够收到续年佣金。可以说，首年佣金是业务员保单销售创造的报酬，而续年佣金仍然属于业务员首年销售保单创造的报酬，是业务员收取的延续性报酬。如果将期交保单比作种韭菜，那续年佣金就是割韭菜。公司收到保费，业务员收割佣金，一茬一茬（一期保费一期保费）收割，直到韭菜不再生长（佣金支付期结束）。

2. 续年佣金具有滚存性。

续年佣金的滚存性，是指续年佣金形成的积累。假设一业务员每年销售同一款产品，保费收入都是 60 000 元，佣金支付期是 5 年，首年佣金率 50%，第 2、3 保单年度佣金率都是 15%，第 4、5 保单年度佣金率是 10%。该业务员续年佣金滚存（积累）过程详见表 5 - 1。

第 2 保单年度，第 1 年销售的保单续保，业务员获得续年佣金 9 000 元，占年度佣金总额的 23%。

第 3 保单年度，前 2 年销售的保单都续保，业务员获得续年佣金"滚存"到 15 000 元，占全部佣金的 33%。

第 4 保单年度，前 3 年销售的保单都续保，业务员获得的佣金"滚存"到 24 000 元，占全部佣金的 44%。

第 5 保单年度，前 4 年销售的保单都续保，业务员获得的佣金"滚存"到 30 000 元，占全部佣金的 50%。

可见，佣金支付期限越长，续年佣金"滚存"的期限越长。反之，"滚存"的期限越短。寿险保费是滚存式增长模式，同样业务员的佣金收入也应该是滚存式增长。滚存式增长，才能形成业务员长期稳定的收入增长，这也是保险个人代理人相比其他行业代理人的优势。

首年与续年佣金支付比例对业务员影响的不同

首年佣金与续年佣金虽然都是业务员的销售报酬，但二者的支付比例对业务员的影响不同。保险公司支付业务员的佣金，在

表 5 - 1　续年佣金积累示意　　　　　　　　　　　　　　　　　　　　（元）

保费收入	第 1 年度 佣金率	第 1 年度 佣金额	第 2 年度 佣金率	第 2 年度 佣金额	第 3 年度 佣金率	第 3 年度 佣金额	第 4 年度 佣金率	第 4 年度 佣金额	第 5 年度 佣金率	第 5 年度 佣金额	第 6 年度 佣金率	第 6 年度 佣金额
60 000	50%	30 000	15%	9 000	15%	6 000	10%	6 000	10%	6 000	10%	6 000
60 000			50%	30 000	15%	9 000	15%	9 000	10%	6 000	10%	6 000
60 000					50%	30 000	15%	9 000	15%	9 000	15%	9 000
60 000							50%	30 000	15%	9 000	15%	9 000
60 000									50%	30 000	50%	30 000
合计		30 000		39 000		45 000		54 000		60 000		60 000
续年佣金积累				9 000		15 000		24 000		30 000		30 000
续年佣金占比				23%		33%		44%		50%		50%

产品设计时基本上为一个定数。因此，首年佣金支付比例高，虽然可以激励业务员销售新单，但续年佣金就会低，直接影响续年佣金的积累。反过来，续年佣金支付多，虽然可以增加佣金的"滚存"，但首年佣金支付必然少，不仅会直接影响业务员首年保单销售的意愿，而且当续年佣金积累达到一定量的时候，也会出现业务员坐吃续年佣金，安于现状，不愿销售新单的现象。所以，在二者之间取得平衡，既是关键点，也是难点。平衡好，首年佣金有激励性，续年佣金也有"滚存性"；平衡不好，业务员只关注首年佣金收入，不关注保单继续率，或者坐吃续年佣金，而影响新单销售。

1. 首年佣金占比反映业务员对销售的依赖程度。

业务员的收入依靠首年佣金，但不能依赖首年佣金。就一般业务员（一年以上）而言，在初期，其收入主要靠首年佣金和津贴。但经过几年以后，续年佣金应该在业务员整个收入中占有一定的比重。如果首年佣金占比仍然相对较高，表示业务员收入仍然依赖首年佣金；如果续年佣金占比相对较高，表示业务员对保单销售的依赖度相对降低，已经形成比较稳定的续年佣金收入。工作时间越长的业务员，在佣金收入中，续年佣金收入占比应该相对越高，对首年佣金的依赖度应该相对降低。但没有首年佣金，也不会有续年佣金，所以，即使已经有了一定的续年佣金，也要依靠首年佣金不断地积累续年佣金，否则，随着续年佣金支付期的结束，续年佣金会逐年减少，收入总额也会出现下降。

2. 首年佣金支出占比反映销售队伍发展状况。

在佣金构成中，如果首年佣金总额占比高，表示新单销售是主要业务。一般的情况为销售队伍处在发展的初期，或销售队伍是以新人为主。如果续年佣金总额占比相对较高，表示公司已经有了较大的续年业务基础，说明销售队伍中"老人"占比已经达到一定的数量，营销队伍已经进入发展期或成熟期。

3. 首年佣金直接影响销售队伍的稳定性。

业务员有相对稳定的收入，才能有相对稳定的留存。就业务员而言，首年佣金是相对不稳定的收入。因为有首年销售业绩，才有首年佣金收入；没有首年销售业绩，也就没有首年佣金收入。在期交保费，有首年佣金收入，才有续年佣金收入；没有首年佣金收入，也就没有续年佣金收入。所以，受多种因素影响，首年销售业绩好，业务员不仅首年佣金收入高，而且潜在的续年佣金收入也高，可以形成比较稳定的长期收入，留存的可能性就高，销售队伍的稳定性也就相对较高，否则就低。另外，对于一些老业务员来说，在直接收入中，如果首年佣金是主要的收入并且占比相对较高，受首年佣金收入不稳定的影响，导致老业务员留存也容易出现不稳定的情况。反之，如果首年佣金占比低，续年佣金占比高，由于续年佣金是递延收入，是相对稳定的收入，那么业务员队伍也会相对稳定。

平安基本法

"续年度服务津贴"，是指业务人员对客户提供售后服务所领取的佣金（含二级机构内发生迁移的保单），计算公式如下：

续年度服务津贴＝续年度保费×续年度服务津贴率

其领取以收进续期保费和业务员在职为条件。

太平洋基本法

续年度业务佣金，是指业务人员承揽的期缴业务，按公司要求为客户提供售后服务，在续年度保费到账时（发放佣金时仍在职）所应支领的报酬。续年度业务佣金按月发放，计算公式为：

续年度业务佣金＝续年度业务保费×续年度业务佣金率

注：续年度业务佣金率视险种的缴费方式、缴费期限确定，具体标准以总公司下发的文件为准。

新华基本法

续年度佣金指营销员对本人所销售保单的客户提供售后服务所支领的佣金。计算公式为：

续年度佣金＝续年度实收保费×续年度佣金率

业绩奖

业绩奖，是指保险公司对业务员首年销售业绩给予的奖励，也可以说是业务员的"绩效"薪酬。

首年保费是寿险公司的产值，所以，保险公司一般会采取各种措施激励业务员努力销售保单，为公司创造产值，业绩奖就是其中之一。

确定基数

业绩奖一般以业务员个人保单销售业绩为基数计算。销售业绩一般有两个指标：保费收入（产值）和保单件数（产量），不同基数计算结果不同。但通常保险公司会选择用佣金作基数，而不是用保费或保单作基数。因为对于业务员来说，最大的利益是佣金收入。对于保险公司来说，最大的利益是保费收入。保费收入高，佣金不一定高，给公司创造的价值也不一定高。但佣金是杠杆，可以引导业务员销售公司希望销售的产品。所以，以佣金为基数计算业绩奖，能够与业务员的收入直接挂钩。佣金收入高，自然业绩奖也高。如果说佣金是业务员的基本薪酬，业绩奖是业务员的绩效薪酬，那么业绩奖以佣金为基数，也就是绩效薪酬以基本薪酬为基数。

佣金有首年佣金（FYC）、续年佣金和全部佣金三种，选择不同的佣金作基数，业绩奖的结果也会不同。

1. 以 FYC 为基数。

以 FYC 为基数，是指按业务员当期 FYC 的一定比例（a%）计提业绩奖。公式如下：

$$业绩奖 = 首年佣金 \times a\%$$

以 FYC 为基数对首年销售业绩进行奖励，目的是激励业务员努力销售保单。因此，通常业绩奖计提比例采用递进制，即首年佣金越多，给予的奖励就越多。市场上绝大多数公司"基本法"中选择用 FYC 为基数计提业绩奖。

2. 以全部佣金为基数。

以业务员全部佣金为基数，是按业务员当期全部佣金总额的一定比例（a%）计提业绩奖。公式如下：

$$业绩奖 = 全部佣金额 \times a\%$$

以全部佣金额计提业绩奖，不仅包含首年佣金，也包含续年佣金在内，一般能够形成比较稳定的业绩奖收入，但对首年销售业绩的激励力度相对不足。

3. 两个基数产生的效果不同。

选择不同的佣金作为基数计提业绩奖，不仅仅是基数的不同，更重要的是导向的不同。选择首年佣金，引导业务员积极销售保单，努力提高首年佣金额。选择全部佣金，既可以引导业务员努力销售保单，也可以引导业务员注重续期保单的续保，有利于提高保单的继续率。

计算口径

除了选择以佣金为基数计提业绩奖的指标，还需要确定佣金的计算口径。佣金的计算口径可以用月 FYC，也可以用季 FYC。如果用月 FYC 作为计算口径，还可以分为当月 FYC 和月均 FYC。市场上，有的公司用当月 FYC 作为计算口径，如国寿；有的公司用月均 FYC 作为计算口径，如平安寿险、太平洋寿险。两种佣金基数口径不同，效果也就不同。以当月 FYC 作为计算口径，随着佣金的波动，业绩奖也会波动；而以月均 FYC 作为计算口径，佣金相对稳定，业绩奖也就相对稳定。友邦保险则是用季度 FYC 总额计算业绩奖。

奖励方式

1. 设置奖励"门槛"。

业绩奖属于一种销售奖励，因此保险公司通常会设置奖励的"门槛"，即 FYC 达到一定额度以上才给予奖励。市场上主要寿险公司的奖励门槛各不相同。

2. 分段设比例。

业绩奖以业务员 FYC 为基数，与业务员的 FYC 直接挂钩。如果说 FYC 是业务员销售保单的直接报酬，那么业绩奖可以说是业务员的绩效报酬。因此，保险公司通常采取对 FYC 分段并按不同比例给予奖励的方式，FYC 数额越大，奖励的比例越高。

3. 职级差异。

业绩奖是对个人销售业绩的奖励，因此，奖励比例应该是不分职级高低都是相同的，这样才能体现公平性。但对走业务线的销售人员来说，可以按职级确定不同的奖励比例。通常是业务系列级档越高，业绩奖的比例越大，如太平洋、友邦基本法的规定。因为走业务线的销售人员，不论职级高低，基本都是靠销售获得收入，不像走管理线的主管还有其他管理性收入。因此，在 FYC 金额相同的情况下，给予高职级销售系列人员的业绩奖比例相对就高一些，以激励他们更好地在业务线发展。

发放时间

业绩奖的发放，可以按月、季、半年发放，也可以按年度发放。选择什么时候发放，完全取决于公司的激励策略。

选择按月或按季发放，间隔时间较短，业务员能够很快得到奖励。但因为时间短，一般业务员首年佣金额积累也不多，总体奖励额度一般不会很大，还会产生波动，对业务员激励力度有限。另外，业务员很快拿到业绩奖，如果想离司，也就没有了"牵挂"。同时，业绩奖发放频繁，也相应会增加公司内部的工作量。

选择按年度发放，由于是全年佣金的积累，一般会形成一笔较有吸引力的奖励。而且按年发放波动相对较小，业务员会很重视业绩奖。另外，按年发放，对于年中离司业务员不给予业绩奖，相对可以节省一些销售成本。但因为发放的时间太长，在业务员流动性比较大的情况下，对业务员的激励会显得不足。因此，有的公司采用按月度发放、年度通算的方式来平衡短期与长期的激励效果。如平安基本法规定个人季度奖实行全年通算："年底依当年个人月平均 FYC 进行通算，如通算值大于当年个人季度奖之和，发放差额部分；如通算值小于等于当年个人季度奖之和，差额不必扣回。"

附条件发放

除了规定佣金要达到一定额度以上才可以发放业绩奖外，有的公司还附加一些"挂钩"因素，通常称为"调整因子"。如友邦保险将"个人标准出席率"[①] 作为业绩奖的"调整因子"。

国寿基本法

展业津贴。按照业务经理、高级业务经理当月 FYC 的一定比例计发（见表5-2）。

展业津贴 = 当月 FYC × 展业津贴比例（%）×业务品质系数

表5-2　业务经理和高级业务经理展业津贴的计发比例

当月 FYC（元）	展业津贴比例（%）	
	业务经理	高级业务经理
12Q（含）以上	12	14
8Q（含）~12Q	8	10
4Q（含）~8Q	6	8
2Q（含）~4Q	3	4

平安基本法

1. 个人季度奖金。

依当季个人月平均 FYC，按表5-3计发个人季度奖金，年底进行通算。

---

① 个人标准出席率 = 实际出席次数/应到出席次数。晨会次数按每周实际工作日计。

个人季度奖 = 当季个人累计 FYC × C

表 5 - 3　个人季度奖金计发比例

个人月平均 FYC（元）	C（%）
2 000 以下	0
2 000（含）~ 3 000	4
3 000（含）~ 4 000	6
4 000（含）~ 5 000	8
5 000（含）~ 7 000	10
7 000（含）以上	12

关于个人季度奖金发放的有关规定：

（1）个人季度奖的发放以季度末在职为条件，领取金额根据当季个人月平均 FYC 确定。

（2）年底依当年个人月平均 FYC 进行通算，如通算值大于当年个人季度奖之和，发放差额部分；如通算值小于等于当年个人季度奖之和，差额不必扣回。

（3）新入司的业务员以实际展业时间计算个人季度奖金。如 5 月份入司的业务员，二季度奖金根据 5、6 月的月平均 FYC 核发。

2. 业绩津贴。

业绩津贴依据个人当月 FYC 及分级对应的业绩津贴比例计发。

业绩津贴 = 当月 FYC × 业绩津贴比例

业绩津贴比例如表 5 - 4 所示。

表5-4　业绩津贴计算比例

FYC（元）	三级业务员	二级业务员（%）	一级业务员（%）
1 500 以下	—	0	0
1 500（含）~2 500	—	5	8
2 500（含）~3 500	—	10	15
3 500（含）~6 000	—	15	20
6 000（含）以上	—	20	22

业绩津贴计发的有关规定如下：

（1）业绩津贴根据业务员对应分级标准计提。

（2）业务员分级标准。正式及以上职级业务员分为一级业务员、二级业务员及三级业务员。当季度业务员级别根据其上季度月均FYC及件数划分，具体标准如下：

①一级业务员：季度月均FYC≥4 000元，季度月均件数≥3件，或者季度月均FYC≥6 000元，季度件均件数≥2件。

②二级业务员：季度月均FYC≥3 000元，季度月均件数≥2件，且未达成一级业务员标准。

③三级业务员：未达成一、二级业务员标准的其他业务员。

注：季度第3月为正式以上职级人员当季度进行分级，转正不满3个月的业务员将其当季度（含试用期）的业绩及件数纳入计算。二次入司人员分级的FYC及件数考核期必须满3个月，不满3个月的，下季度再进行分级。

3.展业津贴。

行销主管等依当月本人达成FYC按表5-5所示比例计发展业津贴。

$$展业津贴 = 当月达成 FYC \times C$$

表5-5　展业津贴计算比例

达成FYC（元）	行销主任（C）	高级行销主任（C）	资深行销主任（C）	行销经理（C）
3 000 以下	3%	3%	3%	3%
3 000（含）~ 7 000	8%	9%	10%	11%
7 000（含）~ 10 000	12%	13%	14%	15%
10 000（含）~ 15 000	14%	15%	16%	17%
15 000（含）以上	16%	17%	18%	19%

4. 标准人力达标奖。

依据上季度月均 FYC 与标准人力 FYC 标准的比值设定相应的系数，在当季度发放季度奖时，发放相应的标准人力达标奖。标准人力达标奖在年底不进行通算（见表5-6）。

$$标准人力达标奖 = 当季度季度奖 \times 系数 C$$

表5-6　标准人力达标奖计算比例

上季度月均FYC/标准人力FYC标准	C（%）
1 以下	0
1（含）~ 1.5	20
1.5（含）~ 2	40
2 及以上	50

各版本基本法分年资业务员当月 FYC 达到与表5-7中对应的要求即为标准人力。

表 5 -7　标准人力的达标要求　　　　　　　　　　　　　　　　（元）

基本法版本	1 年内业务员	1～2 年业务员	2 年以上业务员
H＋类	1 750	2 450	3 500
H 类	1 500	2 100	3 000
超 A 类	1 500	2 100	3 000
A 类	1 250	1 750	2 500

注：1 年内业务员指入司第 0～12 月的业务员（入司第 0 月指入司当月）；1～2 年业务员指入司第 13～23 月的业务员；2 年以上业务员指入司第 24 个月及以上的业务员。

太平洋基本法

1. 服务津贴计提。

自 2015 年 6 月起，每自然季度末月截止，累计签约时间为 11、12、13 个整月的新人即可参加首次计提，并根据计提周期内的月均 FYC（计提周期内个人累计 FYC÷计提周期包含的整月数）确定发放档次。

首个计提周期为签约首月至计提季度末月。

（1）截至自然季度末月，签约累计时间为 11 个整月的业务人员，首次服务津贴计提周期为 11 个整月。

（2）截至自然季度末月，签约满 12 个整月的业务人员，首次服务津贴计提周期为 12 个整月。

（3）截至自然季度末月，签约满 13 个整月的业务人员，首次服务津贴计提周期为 13 个整月。

以后每 12 个月作为一个计提周期。

2014 年 5 月（含）前签约的业务人员，首次计提周期为 2014 年 7 月至 2015 年 6 月，以后每 12 个月作为一个计提周期。

2. 服务津贴发放。

（1）发放周期。于计提周期末月起进行第一次发放，总计发放月数同计提周期内包含的整月月数，即，业务人员计提周期包含11个整月的共发放11个月，业务人员计提周期包含12个整月的共发放12个月，业务人员计提周期包含13个整月的共发放13个月。

（2）发放条件。发放当月任正式业务员或以上职级，且当月个人年度新保业务第13个月保费继续率①达到80%。

（3）各月发放标准。根据已确定的发放档次、发放月份的实际职级确定。具体如表5-8所示。

表5-8　不同档次各月发放标准

计发条件（元）	发放档次	发放周期内每月发放标准（正式业务员）
3 000≤月均 FYC<6 000	绩优档	1 200 元
6 000≤月均 FYC<9 000	双绩优档	2 000 元
9 000≤月均 FYC<15 000	三绩优档	3 000 元
月均 FYC≥15 000	五绩优档	计提周期月均 FYC×30%

计发条件（元）	发放档次	发放周期内每月发放标准（行销主任/行销经理/行销总监）
3 000≤月均 FYC<6 000	绩优档	1 300/1 500/1 700 元
6 000≤月均 FYC<9 000	双绩优档	2 200/2 800/3 200 元
9 000≤月均 FYC<15 000	三绩优档	3 300/3 900/4 500 元
月均 FYC≥15 000	五绩优档	计提周期月均 FYC×35%/37%/39%

---

① 继续率条件仅适用于截止发放当月末签约满21个整月的人员。

3. 季度业务奖。

每季度末月，根据业务人员季度内任正式业务员职级的月数及相应月份的 FYC，结算季度业务奖，并于该季度末的月份及其后两个月平均发放。

$$季度业务奖 = 季度内任职月份的 FYC \times 计提比例$$

计提比例如表 5 - 9 所示。

表 5 - 9　业务人员计提档次及比例

任职月份月均 FYC（元）	计提档次	计提比例（%）
1 500 ≤ 月均 FYC < 3 000	健康档	14
3 000 ≤ 月均 FYC < 6 000	绩优档	16
6 000 ≤ 月均 FYC < 9 000	双绩优档	18
9 000 ≤ 月均 FYC < 15 000	三绩优档	20
月均 FYC ≥ 15 000	五绩优档	20

业务主管/行销主任、行销经理、行销总监计提比例如表 5 - 10 所示。

表 5 - 10　主管计提档次及比例

任职月份月均 FYC（元）	计提档次	计提比例（行销主任/行销经理/行销总监）
1 500 ≤ 月均 FYC < 3 000	健康档	15%/17%/19%
3 000 ≤ 月均 FYC < 6 000	绩优档	17%/19%/21%
6 000 ≤ 月均 FYC < 9 000	双绩优档	19%/21%/23%
9 000 ≤ 月均 FYC < 15 000	三绩优档	21%/23%/25%
月均 FYC ≥ 15 000	五绩优档	23%/25%/27%

新华基本法

1. 行销专务责任津贴。

对当月 FYC 高于 2 000 元（含）以上的行销专务层级人员，根据本人 FYC 实际达成情况，计发行销专务责任津贴（见表 5 - 11）。计算公式为：

$$行销专务责任津贴 = 本人当月 FYC \times 比例$$

表 5 - 11　责任津贴发放比例

计发条件（元）	行销专务	高级行销专务	资深行销专务
2 000 ≤ 月 FYC < 3 000	10%	12%	15%
3 000 ≤ 月 FYC < 6 000	15%	20%	25%
6 000 ≤ 月 FYC < 15 000	20%	25%	30%
月 FYC ≥ 15 000	23%	28%	33%

2. 季度销售分红。

正式营销员在自然季度内个人累计 FYC（不含晋升为正式营销员前）达到 9 000 元（含）以上时，可获得季度销售分红（见表 5 - 12）。计算公式为：

$$季度销售分红 = \frac{本人季度内累计 FYC}{（不含晋升为正式营销员前）} \times 比例$$

表 5 - 12　计发条件及比例

计发条件（元）	比例（%）
9 000 ≤ 季度 FYC < 12 000	5
12 000 ≤ 季度 FYC < 18 000	8
季度 FYC ≥ 18 000	12

3. 长期服务津贴。

对年底时任行销专务（含）以上级别人员/业务经理层级人员，根据本人当年度实收的连续服务超过 3 年的保单续年度保费，计发长期服务津贴（见表 5 - 13）。计算公式为：

$$长期服务津贴 = \frac{个人当年度实收连续服务}{超过 3 年的续期保费} \times 长期服务津贴比例$$

表 5 - 13　计发比例　　　　　　　　　　　　　　　　　　　　　（%）

保单经过年度	3 年及以下	4 ~ 5 年	6 ~ 8 年	9 ~ 15 年	16 年及以上
比例	0	0.8	1	1.2	1.5

友邦基本法

1. 个人每月业绩奖金。

如果各级销售路径营销员每月所赚取之 FYC 总额达到下列指标，公司将按照以下条件并依据表 5 - 14 给付个人每月业绩奖金，同时予以财政季度通算。

表 5 - 14　个人每月业绩奖金计发比例

每月个人 FYC 总额 （元）	个人每月业绩奖金（%）				
	助理销售 经理	销售 经理	资深销售 经理	销售 总监	资深销售 总监
0 < FYC < 8 750	0	0	0	0	0
8 750 ≤ FYC < 17 500	8	12	14	16	18
17 500 ≤ FYC < 26 250	10	16	18	20	22
26 250 ≤ FYC < 35 000	12	20	22	24	26
35 000 ≤ FYC < 52 500	14	22	24	26	28
52 500 ≤ FYC	16	24	28	30	32

（1）若 FYC 总额为负数时，则比照上表扣除相应的奖金。

（2）若财政季度通算后的奖金大于财政季度内所有月份已发放每月业绩奖金的合计，则将补发差额部分。但当财政季度通算后的奖金小于月度合计时，不扣差额。

（3）通算仅对财政季度末维持销售路径级别的营销员适用。

（4）财政季度通算时，若当财政季度作为销售路径营销员不足 3 个月，则按财政季度内实际为销售路径营销员的月数之比例计算奖金额。

2. 个人季度业绩奖金。

公司将根据保险营销员每季度（12/1/2 月、3/4/5 月、6/7/8 月、9/10/11 月）所赚取之 FYC 总额对应的奖金比例（X%，见表 5 – 15）乘以保险营销员个人标准出席率（ATT）对应的调整因子（Y%，见表 5 – 16），给付个人季度业绩奖金。

表 5 –15　个人季度业绩奖金比例

每季度个人 FYC 总额（元）	个人季度业绩奖金（X% ×FYC）
0 < FYC < 5 000	0%
5 000 ≤ FYC < 10 000	10%
10 000 ≤ FYC < 20 000	15%
20 000 ≤ FYC	20%

表 5 –16　个人标准出席率对应的调整因子

每季度个人标准出席率（ATT）	调整因子（Y%）
ATT < 60%	0%
60% ≤ ATT	100%

个人季度业绩奖金＝保险营销员个人季度累计 FYC×X%×Y%

若个人季度 FYC 总额为负数时，则出席率调整因子不再适用，即：

个人季度业绩奖金＝保险营销员个人季度累计 FYC×X%

凡至季度末进公司未满一个季度的保险营销员，FYC 指标将依据其进公司当月起至该季度末之期间，按月份比例计算。

3. 个人每月业绩奖金。

如果各级销售路径营销员每月所赚取的 FYC 总额达到下列指标，公司将按照以下条件并依据表 5－17 给付个人每月业绩奖金，并予以财政季度通算。

表 5－17　个人每月业绩奖金计算比例

每月个人 FYC 总额（元）	个人每月业绩奖金（％）				
	助理销售经理	销售经理	资深销售经理	销售总监	资深销售总监
0＜FYC＜8 750	0	0	0	0	0
8 750≤FYC＜17 500	8	12	14	16	18
17 500≤FYC＜26 250	10	16	18	20	22
26 250≤FYC＜35 000	12	20	22	24	26
35 000≤FYC＜52 500	14	22	24	26	28
52 500≤FYC	16	24	28	30	32

（1）若 FYC 总额为负数时，则比照上表扣除相应的奖金。

（2）若财政季度通算后的奖金大于财政季度内所有月份已发放每月业绩奖金的合计，则将补发差额部分。但当财政季度通算后的奖金小于月度合计时，不扣差额。

（3）通算仅对财政季度末维持销售路径级别的营销员适用。

（4）财政季度通算时，若当财政季度作为销售路径营销员不足3个月，则按财政季度内实际为销售路径营销员的月数之比例计算奖金额。

4. 业务主管 MDRT 特别奖金。

对于在当年财政年度正常通过业务主管考核或晋级而维持或高于该财政年度初业务主管级别的各级业务主管，若能同时达成以下两项标准，则可在次年3月份一次性获得其于上一财政年度担任业务主管级别期间本人之 FYC 总额的8%，作为其业务主管 MDRT（百万圆桌会议）特别奖金。

（1）本人达成当年度 MDRT 会员标准且于次年2月底前完成 MDRT 会员注册。

（2）当年财政年度至少达成12个本人直接招募活动新人人次。

①以上所述年度 MDRT 达标标准的业绩统计期间为自然年度，即每年的1月1日至12月31日。

②本人直接招募活动新人人次指：

● 在本财政年度内由业务主管本人直接招募。

● 首次以非业务主管身份与公司签约。

● 不参加 FT 计划。

● 在本财政年度内的月份达到公司当时规定的活动人力标准。

● 在下一财政年度首月末仍持有效保险营销员合同书。

③当年财政年度正常通过业务主管考核或晋级而维持或高于该财政年度初的业务主管级别指：在完成当年度考核或晋级处理，并于下一财政年度首月末体现在公司系统中的业务主管级别须维持或高于上一财政年度首月末体现在公司系统中的业务主管级别，不包括特批通过业务主管考核或晋级而维持或高于该财政年度初的业务主管级别。

示例：对于 2017 年财政年度，符合 2017 年 12 月末公司系统中的业务主管级别维持或高于 2016 年 12 月末公司系统中的业务主管级别的业务主管方可在同时达成以上标准时，获得其于当年财政年度担任业务主管级别期间本人之 FYC 总额的 8%，作为业务主管 MDRT 特别奖金。

④若业务主管不符合上述"当年财政年度通过业务主管考核或晋级而维持或高于该财政年度初的业务主管级别"条件或降级为 SA、助理业务经理，或转任各级销售路径营销员的，则其都不能享有业务主管 MDRT 特别奖金。

⑤对于当年财政年度初为非业务主管级别的营销员，若其在年中晋级并通过当年财政年度业务主管考核，且于下一财政年度首月末体现在公司系统中为业务主管级别的，没有本人直接招募活动新人人次的要求。

⑥因特批通过业务主管考核或晋级而符合业务主管 MDRT 特别奖金发放规则的业务主管，均不能享有业务主管 MDRT 特别奖金。

⑦业务主管在业务主管 MDRT 特别奖金发放时，须仍持有效保险营销员合同书。

继续率奖

继续率奖，是指对业务员续期保费继续率达到一定比例所给予的奖励。给予继续率奖的目的是引导业务员注重维持以往销售保单的有效性，提高保单的继续率。

续期保费是寿险公司最主要的保费收入，也是寿险公司创造价值实现利润的来源。但受多种因素影响，如业务员的售后服务、投保人经济状况发生变化，甚至投保人忘记了交费时间等，导致保险公司通常很难百分之百地收到续期保费。因此，保险公司采取措施激励业务员做好续期服务。继续率奖就是针对续期保费给予的一种奖励，也是业务员续期佣金收入的"绩效"奖励。同时，继续率也反映业务员前期保单销售的品质，继续率高，说明前期销售的质量相对较好，否则说明相对较差。因此，继续率奖也可以说是销售品质奖。

继续率可以用保费计算，也可以用保单件数计算，但两者有时会相差较大。因为不同保单的保费不同，也就是俗称的保费大单与保费小单之分。如果用保费计算继续率，而刚好是保费大单没有续保，则对继续率直接产生较大的影响。如某业务员有 100 张有效保单，其中有 1 张保单年交保费是 10，另外 99 张都是 1。假设年度内有 6 张保单失效，其中包括年交保费 10 这张保单。那么：

如果用保单计算，则继续率为94% ［（100 – 6）/100］。

如果用保费计算，则继续率为86.24% ［（109 – 15）/109］。

可见，两者相差很大，而且会直接影响业务员继续率奖的多少。

继续率和收费率[①]是两个完全不同的概念和不同的指标。继续率反映的保单年度实际续保与应该续保的比率，收费率反映的是会计年度实收保费与应收保费的比率。

继续率主要用于对业务员个人的业务品质考核，收费率主要用于对分支机构收取年度续期保费的考核。

继续率可以用保费计算，也可以用保单件数计算，但收费率只能用保费计算。

继续率直接与业务员的考核、奖励挂钩，产生的作用最直接，效果也比较明显。收费率是对机构的考核，可以与机构的整体绩效挂钩。但一般不与个人绩效挂钩。因为公司可以通过多种手段提升收费率，如采取自动缴费的方式，催交保费等。

基本要素

继续率是针对续期保费而言。续期保费是保险公司的收入，续期佣金是业务员的收入。继续率奖实际上是业务员续期收入的绩效奖励，因此，基本上寿险公司都以续期佣金作为继续率奖的

---

① 收费率 $= \dfrac{\text{在年度内实际收到的续期保费}}{\text{年度内应收续期保费}} \times 100\%$

计算基数，按照不同的继续率，给予不同比例的奖励。继续率高，奖励的力度应该就大；否则就小，甚至不奖励。由此就构成了确定继续率奖的三个基本要素：计算基数、继续率和奖励比例。公式如下所示：

继续率奖＝续期佣金×继续率×奖励比例

以续期佣金为基数确定继续率奖，看起来只与有佣金收入的保单有关，但继续率基本上涵盖全部有效期交保单，可以直接反映保单续保的状况。

支付条件

基本上是保单继续率超过设定的最低比率才可以享有继续率奖。对于最低比率，行业没有统一的规定。市场上主要寿险公司之间差距也较大。有的公司设定继续率达到75%，如平安寿险；有的公司设定为90%，如新华人寿。

另外，还可以对支付继续率奖附加一些特定条件。如友邦保险将继续率奖励与业务员出席率挂钩。业务员如果低于一定的出席率，不支付继续率奖。这种附加特定因素被称为调整因子。有了这种调整因子，继续率奖的计算就调整为：

继续率奖＝续期佣金×继续率×奖励比例×调节因子

发放时间

续保率奖，一般可以按年、半年、季或月发放。不同的发放时间，对业务员的激励效果不同。

如果选择按年发放，采用全年的综合继续率计算，相对业务员的收入没有大的波动。对公司而言不仅工作量小，而且对在年中离司人员不发放这笔奖励，也可以节省一点开支。但对业务员的激励不明显，可能会导致业务员不重视继续率。

如果选择按月发放，对代理人来讲激励是最高的，但对公司来讲也是成本支出最大的。

所以，继续率奖发放的时间蕴含着激励机制，蕴含着成本控制。选择何时发放，取决于公司的激励策略，也考验公司的经营管理水平和管理者的智慧。

市场上有的公司采用按月发放，如平安寿险；有的公司采用按季度发放，如友邦保险；还有的公司按季度计算，但按月发放，如太平洋寿险"于该季度末的月份及其后两个月平均发放"。

平安基本法

依本人销售的寿险新契约第 13 个月年度保费继续率按表 5－18 计发继续率奖金。继续率奖金每月计发。

继续率奖金 = 当月领取的第二年度服务津贴[①] × C

————————

[①] 平安基本法第七条：本办法所称"续年度服务津贴"，是指业务人员对客户提供售后服务所领取的佣金（含二级机构内发生迁移的保单），计算公式如下：续年度服务津贴 = 续年度保费 × 续年度服务津贴率，其领取以：（1）收进续期保费；（2）业务员在职为条件。

表5-18　继续率计算比例

继续率	C（%）
75%以下	0
75%（含）~80%	30
80%（含）~85%	80
85%（含）~90%	90
90%（含）以上	110

对于当月有第二年度服务津贴而无第13个月年度保费继续率的业务人员，按第13个月年度保费继续率100%计算当月的继续率奖金。

太平洋基本法

每季度末月，根据业务人员季度内任行销主管或业务主管的月数、相应月份的FYC和续期佣金，以及截至该季末月个人年度新保业务第13个月保费继续率进行结算，并于该季度末的月份及其后两个月平均发放业务品质奖。

$$业务品质奖 = 当季任职月份续期佣金 × 计提比率 ×$$
$$个人继续率调整系数$$

计提比例如表5-19所示。

表5-19　业务品质奖计提比例

任职月份月均FYC（元）	计提比例（%）
3 000 ≤ 月均FYC < 6 000	25
6 000 ≤ 月均FYC < 15 000	36
月均FYC ≥ 15 000	60

注："任职月份"指任业务主管或行销主管的月份。

"个人继续率调整系数"按当季末月个人年度新保业务第13个月保费继续率确定，具体档次分布如表5-20所示。

表5-20 档次分布与对应调整系数

当季度末月个人年度新保业务 第13个月保费继续率	个人继续率调整 系数档次	个人继续率 调整系数
80% ≤ 继续率 < 85%	第一档	0.4
85% ≤ 继续率 < 90%	第二档	0.7
90% ≤ 继续率 < 95%	第三档	1
95% ≤ 继续率 < 100%	第四档	1.1

注：截至季度末月，若业务人员签约未满21个整月或无应缴续期保单，则该季度末月个人继续率调整系数计为1。

新华基本法

个人继续率奖根据营销员本人所销售的寿险新契约第13个月保费继续率核发（见表5-21）。

个人继续率奖 = 实收上上月应收的第二年保单续期佣金 × 比例

表5-21 个人继续率奖的计算比例

个人继续率	比例（%）
90% ≤ 继续率 < 95%	70
继续率 ≥ 95%	100

友邦基本法

如果保险营销员每季度（12/1/2月、3/4/5月、6/7/8月、9/10/11月）所赚取的FYC、季度末K2续保率及个人标准出席率达到表5-22所示的标准，公司将依据表中所示给付个人季度续保奖金。

表 5 -22　个人季度续保奖金发放比例

季度 FYC 及季度末 K2	季度续保奖金（%RYC）	
	个人标准出席率	
	≥80%	<80%
季度末 K2 <75% 或季度 FYC <4 000 元	0%	0%
季度末 K2≥75% 且季度 FYC≥4 000 元	12%	8%

注：FYC/RYC 包含全部个人寿险产品和个人长期意外及健康险产品。

销售利益导向作用

销售利益对业务员销售具有导向作用。

1. 直接佣金的导向作用。

佣金分为直接佣金和间接佣金。直接佣金基本是保险公司向业务员直接支付的报酬；间接佣金基本是保险公司向各级主管支付的管理报酬。直接佣金（额）对产品销售具有直接的导向作用——引导代理人销售佣金额高的产品。

假设有两款寿险产品，A 款是储蓄型产品，B 款是保障型产品。A 款产品年交保费 100 元，B 款产品年交保费 10 元。

假设 A 款和 B 款产品首年佣金率都是 20%，则销售 A 款产品首年直接佣金是 20 元，销售 B 款产品直接佣金只有 2 元。在这种情况下，如果不考虑其他因素，业务员应该只卖 A 款产品，一般不会主动卖 B 款产品。但是，如果调整一下假设，将 A 款产品佣金率降到 5%，将 B 款产品佣金率提高到 60%，业务员卖 A 款产品只能得到 5 元的佣金，而卖 B 款产品可以得到 6 元佣金。在这种情况下，业务员一般会选择销售 B 款产品。这种以直接佣金额的高低引导业务员销售特定保险产品，就是佣金的导向作用（见表5-23）。

表5-23　直接佣金额对产品导向作用举例

产品	保费（元）	原佣金		调整后佣金	
		佣金率（%）	佣金额（元）	佣金率（%）	佣金额（元）
A款（储蓄类产品）	100	20	20	5	5
B款（保障类产品）	10	20	2	60	6

佣金是业务员的主要收入来源，通常情况下业务员都会选择高佣金收入的产品作为销售的首选，所以保险公司应该因势利导，利用销售利益导向，实现公司的产品战略。想让业务员销售什么产品，就把该产品直接佣金率（额）设计得高一些，业务员就会积极主动地去销售这类高佣金产品，这也是发挥销售利益导向作用的产品销售策略。

2. 业绩奖励、佣金支付时间对业务员留存具有导向作用。

业绩奖支付越晚、续期佣金支付时间越长，业务员销售利益获得的时间就越长，就越有利于业务员留存。业绩奖支付越早，续期佣金支付时间越短，业务员销售利益获得的时间就越短，就越不利于业务员留存。因为在这种支付方式下，业务员不仅形成不了持续稳定的后续收入，离司时也基本没有后顾之忧和利益牵挂。

初级市场是以拓展新客户为主，成熟市场是以深耕客户为主。我国目前从保费规模看，已经是保险大国。但从保险深度、保险密度看，仍然是一个初级市场、新兴市场，仍处在"跑马圈地"的发展阶段。这一点，从各个公司以往年度组织的"开门红"和各种促销活动基本都能实现或超额完成预定的业务计划，就可以得到证明。所以，要鼓励业务员开拓新市场，就要重视业务员的销售利益。因为销售利益才是激励业务员销售保单创造公司产值的利益机制。具体而言，就是要利用产品佣金设计上、销售业绩奖励上的内在利益机制，引导业务员销售新保单，而不应该靠"砸费用上业务"的方式。

如果某公司在新单销售上遇到瓶颈或下滑，或者在队伍稳定性上遇到问题了，管理层应该认真研究佣金政策、佣金制度、佣金发放方式等是否与公司的销售策略相匹配。应该充分发挥佣金杠杆作用、业绩奖、佣金支付方式等导向作用，引导业务员去实现公司的业务发展战略。

小结

销售利益由三部分构成：佣金、业绩奖和继续率奖。佣金是业务员的主要收入，佣金支付方式对业务员的销售利益有直接的影响。首年佣金支付多，续年佣金支付就少，虽然短期激励效果明显，但影响继续率；首年佣金支付少，续年佣金支付就多，虽然长期激励效果明显，但当期的销售激励不足。所以，寿险公司要在首年和续年佣金支付中取得平衡。业绩奖、继续率奖都属于中短期销售利益，具有一定的导向作用。对于业务员的销售利益，不仅要平衡好首年佣金与续年佣金的利益关系，也要平衡好佣金与业绩奖和继续率奖的关系。既要发挥好佣金的杠杆作用，也要发挥好业绩奖和继续率奖的导向作用。

第 6 章

增员利益

关键词：

增员奖、赋予权、二者关系

在个人代理人的人力发展上，一般只有主管才可以招募下属。但一些业务员也会向自己的主管介绍亲戚、同学、老乡、朋友等加入营销团队。行业上将这种业务员的"介绍"统称为"推荐"。业务员被认定为"推荐人"，所"介绍"的人被称为"被推荐人"。一旦业务员晋升到主管，这些被推荐人就"回归"到推荐人名下，形成"血缘关系"，成为推荐人的直接下属。所以，个人代理人队伍的发展基本来自两个方面：主管的招募和业务员的推荐。对主管招募和业务员的推荐，统称为招募人（因为多数都是主管招募，所以也称主管招募）。对被招募者和被推荐人，统称为新人。招募新人被称为增员。

增员利益，是指招募人增员所能够获得的利益。代理人队伍是靠招募发展起来的，驱动招募人增员的内在动力是什么？是增员利益。

增员利益有广义和狭义之分。

广义的增员利益，是指通过增员，能够使主管不仅可以获得针对增员的特定利益——增员利益，还可以通过新人增加团队销售业绩和人力而获得更多的管理津贴、业绩奖励等利益。如果新人未来晋升为主管，还可以获得育成利益。

狭义的增员利益，仅指增员利益。本章所讨论的是狭义的增员利益，主要包括增员奖和赋予权。

增员奖

增员奖，是指对增员所给予的一种特别奖励。即按照"基本法"或公司相关规定，如果新人达到公司规定的要求，就给予招募人一定的奖励。增员奖属于招募人增员的直接利益。

增员奖的种类

增员奖的种类有固定金额法、变动金额法和变动＋固定金额法。

1. 固定金额法。

固定金额法，是指对招募人每招募一个新人就给予一个固定金额的奖励办法。一般是只要新人业绩达到规定的要求，就给予推荐人或主管一个固定的金额作为奖励。

固定金额法的支付方式一般有两种：一次性支付和分期支付。

一次性支付，是当新人达到公司规定的条件，公司就一次性支付给招募人一笔奖励。例如，确定增员奖为 500 元。招募人每成功增员一人，就一次性给予 500 元的奖励。

分期支付，一般是在新人入司时支付一定比例的增员奖，比如 50%，待新人转为正式业务员后，再支付剩余的部分。

在固定金额法下，有增员立即就有奖励，能够激发招募人增员的积极性。尤其是在增员季或公司组织的增员活动时，公司往往提高增员奖金额，增员的效果会更加明显。

但是，这种方式也存在明显的不足。一是新人的素质无法保障。因为在这种方式下，招募人往往是为了获得增员奖而去招募新人，而忽视新人的素质和能力。二是不易控制成本。只要新人达到基本的业绩要求，公司就支付增员奖，导致奖励成本不易控制。三是新人留存率低。招募人为了既得利益，往往会盲目招募新人，导致鱼目混珠，能够留存下来的人自然不多。

2. 变动金额法。

变动金额法，是指增员奖的发放与新人的 FYC 挂钩，在一定时期内（如 12 个月），按一定比率核发。因为新人的 FYC 是变动的，所以主管最终所获得的增员奖也是变动的，或者说是不确定的。

在变动金额法下，因为增员奖和新人佣金收入直接挂钩，有利于公司直接控制销售成本。同时，增员奖与新人佣金收入挂钩，能够促使主管在招募新人时注重新人的素质和能力，在招募后也会尽力去传帮带新人，指导、督导新人销售保单提高业绩。但由于增员奖的不确定性，新人有业绩才有增员奖，没有业绩就没有增员奖，因此对招募人激励性相对不足。相比固定金额法，变动金额法不是单纯以增加人力为目的，而是强调所增新人的素质和能力，以保证队伍整体高素质。

3. 变动＋固定金额法。

变动＋固定金额法，是指将增员奖分成两个部分：一部分采用变动金额法，增员奖随新人 FYC 变动；另一部分是当新人达到公司规定的要求后，给予招募人一个固定的奖励金额。如国寿增员奖，就分为"推荐新人奖"和"伯乐奖"，前者为变动金额法，后者为固定金额法。太平洋寿险的"推荐奖金"与"有效推荐奖"也是如此。

就增员奖而言，不论采用哪种方法，都是激励主管增员的一种方式，各有利弊，没有绝对好和绝对不好之分。采用哪种方法，取决于公司个人代理人队伍发展策略。

发放方法

增员奖一般有以下几种发放方法。

1. 不分时段与分时段发放。

不分时段，是指将给予增员奖的期间作为一个时段，从开始到结束，增员奖都执行一个发放标准。如增员奖给予期为 6 个月，6 个月内增员奖给予的标准都相同。平安寿险、太平洋寿险和友邦保险都采用这种方式。

分时段，是指将增员奖发放分成两个或两个以上的时段，不同时段增员奖发放标准不同。如国寿将给予增员奖期间分为两段，1～6月为一段，7～12月为一段，两个时段内给予增员奖的标准不同。

2. 有门槛与无门槛发放。

门槛，即给予奖励的最低标准。

有门槛，是指对增员奖发放有最低标准要求。只有新人超过最低标准，才给予招募人增员奖。如新华保险规定（C类）新人FYC要大于1 000元，才给予增员奖。友邦保险规定"业务主管个人当月标准出席率"和"业务主管个人当月活动量管理"要达到要求和标准才给予增员奖。

无门槛，是指对增员奖发放没有最低条件限制，只要新人有FYC，就给予招募人增员奖。国寿、平安寿险都实行这种方法。

3. 划区间设比例发放。

设置增员奖的目的是要鼓励主管招募新人、培养新人，而新人的成就体现在FYC上。因此，应该是新人销售业绩越大，对招募者的奖励越多。所以，为了鼓励新人能够有好的销售业绩，保险公司一般都将新人FYC划分为不同的区间，按不同区间给予不同的奖励比例。如新人FYC为3 000～5 000元，增员奖为FYC的10%；新人FYC为5 000～8 000元，增员奖为FYC的12%……新人FYC数额越大，给予招募人奖励的比例就越大。

关于增员奖，还有按新人职级设比例发放的情况。

根据被增员人自入司起12个月内的职级不同，分别设定不同的比例，鼓励增员人招募素质高、资源多的新人，并对新人进行有效辅导，帮助新人快速成长。如泰康人寿基本法规定新人入司3个月内转正，一次性向增员人发放增才奖300元（正式业务员增员）或500元（主管直增）。华泰人寿基本法规定新人转正后，增员奖为FYC的8%，晋升为业务主任后，增员奖为FYC的10%，晋升为组经理及以上职级，增员奖为FYC的15%，前提是增员人也必须为正式以上职级。

国寿基本法

1. 推荐新人奖。

新人签订代理合同的第1~12个月，每月按该新人当月FYC的一定比例，向其直接推荐人计发推荐新人奖（见表6-1和表6-2）。

表6-1　推荐新人奖计发比例A、B版

新人入司时间	新人FYC（元）	计发比例（%）
第1~6月	4 000（含）以上	12
	0~4 000	10
第7~12月	3 000（含）以上	12
	0~3 000	10

表6-2　推荐新人奖计发比例C版

新人签约时间	新人FYC（元）	计发比例（%）
第1~6月	3 600（含）以上	12
	0~3 600	10
第7~12月	2 700（含）以上	8
	0~2 700	6

推荐新人奖发放期间，若直接推荐人发生职级变动，该奖项继续按上述规定发放；在核发该奖项之前新人或直接推荐人终止

代理合同的，推荐新人奖停发。解约营销员重新签约的，其推荐人不享受推荐新人奖。

2. 伯乐奖。

若新人签订代理合同后第 7 ~ 12 个月的个人累计 FYC 达到 6 000 元（C 版 4 800 元），且最近一次考核达到业务主任职级维持条件（或当前职级高于业务主任），则在第 13 个月向其直接推荐人发放 1 500 元（C 版 1 000 元）的伯乐奖。在核发伯乐奖之前新人或直接推荐人终止代理合同的，不发放该奖励。针对同一个新人，公司只发放一次伯乐奖。解约营销员重新签约的，其推荐人不享受伯乐奖。

新人在签约结算日之后签约的，潜力新人奖、推荐新人奖和伯乐奖的计发起始月为次月，计发上述奖项时，新人签约自然月产生的 FYC 可累积到次月计算。

平安基本法

由正式业务员具名推荐的试用业务员，依其入司之日起 12 个月内计提个人 FYC × 增员奖系数，发给推荐人增员奖金。增员奖金每月计发一次，计发时以被推荐人在职为条件，增员奖系数设置如表 6 - 3 所示。

表 6 - 3　增员奖系数

被推荐新人月达成 FYC（元）	增员奖系数（%）
0（含）~ 1 000	8
1 000（含）~ 2 000	10
2 000（含）~ 4 000	18
4 000（含）以上	19

太平洋基本法

1. 推荐奖金。

为了鼓励业务人员的增募活动，公司根据被推荐人签约后 12 个整月内的 FYC，向其推荐人发放推荐奖金。

推荐奖金 =（被推荐人第 1 个月 FYC − 350）×8% +（被推荐人第 2 个月 FYC − 350）×8% +（被推荐人第 3 个月 FYC − 350）×8% +（被推荐人第 4 个月 FYC − 350）×8% +（被推荐人第 5 个月 FYC − 350）×8% +（被推荐人第 6 个月 FYC − 350）×8% +（被推荐人第 7 个月 FYC − 350）×8% +（被推荐人第 8 个月 FYC − 350）×8% +（被推荐人第 9 个月 FYC − 350）×8% +（被推荐人第 10 个月 FYC − 350）×8% +（被推荐人第 11 个月 FYC − 350）×8% +（被推荐人第 12 个月 FYC − 350）×8%

被推荐人第 1 个月的认定：以被推荐人签约的当天至下一月末作为计提推荐奖金的第一个月。

2. 有效推荐奖。

为鼓励有效增募，公司在业务人员达到对应条件时向推荐人发放有效推荐奖。

（1）适用对象。

自 2017 年 4 月 1 日（含）起签约的业务人员（被推荐人），公司根据被推荐人转正达标情况、签约后相应时间段内达到健康人力标准的月数和推荐人任职职级，向其推荐人发放有效推荐奖。

（2）发放条件。

被推荐人须同时满足以下条件。

①符合以下两种情况之一：A. 被推荐人自签约起 2 个自然月内达到转正标准，并最迟于第 3 个自然月任职正式业务员；B. 被推荐人签约起 5 个自然月内根据公司规定套接正式业务员或以上职级。

②被推荐人自签约起，在相应时间段内，达到对应的健康人力月数标准。

推荐人任职要求。推荐人须任业务员 A 或以上职级；任业务员 B 的月份不可领取有效推荐奖，且以后月份也不再补发。

（3）发放标准。

①被推荐人自签约起 3 个整月（含）内，至少有 3 个自然月达到健康人力①标准，则在达标次月，向推荐人发放"有效推荐奖" 800 元。

②被推荐人自签约起 6 个整月（含）内，至少有 5 个自然月达到健康人力标准，则在达标次月，向推荐人发放"有效推荐奖" 1 000 元。

③被推荐人自签约起 9 个整月（含）内，至少有 7 个自然月达到健康人力标准，则在达标次月，向推荐人发放"有效推荐奖" 1 200 元。

---

① 健康人力指当月末在职且当月个人实发 FYC 达到 1 500 的业务人员。

④以上三项奖励可兼得。

新华基本法

增员奖是对增员人（师傅）辅导、帮助被增员人（徒弟）的肯定与回报。增员奖既是权益又是责任，增员人既是师傅又是表率。

被增员人录入业务系统起 12 个考核月内，公司向其增员人计发增员奖，计发时以增员人与被增员人签约为条件（见表 6 - 4）。增员奖按月发放，计算公式为：

$$增员奖 = 所增人员的 FYC \times 增员奖比例$$

表 6 - 4　增员奖计发比例

类别	计发条件（元）	比例（%）
A 类	月 FYC ≥ 2 000	14
B 类	月 FYC ≥ 1 500	12
C 类	月 FYC ≥ 1 000	10

友邦基本法

1. 新人推荐奖金（业务主管不享有新人推荐奖金）。

非业务主管的保险营销员可获得其直接推荐的，首次签约时间未超过 12 个月，且当月身份为 GA/HA 营销员每月个人 FYC 的 12% 作为新人推荐奖金。

（1）推荐人和被推荐人无任何业绩要求，但推荐人需满足月度个人标准出席率 ≥ 60%，方可享有新人推荐奖金，但如果被推荐人业绩总额为负数时，则不考虑推荐人的月度个人标准出席率。

（2）在被推荐人签约后的首12个月内，若推荐人晋级或转任为业务主管，可将其推荐的新人纳入其直辖组。但推荐人晋级或转任后不再享有新人推荐奖金，而是自晋级或转任月份起按本制度规定享有主管增员奖金（详见主管增员奖）。

（3）在被推荐人签约后的首12个月内，若被推荐人先于推荐人晋级或转任为业务主管，则其推荐人可继续享有该被推荐人的新人推荐奖金直至期满。

2. 主管增员奖金。

对于业务主管本人直接招募的身份为GA/HA的新进保险营销员，在他们的津贴期首12个月内若能获得GA/HA津贴的，则业务主管可获得该新进保险营销员当月FYC的26%，并按业务主管当月的个人标准出席率及个人的活动量管理的完成情况，参照表6-5获得主管增员奖金。

表6-5　主管增员奖金发放比例

业务主管个人当月标准出席率	业务主管个人当月活动量管理	主管增员奖金发放比例（%）
≥60%	达标	100
≥60%	不达标	50
<60%	达标	50
<60%	不达标	0

（1）若GA/HA通算补发此前未发放月份津贴的，则业务主管亦可补发此前未发放月份的增员奖金。

（2）若被招募营销员能补发通算的 GA/HA 津贴但补发津贴月的个人 FYC 为负数时，则业务主管在计提该营销员的增员奖金时不考虑主管当月个人标准出席率和活动量管理情况。

（3）若业务主管在其直接招募的 GA/HA 津贴期首 12 个月内降级为非业务主管的，则其不再享有主管增员奖金，而是自降级月份起按本制度规定享有新人推荐奖金（详见新人推荐奖金）。

（4）若业务主管直接招募的 GA/HA 在津贴期首 12 个月内晋级为主管级别的，则其仍可享有该 GA/HA 的主管增员奖金直至期满。

3. 新人辅导奖金。

（1）业务主管可根据直辖组内、非本人直接招募的、在 NPA 2.0 人才计划之 GA/HA 第 1~12 个月计划津贴期间的保险营销员当月获得月度展业津贴的人数，按表 6-6 于当月获得新人辅导奖金。

表6-6　新人辅导奖金额

直辖组内非主管本人直接招募的新签约保险营销员 当月可获得 GA/HA 计划月度展业津贴金额		新人辅导奖金 （元/人）
津贴月份	津贴金额（元）	
第1~3月	3 000	300
	4 000	500
第4~12月	3 000	300
	4 000	500
	6 000	
	10 000	

（2）若GA/HA因季度通算而补发展业津贴的，则对应的新人辅导奖金亦可做相应通算和补发。

（3）若业务主管（A）直辖组内非本人招募的GA/HA在津贴期的首12个月内晋级至业务主管的，则业务主管（A）不再享有该GA/HA的新人辅导奖金。

赋予权

赋予权，是指招募人或主管享有被招募人离司后其有效保单的续期佣金和客户资源再开发的权利。主管直接招募的下属离司，离司者所经手的保单成为"孤儿保单"[①]。

"孤儿保单"一般都是有效保单，因此受到公司、业务员和主管的关注。一是仍有续期保费收入，拥有"孤儿保单"，就能够直接增加个人或团队的业绩；二是有些"孤儿保单"还会有续期佣金，能够给承接者直接带来佣金收入；三是"孤儿保单"也是客户资源，都有继续再开发的机会。

保险公司对"孤儿保单"的处置，一般有以下几种方式：

一是赋予权方式。按照赋予权规定，公司应该将"孤儿保单"划归招募人。如果招募人在离司者之前已经离司，则划归离司者的直接主管。

二是组建专职服务团队。公司将"孤儿保单"全部上收公

---

① 孤儿保单，是指因为原保单销售人员离司而需要再安排人员跟进服务的保单。

司，另外组建专职的"孤儿保单"服务团队负责保单的后续服务。

三是行政分配方式。公司通过行政手段对"孤儿保单"进行分配。如对入司的新人给予 300 个"孤儿保单"，让新人入司就有"客户资源"，从"孤儿保单"中寻求再开发新保单。

四是赋予权与上收相结合。原则上公司实行赋予权，但有条件要求。如承接者继续率（品质）考核要达到一定的比例。达到继续率考核要求的，"孤儿保单"给予招募人或主管；达不到继续率考核要求的，公司上收"孤儿保单"。公司对上收的"孤儿保单"，按有佣金与无佣金做区分。将有佣金的"孤儿保单"就地（产生"孤儿保单"的机构/营销部）用作奖励，奖励给月度或季度销售业绩突出者（视"孤儿保单"的多少确定奖励数量和名额），而将无佣金"孤儿保单"交给专职服务团队管理和服务。

五是开"窗口期"接收。做保险代理的时间越长，业务员积累的续期保单越多。有的是自己销售的保单，也有的是通过赋予权方式获得的保单。但随着续期保单不断增加，后续客户服务、保单管理的压力也越来越大，直接牵扯业务员的精力和时间，影响到新业务的拓展。为了让业务员有更多的时间和精力去拓展新业务，保险公司可以设立"窗口期"上收业务员手中的保单管理服务。具体做法是，公司每年设立固定的"窗口期"，如每年的 5 月、11 月，允许业务员将自己管理不过来的保单

（客户）移交给公司。公司统一接收这些保单后，交给专门的服务团队做长期服务和管理。

保险公司对"孤儿保单"的不同处理方式，表面上是业务处理，实际上都是利益的再分配。不论采用哪种方式，都会直接影响到招募人或主管的相关利益。

为什么会有赋予权？

1. 由"血缘关系"决定。

按照个人代理人队伍发展的特性，主管招募了下属，首先与下属形成"血缘关系"。下属没离司前，主管一直管理、指导和培养下属，是下属的"师傅"。主管不仅将下属带进这个行业，而且对下属的成长、发展也有一定的付出。当下属离司后，其经手的有效保单利益给予主管，才真正体现了主管与下属的"血缘关系"——相互之间直接的利益关系。

2. 能够保证主管"利益链"不断。

直接招募的下属没有离司，其个人业绩属于主管团队业绩中的一部分，主管凭借团队业绩提取相应的利益，如职务津贴、管理津贴、业绩奖等。而直接招募的下属离司，如果采用赋予权方式，离司人员的有效保单权益给予直接招募人或主管，等于"人走了"但"业绩还在"，主管的相关利益基本不受影响。而采用非赋予权方式，随着"孤儿保单"被划走，离司人员的业绩也将从主管团队划出，是"人走了，业绩也走了"，主管对离司下属原来能够提取的业绩奖、管理津贴等都不能再提了，甚至增员奖都会中断，直接导致主管管理利益收入的减少。面对这种情况，绝大多数主管的想法是：既然招募新人利益得不到保障，还不如自己去做业务。

3. 赋予权是增员的最大动力。

被招募人离司后，招募人或主管可以获得被招募人离司后有效保单的续期佣金和客户资源，这是招募人或主管增员的最大动力。通常被招募人离司时的业绩越大，主管获得的赋予权利益就越多。因为在赋予权下，主管可以获得的利益是"批量"利益，是长期的、持续的累积利益。经过日积月累，许多主管本身靠这种赋予权制度积累了大量的客户资源，形成长期稳定的续期佣金收入，有利于主管队伍的稳定。在寿险行业中有个"二八理论"，认为"20%的主管掌控着80%的业务"。其实，这"20%的主管中的80%的业务"，许多都是通过赋予权方式形成的。

4. 有利于做好"孤儿保单"后续服务。

一般主管在管理、辅导下属过程中，对下属的客户也都有一定的了解，承接离司下属的客户资源，也容易让客户接受。另外，在绝大多数情况下，下属离司了，但与招募人或主管的关系还在，一旦有需要，主管也比较容易从离司下属那里了解到客户的相关信息，能够较好地衔接后续的客户服务。

赋予权是个人代理人制度特有的一种利益转移或利益再分配方式。在利益驱动下，也会出现为了赋予权利益，主管轻易地"除名"下属的问题。因此，实行赋予权制度，应该有相应的配套管理措施。

增员奖与赋予权的关系

增员是个人代理人队伍发展的核心，而增员利益则是主管增员的直接利益，更是驱动主管愿意增员的核心动力。增员奖和赋予权同属增员利益，但二者既有联系，也有区别。

1. 既得利益与潜在利益。

增员奖是只要有增员，立即就给予奖励。而赋予权则是在被招募人离司后才能有的利益。所以，增员奖是一种既得的利益、立即可以享有的利益，而赋予权是一种潜在的利益、未来的利益。

2. 确定利益与不确定利益。

一般增员奖都有确定的计算方法和发放方式，只要有增员，招募人基本上就可以知道自己的增员奖金额。而赋予权的多少取决于离司招募人的有效保单业绩。业绩高，赋予权利益就大；否则就低，甚至没有。所以，可以说增员奖是确定的利益，而赋予权是不确定的利益。

3. 短期利益与长期利益。

一般增员奖都是在一个特定的时期内支付，支付期结束，增员奖也就没有了，期限通常较短。而赋予权的续年佣金、客户资源再开发，是跟随保单佣金发放期和保单有效期的，一般期限都较长。所以，增员奖是短期的利益，而赋予权则是长期的利益。

4. 单项利益与多项利益。

增员奖是一种对增员所给予的专项奖励，不涉及主管的其他利益。而赋予权不仅可以享有"孤儿保单"的续年佣金和客户资源再开发利益，也能够继续维持团队业绩，维持主管相关利益不受影响。所以，增员奖只是主管增员获得的单项利益，赋予权则能够影响主管的多项利益。

5. 补充利益与根本利益。

增员奖是增员的既得利益，对增员有短期的激励作用。增员奖数额越高，越能激发主管增员的积极性。但短期的行为必有短期的后果。赋予权是主管增员的潜在利益、长期利益和积累利益，具有长期激励的作用。所以，就增员利益而言，增员奖是补充利益，赋予权是根本利益。

6. 必要的利益与必需的利益。

个人代理人队伍发展靠增员，设置增员奖是为了激励增员。个人代理人流动是个人代理人队伍发展的特点，属于正常的现象。但如果个人代理人流动，直接影响到主管的切身利益，即被招募人离司导致主管原有的利益受到损害。所以，设置增员奖是必要的，保证主管的根本利益是必需的。

7. 成本不可控与成本可控。

虽然增员奖写在"基本法"中，属于公司制度性支出，但往往有公司在实际执行中会开展一些阶段性的增员活动。而且为了激励增员，通常都会阶段性地提高增员奖金额，导致增员奖支出成本增加，造成增员奖成本不可控。而在赋予权上，招募人或主管只是享有"孤儿保单"的续期佣金。续期佣金在产品佣金设计之内，属于可控成本。所以，从财务管理上看，增员奖成本相对不可控，而赋予权支出成本相对可控。

增员，是个人代理人队伍发展的必由之路。没有增员，就没有个人代理人队伍的发展。而主管增员，靠的是增员利益的激励。只有增员奖，而没有赋予权，增员利益只是短期的既得利益、单项利益；只有赋予权，而没有增员奖，增员利益只是潜在的、不确定的利益。所以，增员利益应该是既要有短期利益，也要有长期利益；既要有既得利益，也要有未来利益；既要有单项利益，也要维护全方位利益；既要有补充利益，也要保证根本利益；既要有必要的利益，也要有必需的利益。

在实际的个人代理人队伍发展中，如果出现增员乏力，保险公司首先应该检讨基本法的增员利益是否有足够的动力和对主管原有利益是否有保障。如果没有足够的动力和对主管原有利益的保障，主管当然也就没有增员的积极性。其实，"增员难"都是相对的，只要增员利益足够，主管就有增员的动力。有了足够的增员动力，对营销主管来讲什么困难都不是问题。

小结

增员，是寿险个人代理人队伍发展的根本，而增员利益，是推动增员的根本动力。增员奖和赋予权同属增员利益，但二者体现不同的利益，具有不同的导向。有效的增员利益机制应该是既得利益与潜在利益、短期利益与长期利益、单项利益与整体利益、必要的利益与必需的利益相结合，才能形成制度性增员利益驱动机制。

第 7 章

管理利益

关键词：

职务津贴、管理津贴、业绩奖

管理利益是主管管理营销团队所应获得的利益。主管的管理利益主要由三个部分构成：职务津贴、管理津贴和业绩奖。尽管各个公司设置的名称或有不同，但大体上都在这三类中。职务津贴是主管的职务报酬，管理津贴是主管的管理报酬，业绩奖则是主管的绩效报酬。

职务津贴

职务津贴，是对主管按不同级档①职务发放的一种职务报酬，类似于企业的"职务工资"，是根据主管所任级档职务给予的一种津贴。

---

① 个人代理人的组织管理体系基本上都是初级、中级和高级三个级别，而在级别内又划分为初档、中档和高档，级别和档位统称为级档。

基本方法

职务津贴一般有四种发放方法：固定金额法、变动金额法、区段固定法和分段分档法。

1. 固定金额法。

固定金额法，是指按固定金额发放职务津贴的一种方法。如国寿基本法中的"新主管特别津贴"、新华基本法中的"总监职务津贴"都采用这种方法。保险公司对每一个级档的主管，由低到高设置固定的职务津贴额，主管只要晋升到某一个级档，就可以自动获得该级档的职务津贴。职务津贴的发放与主管的级档相关，不与团队业绩等关联。在这种固定金额职务津贴方式下，主管可以获得比较稳定的职务性收入，属于一种保证性收入。

2. 变动金额法。

变动金额法，是指以主管所辖团队业绩为基数，按一定比例发放职务津贴的方法。平安基本法中的"业务拓展津贴"就采用这种方法。这种方法与团队业绩直接挂钩，随着团队业绩的变动，主管职务津贴也在变动。团队业绩高，主管职务津贴就高，否则就低。由于低级档主管团队规模小，销售业绩也不稳定，所以在这种方法下，低级档主管职务津贴的波动性会很大。

3. 区段固定法。

区段固定法，是指将主管团队业绩分成不同区段，对不同区段给予不同固定金额职务津贴的方法。主管团队每个月的业绩处在哪一个区段，主管就获得相对应固定金额的职务津贴。国寿基本法中的"责任津贴"、友邦基本法中的"营业部拓展津贴"都采用这种方法。这种方法虽然与团队业绩直接挂钩，但职务津贴额按档次相对固定。团队业绩越高，主管获得的固定津贴额越高。

4. 分段分档法。

分段分档法，是指在变动金额法的基础上，将团队业绩分为不同区段，确定不同档次比例与区段对应发放职务津贴的方法。平安基本法中的"经理津贴"采用这种方法。这种方法与变动＋固定法的不同之处在于，将固定金额换成比例，用不同档次比例对应不同的区段，随着区段业绩的提高，档次比例也不断提高。主管团队业绩越大，获得职务津贴的比例越高，否则就越小。

计算基数

职务津贴的发放，可以以主管的级档为基础，也可以以团队业绩为基数，如保费、FYC、人力、继续率等。

1. 以级档为基础。

以级档为基础，是指依据主管所任职务级档为标准确定职务津贴的方法，如新华基本法中的"总监职务津贴"。以级档确定主管职务津贴，表面上是不与主管团队业绩直接挂钩，但实际上主管晋升到每一个级档，靠的都是业绩。能够晋升到哪一个级档，给予哪一个级档对应的职务津贴，也就意味着与主管的业绩有关联。这种方式下的职务津贴，实际上就是给予主管的一个职务补贴，对主管而言，是一个因为晋升到相应级档而获得的职务性收入。

2. 以 FYC 为基数。

保单销售是保险公司的首要任务，也是业务员最重要的工作。主管的主要职责是领导、指导、督导业务员积极努力地去完成年度销售计划，因此，以团队 FYC 作为主管职务津贴发放基数，能够更好地将主管利益与团队利益捆绑在一起，促进主管更好地履行自己的职责。如国寿基本法中的"责任津贴"、平安寿险基本法中的"经理津贴"都是以团队 FYC 为基数。

3. 以人力为基数。

人力发展是营销团队的主要任务之一，也是主管的主要职责之一。一些公司为了促进主管关注团队人力发展，将团队人力与主管职务津贴挂钩。但由于行业没有统一规定和口径，个人代理人的人力定义都是各家公司自己确定的。因此，主管职务津贴以人力为基数就出现了多种多样的人力指标。如国寿基本法中的"新主管特别津贴"用的是"举绩人力"①，平安基本法中的"经理津贴"用的是"标准人力"、"有效活动率"和"新人占比"，友邦基本法中的"营业部拓展津贴"则用的是"活动人力"。

不论是以 FYC 为基数，还是以人力为基数，甚至还可以以

---

① 举绩人力，也称活动人力，是指有销售业绩的人力。

其他指标为基数，都体现了公司营销团队的发展导向和公司的发展策略。

计提范围

职务津贴虽然以团队业绩为基数，但计提范围可以不同。

一种是以管辖团队为计提范围，即按主管管辖所有业务员FYC合计额计提职务津贴。平安基本法中的"经理津贴"就采用这种方法。

另一种是以直辖团队为计提范围，即按主管直辖团队所有业务员FYC合计额计提职务津贴。国寿基本法中的"责任津贴"就采用这种方法。

计提范围不同，反映出公司对团队主管要求的导向不同。以管辖团队为计提范围，是引导主管注重整个团队的销售业绩和业务员收入；以直辖团队为计提范围，是引导主管注重直辖团队的销售业绩和业务员收入。就主管所辖团队规模而言，直辖团队小于管辖团队。二者虽然可以通过奖励比例来调节职务津贴额，使主管按直辖团队计提的职务津贴不一定少于按管辖团队计提的职务津贴，但起到的导向作用不同。

支付条件

对职务津贴的支付，在计算基数和计提范围之外，可以不附带其他条件，也可以附带其他条件。即使附带支付条件，基于公司的管理要求不同，附带的条件也不相同。如新华基本法中的

"总监职务津贴"附带"须每月接受公司的管理考核"要求；友邦基本法中的"助理业务经理特别津贴"则附带"须满足当月个人标准出席率"条件。

支付时间

职务津贴的支付时间一般有两种：一种是随主管任职级档时间发放，即只要主管在任职的级档上，并符合支付规定的要求，就一直支付职务津贴；另一种是有时限支付，即只支付一定时期的职务津贴，如国寿基本法中的"新主管特别津贴"、友邦基本法中的"助理业务经理特别津贴"和"业务经理晋级奖金"，都是只支付 12 个月的津贴。

国寿基本法

1. 责任津贴。

按各档处经理直辖处当月达成的 FYC 和举绩人力计发责任津贴（见表 7 - 1）。

责任津贴 = 责任津贴基数 × 举绩人力系数 × 主管品质系数

表 7 - 1 责任津贴计发标准

当月直辖处 FYC（元）	（A 版）责任津贴基数（元）		
	处经理	高级处经理	资深处经理
100 000（含）以上	1 500	1 800	2 000
50 000（含）~ 100 000	1 200	1 500	1 800
15 000（含）~ 50 000	1 000	1 200	1 500

当月直辖处 FYC（元）	（B 版）责任津贴基数（元）		
	处经理	高级处经理	资深处经理
80 000（含）以上	1 200	1 500	1 800
40 000（含）~ 80 000	1 000	1 200	1 500
12 000（含）~ 40 000	800	1 000	1 200

当月直辖处 FYC（元）	（C 版）责任津贴基数（元）		
	处经理	高级处经理	资深处经理
64 000（含）以上	1 000	1 200	1 500
32 000（含）~ 64 000	800	1 000	1 200
10 000（含）~ 32 000	600	800	1 000

举绩人力系数请参见表 7 - 2。

表 7 - 2　举绩人力系数

主管直辖处月举绩人力	举绩人力系数（%）
达到 70 人（含）	150
达到 50 人（含）	130
达到 30 人（含）	110
达到 20 人（含）	90
达到 10 人（含）	70
10 人以下	0

2. 新主管特别津贴。

当业务系列人员初次晋升为组经理时，自晋升当月起 12 个月内，每月根据其直辖团队举绩人力核发新主管特别津贴（见表 7 - 3）。

表7-3　新主管特别津贴计发标准

A 版		B、C 版	
直辖组当月举绩人力（含本人）	新主管特别津贴（元）	直辖组当月举绩人力（含本人）	新主管特别津贴（元）
4 人及以上	400	3 人及以上	300

核发该项津贴时，主管本人上一季度须达成职级维持考核条件。该项津贴与绩优组经理奖不重复获取，达到绩优组经理奖获取条件的，按绩优组经理奖标准发放。

平安基本法

1. 经理津贴。

依各级营业部经理当月营业部达成的 FYC（含部直辖 FYC）、营业部前 3 个月平均标准人力占比、有效活动率及一年以内新人占比，按表7-4计发经理津贴。

$$经理津贴 = 当月本营业部 FYC \times C1 \times C2 \times C3 \times C4$$

表7-4　经理津贴计发比例

当月营业部达成 FYC（元）	营业部经理（C1,%）	高级营业部经理（C1,%）	资深营业部经理（C1,%）
60 000 以下	2.50	3.00	3.50
60 000（含）~150 000	4.25	4.75	5.25
150 000（含）~250 000	4.50	5.00	5.50
250 000（含）~350 000	4.75	5.25	5.75
350 000（含）~450 000	5.00	5.50	6.00
450 000（含）~550 000	5.25	5.75	6.25
550 000（含）以上	5.50	6.00	6.50

前 3 个月的平均标准人力占比	C2	前 3 个月平均有效活动率	C3	前 3 个月平均一年内新人占比	C4
20% 以下	0.80	50% 以下	0.80	60% 以下	1
20%（含）~30%	1.00	50%（含）~55%	0.90	60%（含）以上	1.1
30%（含）~50%	1.10	55%（含）~60%	0.95		
50%（含）~80%	1.15	60%（含）~65%	1.00		
80%（含）以上	1.20	65%（含）~70%	1.10		
		70%（含）~75%	1.15		
		75%（含）以上	1.20		

2. 业务拓展津贴。

依照各级业务总监所辖营业部当月达成 FYC（含直辖部 FYC）的 5‰计发业务拓展津贴。

新华基本法

总监职务津贴。对总监层级人员，根据其所任级别，按表 7-5 计发总监职务津贴，但需每月接受公司的管理考核。

表 7-5　总监职务津贴计发标准

级别	职务津贴（元）
区域总监	2 000
高级区域总监	4 000
资深区域总监	6 000
功勋总监	10 000
高级功勋总监	15 000
首席功勋总监	20 000

友邦基本法

1. 助理业务经理特别津贴。

在保险营销员首次晋级为助理业务经理之后的 12 个月内，该新晋级助理业务经理每月可按下列条件获得其个人及招募新人（包括直接招募和间接招募）的 FYC 的 12% 作为助理业务经理特别津贴。

（1）本项津贴仅有一次享有机会，且发放最多不超过 12 个月。

（2）助理业务经理需满足当月个人标准出席率≥60%，且通过相应级别的考核（指 SA 考核）以及在此期间公司规定的其他培训等要求，方可获得当月助理业务经理特别津贴。但如果助理业务经理个人及其招募新人的 FYC 总额为负数时，则不考虑助理业务经理的月度个人标准出席率。

（3）助理业务经理将在晋级后参加维持级别的考核，只有通过该次考核方可继续享有后续月份的津贴，若未能通过该考核，则其不再有资格享有本津贴。

（4）如果保险营销员晋级为助理业务经理时仍在 GA/HA 展业津贴/SA 新人津贴期内，则该新晋级的助理业务经理可继续享有 GA/HA 展业津贴/SA 新人津贴，且可同时享有助理业务经理特别津贴。

（5）如果助理业务经理直接或间接招募的新人晋级为助理业务经理或更高级别之后，则此新人以及由该新人直接或间接招募的所有营销员之业绩将不得计入本津贴的计算。

（6）如助理业务经理在享有该津贴期间晋级为业务经理或已享有该津贴满12个月，则不再继续享有该项津贴。

2. 营业部拓展津贴。

如果各级业务总监/区域业务总监本人营业部每月末活动人力达到下列指标，公司将依据表7-6给付营业部拓展津贴。该项拓展津贴凭营业部拓展发票在限额内实报实销，具体管理办法由分公司制定。

表7-6　营业部拓展津贴标准

每月本人营业部之活动人力	业务总监（元）	资深业务总监（元）	执行业务总监/区域业务总监（元）
X < 30	2 000	3 000	4 000
30 ≤ X < 60	2 500	4 000	5 000
60 ≤ X < 90	3 000	5 000	6 000
90 ≤ X < 120	3 500	5 500	7 500
120 ≤ X	4 000	6 000	9 000

（1）每月本人营业部之活动人力指各级业务总监/区域业务总监营业部内当月达成活动人次要求且于月末仍持有效《保险营销员合同书》的保险营销员人数。

（2）若各级业务总监/区域业务总监当月活动人力总和小于30人，或各级业务总监当月个人标准出席率低于60%，则该月的营业部拓展津贴由公司指定的内勤负责管控，并用于该总监团队的业务推动。

管理津贴

　　管理津贴，是指寿险公司向营销主管支付管理团队的报酬。寿险公司除了给予主管相应职务津贴以外，还以管理津贴方式支付管理报酬。实际上，管理津贴是保险公司设立与所辖团队销售业绩直接挂钩的主管责任报酬。寿险营销团队靠主管招募，也靠主管管理，不论是大团队，还是小团队，主管都必然为管理团队付出劳动，因此也都应该获得一定的管理报酬。

构成因素

　　团队管理的基本任务是保证团队正常运转和提升团队销售业绩、销售质量和举绩人力。管理报酬应该与这三个方面的成效挂钩。因此，管理津贴构成的基本因素，应该是反映团队销售业绩的 FYC、反映业务品质的继续率和反映团队全员劳动生产率的举绩率。

　　1. 团队 FYC。

　　营销团队的首要任务是保单销售。管理报酬首先要能体现团队的销售成果。团队销售成果越好，主管应该获得的利益就越多。但管理津贴与销售业绩挂钩的并不是保费，而是主管所辖团队成员一定时期内获得的佣金总额。也就是说，主管管理津贴与团队成员佣金收入总额挂钩，这样就更能够将主管利益与团队成员利益捆绑在一起。所以，管理津贴最基本的因素是营销团队FYC 总额。

业务员佣金收入分为首年佣金与续年佣金，合计为全部佣金。因此，管理津贴的计算基数也就有以团队首年佣金总额和以团队全部佣金总额为基数这样两种计提方法。

（1）以团队首年佣金总额为基数，按团队首年佣金总额的一定比例计提主管管理津贴。计提公式如下：

$$管理津贴 = 团队首年佣金总额 \times a\%$$

以团队首年佣金总额为基数计提主管管理津贴，团队首年业绩越好，团队佣金总额越多，主管计提的管理津贴也就越多，否则就越少。主管与下属成为"利益共同体"，能够有效地激励主管督导下属努力达成或超额达成团队业绩，以使大家共同获得更多的收入。但如果团队首年佣金总额出现波动，主管计提的管理津贴也同时会出现波动。

（2）以团队全部佣金总额为基数，按团队全部佣金总额的一定比例计提主管管理津贴。计提公式如下：

$$管理津贴 = 团队全部佣金总额 \times a\%$$

团队全部佣金总额中，除了首年佣金以外，还包括续年佣金。因此，团队全部佣金总额不仅大于团队首年佣金总额，而且续年佣金一般是一个比较稳定的收入，可以对冲团队首年佣金总额的波动，使主管计提的管理津贴相对比较稳定。但是，随着时间和团队的发展，往往会出现在团队全部佣金总额中，续年佣金收入逐渐成为主要收入，也就成为主管管理津贴的主要来源，失去了"与销售业绩直接挂钩"的绩效薪酬作用。

2. 继续率。

FYC 只反映销售业绩，并不能反映销售品质。而保险公司要追求保单销售的高质量，就要求主管的管理工作承担团队保单销售质量责任。因此，在确定管理津贴上，通常都将团队保单销售质量也作为基本因素之一，以促进主管提升团队保单销售质量。所用指标是团队平均继续率。在实际应用上，通常将团队继续率与团队 FYC 相关联，将团队平均继续率分成若干个档次，不同档次给予不同管理津贴比例/系数，形成对团队 FYC 总额的一个调节因素。团队继续率越高，给予管理津贴的比例/系数就越高，甚至可以超过 100%/1，否则就越低。

3. 举绩率。

举绩率，是指在一定时间范围内（一般为月度），团队有销售业绩（或达到公司要求最低标准）人员与全部人员的比值。或者说，是有团队销售业绩人员占全部人员的比重。

举绩率反映的是某一时段营销团队的全员劳动生产率。团队销售业绩主要靠人来实现。在正常情况下，一个团队举绩人力越多，销售业绩就越好，全员劳动生产率就越高。因此，激励、督导、指导业务员不断地销售保单，提高全员劳动生产力，就成为主管的主要责任之一。而其工作效果自然也就应该成为主管管理津贴因素的一部分。通常将团队举绩率划分为不同档次，对不同档次给予不同比例/系数，形成对主管管理津贴的调整因素。

选择不同基数确定主管管理津贴，不仅是管理津贴额大小的问题，更主要的是体现管理津贴发挥什么样激励导向作用的问题。越是高级档主管，其管理团队责任越大，管理津贴越应该成为其主要收入之一。

计提范围

管理津贴是以团队人力 FYC 总额为计算基数，但团队人力可以有不同定义，因此，管理津贴计提范围也就有多种方式。常见的有以下几种：

1. 以直辖团队为计提范围。

仅以主管直辖团队人力 FYC 总额为管理津贴计提范围，不考虑主管所管辖的人力。如国寿基本法中的"直辖组津贴/处经理直辖津贴/直辖区津贴"，新华基本法中的"业务经理/营业部经理/总监管理津贴"，友邦基本法中的"月度管理奖金"，都是以主管直辖人力 FYC 总额为计提管理津贴的范围。

2. 以管辖团队为计提范围。

以主管管辖团队所有人力 FYC 总额为计提管理津贴范围，包括主管直辖团队。如平安基本法中的"经理津贴"，太平洋基本法中的"室/部/区基本管理津贴"，都是以主管管辖团队人力 FYC 总额为计提管理津贴的范围。

3. 以特定人力为计提范围。

除了以直辖、管辖团队人力 FYC 总额为计提管理津贴范围外，还可以以团队特定人力群体为计提对象。如平安基本法中的"直接管理津贴"，以团队"标准人力①和非标准人力"为计提范围；太平洋基本法中的"管理津贴"以"健康人力②""绩优人力③"为计提范围。

4. 包含与不包含本人业绩。

在计提管理津贴范围上，还可以包含主管本人业绩或不包含主管本人业绩。主管也要销售保单，特别是级档越低的主管，销售收入占其整体收入的比重越大，其个人业绩对团队业绩的影响也就越大。由此，在计提管理津贴范围时，是否包含主管个人FYC，对主管管理津贴额有一定的影响。如果包括，无疑会增加计提管理津贴的基数；反之，则减少基数。市场上，有的公司在计提管理津贴时，包含主管个人FYC，如国寿基本法中的"直辖津贴"，平安基本法中的"直接管理津贴"（但不含所辖各级行销主任及行销经理的FYC），太平洋基本法中的"基本管理津

---

① 平安基本法中的标准人力，是指各版本基本法分年资业务员当月FYC达到表7-7中对应要求的业务人员。

表7-7 标准人力要求

基本法版本	1年内业务员（元）	1~2年业务员（元）	2年以上业务员（元）
H+类	1 750	2 450	3 500
H类	1 500	2 100	3 000
超A类	1 500	2 100	3 000
A类	1 250	1 750	2 500

② 健康人力指当月末在职且当月个人FYC达到1 500元的业务人员。

③ 绩优人力指当月末在职且当月个人FYC达到3 000元的业务人员。

贴"。有的保险公司不包含主管 FYC，如新华基本法中的"营业部经理管理津贴"，友邦基本法中的"月度管理奖金"。

计提管理津贴范围中，包含主管个人 FYC，意味着主管对自己的业绩也计提管理津贴。主管自己的销售业绩越多，不仅获得的 FYC 越多，而且计提管理津贴也越多，可以达到"一箭双雕"的目的。但这种方法往往容易导致主管只注重自己的销售业绩，而忽略团队整体业绩。不包含主管个人 FYC，意味着主管对自己的业绩不计提管理津贴。主管自己的销售业绩与管理津贴没有关系，主管获得的管理津贴全部是团队成员的销售业绩，要想获得较多的管理津贴，就要更加注重团队销售业绩。

支付条件

对于管理津贴一般不附加支付条件。但主管对团队管理是多方面的，因此也可以附加一些相关条件发放。如国寿基本法中的"直辖津贴"与主管的"品质"挂钩，设立"品质系数"作为调整因素。友邦基本法中的"月度管理奖金"更是与团队的"直辖组月度新单回访完成率"和"业务主管本人个人标准出席率"挂钩，作为调整因子。

国寿基本法

1. 直辖组津贴。

按各档组经理直辖组当月达成的 FYC（含本人 FYC）计发直辖组津贴（见表 7-8）。

$$直辖组津贴 = 直辖组当月 FYC \times 直辖组津贴比例 \times$$

$$主管品质系数$$

表 7 -8　各档组经理直辖组津贴计发比例

当月直辖组 FYC（元）	（A 版）直辖组津贴比例（%）		
	组经理	高级组经理	资深组经理
50 000（含）以上	22	23	24
30 000（含）~ 50 000	19	20	21
15 000（含）~ 30 000	16	17	17
8 000（含）~ 15 000	14	15	15
5 000（含）~ 8 000	9	10	10
5 000 以下	6	7	7
当月直辖组 FYC（元）	（B 版）直辖组津贴比例（%）		
	组经理	高级组经理	资深组经理
50 000（含）以上	19	20	20
30 000（含）~ 50 000	16	17	17
15 000（含）~ 30 000	14	15	15
8 000（含）~ 15 000	12	12	12
5 000（含）~ 8 000	9	9	9
5 000 以下	6	6	6
当月直辖组 FYC（元）	（C 版）直辖组津贴比例（%）		
	组经理	高级组经理	资深组经理
45 000（含）以上	19	20	20
27 000（含）~ 45 000	16	17	17
13 000（含）~ 27 000	14	15	15
7 000（含）~ 13 000	12	12	12
4 000（含）~ 7 000	8	9	9
4 000 以下	5	6	6

2. 处经理直辖组津贴。

按各档处经理直辖组当月达成的 FYC（含本人）计发直辖组津贴（见表7-9）。

$$直辖组津贴 = 直辖组当月 FYC \times 直辖组津贴比例 \times$$
$$主管品质系数$$

表7-9　处经理直辖组津贴计发比例

当月直辖组 FYC（元）	直辖组津贴比例（%）各档处经理（A 版）	直辖组津贴比例（%）各档处经理（B 版）
50 000（含）以上	26	24
30 000（含）~50 000	22	20
15 000（含）~30 000	18	16
8 000（含）~15 000	16	13
5 000（含）~8 000	11	9
5 000 以下	8	7

当月直辖组 FYC（元）	直辖组津贴比例（%）各档处经理（C 版）
45 000（含）以上	24
27 000（含）~45 000	20
13 000（含）~27 000	16
7 000（含）~13 000	13
4 000（含）~7 000	9
4 000 以下	7

3. 处经理直辖津贴。

按各档处经理直辖处当月达成的 FYC 计发处经理直辖津贴（见表7-10）。

$$处经理直辖津贴 = 直辖处当月FYC \times 处经理直辖津贴比例 \times$$
$$主管品质系数$$

表7-10 处经理直辖津贴计发比例

当月直辖处FYC（元）	处经理直辖津贴比例（A版,%）		
	处经理	高级处经理	资深处经理
500 000（含）以上	6.00	6.50	7.00
300 000（含）~500 000	5.00	5.50	6.00
150 000（含）~300 000	4.50	5.00	5.50
100 000（含）~150 000	4.00	4.50	5.00
50 000（含）~100 000	3.50	4.00	4.50
50 000 以下	2.00	2.50	3.00
当月直辖处FYC（元）	处经理直辖津贴比例（B、C版,%）		
	处经理	高级处经理	资深处经理
300 000（含）以上	4.50	5.00	5.50
180 000（含）~300 000	3.50	4.00	4.50
120 000（含）~180 000	3.00	3.50	4.00
60 000（含）~120 000	2.50	3.00	3.50
30 000（含）~60 000	2.00	2.50	3.00
30 000 以下	1.50	2.00	2.50

4. 直辖区津贴。

按各档区域总监直辖区当月达成的FYC计发直辖区津贴（见表7-11）。

$$直辖区津贴 = 直辖区当月FYC \times 直辖区津贴比例 \times$$
$$主管品质系数$$

表7－11 直辖区津贴计发比例

当月直辖区 FYC（元）	直辖区津贴比例（A、B版,%）
500 000 及以上	2.5
250 000（含）~ 500 000	2
250 000 以下	1.5
当月直辖区 FYC（元）	直辖区津贴比例（C版,%）
400 000 及以上	2
200 000（含）~ 400 000	1.5
200 000 以下	1

平安基本法

1. 直接管理津贴。

（1）依各级业务主任当月本组标准人力和非标准人力的 FYC（含本人 FYC，但不含所辖各级行销主任及行销经理的 FYC）、小组当月的年度保费继续率及小组前3个月平均有效活动率达成按表7－12 计发管理津贴。

$$直接管理津贴 =（当月本组标准人力 FYC \times C1 +$$
$$当月本组非标准人力 FYC \times C2） \times C3 \times C4$$

表7－12 业务主任层级直接管理津贴

小组当月合计 FYC（元）	标准人力 FYC 计提比例（%）C1			非标准人力 FYC 计提比例（%）C2		
	业务主任	高级业务主任	资深业务主任	业务主任	高级业务主任	资深业务主任
7 000 以下	9	10	11	7	8	9
7 000（含）~ 15 000	16	17	18			

小组当月合计 FYC（元）	标准人力 FYC 计提 比例（%）C1			非标准人力 FYC 计提 比例（%）C2		
	业务 主任	高级 业务主任	资深 业务主任	业务 主任	高级 业务主任	资深 业务主任
15 000（含）~25 000	18	19	20	7	8	9
25 000（含）~40 000	20	21	22			
40 000 及以上	22	23	24			
继续率				C3		
0~65%				50		
65%（含）~75%				80		
75%（含）~85%				100		
85%（含）~90%				110		
90%（含）以上				115		
前 3 个月平均有效活动率				C4		
65% 以下				100		
65%（含）~70%				110		
70%（含）~75%				115		
75%（含）以上				120		

注：根据平安基本法（2016 版）整理。

（2）依各级营业部经理/总监当月直辖组标准人力和非标准人力的 FYC（含本人 FYC，但不含各级行销主任及行销经理的 FYC）、小组当月的年度保费继续率及小组前 3 个月平均有效活动率达成按表 7-13 计发管理津贴。

$$直接管理津贴 = （当月本组标准人力 FYC \times C1 +$$
$$当月本组非标准人力 FYC \times C2）\times C3 \times C4$$

表 7 –13　营业部经理/总监层级直接管理津贴

小组当月合计FYC（元）	标准人力 FYC 计提比例（%）C1			非标准人力 FYC 计提比例（%）C2		
	营业部经理	高级营业部经理	资深营业部经理/总监	营业部经理	高级营业部经理	资深营业部经理/总监
7 000 以下	12	12	12			
7 000（含）~15 000	19	19	19			
15 000（含）~25 000	21	21	21	10	10	10
25 000（含）~40 000	24	24	24			
40 000 及以上	28	28	28			
继续率				C3		
0 ~65%				50		
65%（含）~75%				80		
75%（含）~85%				100		
85%（含）~90%				110		
90%（含）以上				115		
前 3 个月平均有效活动率				C4		
65% 以下				100		
65%（含）~70%				110		
70%（含）~75%				115		
75%（含）以上				120		

注：根据平安基本法（2016 版）整理。

2. 经理津贴。

依各级营业部经理当月营业部达成的 FYC（含部直辖 FYC）、营业部前 3 个月平均标准人力占比、有效活动率及一年以内新人占比按表 7 –14 计发经理/总监津贴。

经理/总监津贴 = 当月本营业部 FYC × C1 × C2 × C3 × C4

表 7 – 14 营业部经理津贴

当月营业部达成 FYC（元）	营业部经理 （%）C1	高级营业部经理 （%）C1	资深营业部经理/总监 （%）C1
FYC < 50 400	1.5	2.0	2.5
50 400 ≤ FYC < 63 000	2.5	3.0	3.5
63 000 ≤ FYC < 110 000	3.0	3.5	4.0
110 000 ≤ FYC < 200 000	3.5	4.0	4.5
200 000 ≤ FYC < 300 000	4.0	4.5	5.0
300 000 ≤ FYC	4.5	5.0	5.5

前 3 个月平均标准 人力占比（A）	C2	前 3 个月平均 有效活动率	C3	前 3 个月平均 一年内新人占比（B）	C4
A < 20%	0.80	活动率 < 50%	0.80	C < 60%	1
20% ≤ A < 30%	1.00	50% ≤ 活动率 < 55%	0.90	60% ≤ C	1.1
30% ≤ A < 50%	1.10	55% ≤ 活动率 < 60%	0.95		
50% ≤ A < 80%	1.15	60% ≤ 活动率 < 65%	1.00		
80% ≤ A	1.20	65% ≤ 活动率 < 70%	1.10		
		70% ≤ 活动率 < 75%	1.15		
		75% ≤ 活动率	1.20		

太平洋基本法

1. 室管理津贴。

为鼓励业务主管做好业务室（或直辖业务室）的管理工作，公司根据业务室（或直辖业务室）当月 FYC、健康人力 FYC 以及绩优人力 FYC 的一定比例计算并发放室管理津贴。业务主管个人月出勤未达到规定天数的，按管理津贴的一定比例扣减佣金（见各年度《业务主管行为考核实施办法》）。室管理津贴由"室基本管理津贴"、"室健康人力管理津贴"和"室绩优人力管理津贴"三部分组成。

（1）室基本管理津贴。

室基本管理津贴根据业务主任所辖业务室（含本人）或业务经理及以上职级的直辖业务室（含本人）当月 FYC 和结算当月的"当月室年度新保业务第 13 个月保费继续率"确定。

$$室基本管理津贴 = （室当月 FYC - 3\,500） \times$$
$$10\%/12\%/14\% \times 室继续率调整系数$$

① "10%/12%/14%" 对应 "主任/高级主任/资深主任" 职级的计提比例。

② "室继续率调整系数" 按结算当月的"当月室年度新保业务第 13 个月保费继续率"确定，具体档次分布如表 7-15 所示。

表 7-15　室继续率调整系数具体档次分布

当月室年度新保业务第 13 个月保费继续率（%）	业务室继续率调整系数档次	业务室继续率调整系数
0≤继续率<50	第一档	0.5
50≤继续率<70	第二档	0.7
70≤继续率<80	第三档	0.9
80≤继续率<88	第四档	1
88≤继续率≤100	第五档	1.1

注：截至结算当月，若业务主管所辖业务室（或直辖业务室）全体在职业务人员（含业务主管本人）均签约未满 21 个整月或无应缴续期保单，则室继续率调整系数计为 1。

（2）室健康人力管理津贴。

室健康人力管理津贴根据业务主任所辖业务室（或业务经理

及以上职级直辖业务室）的辖属健康人力FYC（不含本人）、辖属健康人力绝对数（含本人）确定。

$$\frac{室健康人力}{管理津贴} = \frac{室辖属健康人力当月FYC \times}{22\%/24\%/26\% \times 室健康个体调整系数}$$

①"健康人力"指当月末在职且当月个人FYC达到1 500元的业务人员。

②"22%/24%/26%"对应"主任/高级主任/资深主任"职级的计提比例。

③"室健康个体调整系数"根据每月业务室中健康人力绝对数（含主管本人）确定。

（3）室绩优人力管理津贴。

室绩优人力管理津贴根据业务经理所辖业务室（或业务经理以上职级直辖业务室）的辖属绩优人力FYC（不含本人）确定。

绩优人力是指当月末在职且当月个人FYC达到3 000元的业务人员。

$$室绩优人力管理津贴 = 室绩优人力FYC \times 4\%$$

2. 部管理津贴。

为鼓励业务经理及业务总监做好业务部（或直辖业务部）的管理工作，公司根据业务部（或直辖业务部）当月FYC、健康人力FYC以及绩优人力FYC的一定比例计算并发放部管理津贴。业务经理或业务总监个人月出勤未达到规定天数的，按管理津贴的一定比例扣减佣金（见各年度《业务主管行为考核实施办法》)。部管理津贴由"部基本管理津贴"、"部健康人力管理津贴"和"部绩优人力管理津贴"三部分组成。

（1）部基本管理津贴。

部基本管理津贴根据业务经理所辖业务部（含本人）或业务总监的直辖业务部（含本人）当月 FYC 和"当月部年度新保业务第 13 个月保费继续率"确定。

$$部基本管理津贴 = （部当月 FYC - 14\,000） \times$$
$$6\%/7\%/8\% \times 部继续率调整系数$$

① "6%/7%/8%" 对应"经理/高级经理/资深经理"职级的计提比例。

② "部继续率调整系数"按结算当月的"当月部年度新保业务第 13 个月保费继续率"确定，具体档次分布如表 7 - 16。

表 7 - 16　部继续率调整系数具体档次分布

当月部年度新保业务第 13 个月保费继续率（％）	业务部继续率调整系数档次	业务部继续率调整系数
0 ≤ 继续率 < 50	第一档	0.5
50% ≤ 继续率 < 70	第二档	0.7
70 ≤ 继续率 < 80	第三档	0.9
80 ≤ 继续率 < 88	第四档	1
88 ≤ 继续率 ≤ 100	第五档	1.1

注：截至结算当月，若业务主管所辖业务部（或直辖业务部）全体在职业务人员（含业务主管本人）均签约未满 21 个整月或无应缴续期保单，则部继续率调整系数计为 1。

（2）部健康人力管理津贴。

部健康人力管理津贴根据业务经理所辖业务部（或业务总监直辖业务部）的辖属健康人力 FYC（不含本人及其直辖业务室）、辖属健康人力绝对数（含本人及其直辖业务室）和健康人力占比（含本人及其直辖业务室）确定。

$$部健康人力管理津贴 = 部辖属健康人力当月 FYC \times$$
$$9\%/10\%/11\% \times 部健康个体调整系数$$

①"健康人力"指当月末在职且当月个人 FYC 达到 1 500 元的业务人员。

②"9%/10%/11%"对应"经理/高级经理/资深经理"职级的计提比例。

③"部健康个体调整系数"根据每月业务部中健康人力绝对数（含本人及其直辖业务室）和健康人力占比（含本人及其直辖业务室）确定。

（3）部绩优人力管理津贴。

部绩优人力管理津贴根据业务经理所辖业务部（或业务总监直辖业务部）的辖属绩优人力 FYC（不含本人及其直辖业务室）确定。

绩优人力是指当月末在职且当月个人 FYC 达到 3 000 元的业务人员。

$$部绩优人力管理津贴 = 部绩优人力 FYC \times 1.5\%$$

3. 区管理津贴。

为鼓励业务总监做好营业区的管理工作，公司根据营业区当月FYC、健康人力FYC以及绩优人力FYC的一定比例计算并发放区管理津贴。业务总监个人月出勤未达到规定天数的，按管理津贴的一定比例扣减佣金（见各年度《业务主管行为考核实施办法》）。

区管理津贴由"区基本管理津贴"、"区健康人力管理津贴"和"区绩优人力管理津贴"三部分组成。

（1）区基本管理津贴。

区基本管理津贴根据业务总监所辖营业区（含本人）当月FYC和当月区年度新保业务第13个月保费继续率确定。

$$区基本管理津贴 = （区当月FYC - 56\,000）\times 1\%/1.5\% \times$$
$$区继续率调整系数$$

① "1%/1.5%"对应"总监/资深总监"职级的计提比例。

② "区继续率调整系数"按结算当月的"当月区年度新保业务第13个月保费继续率"确定，具体档次分布如表7-17所示。

表7-17 区继续率调整系数具体档次分布

当月区年度新保业务第13个月保费继续率（%）	营业区继续率调整系数档次	营业区继续率调整系数
0≤继续率<50	第一档	0.5
50≤继续率<70	第二档	0.7

当月区年度新保业务第13个月保费继续率（%）	营业区继续率调整系数档次	营业区继续率调整系数
70≤继续率＜80	第三档	0.9
80≤继续率＜88	第四档	1
88≤继续率≤100	第五档	1.1

注：截至结算当月，若业务总监所辖营业区全体在职业务人员（含业务总监本人）均签约未满21个整月或无应缴续期保单，则区继续率调整系数计为1。

（2）区健康人力管理津贴。

区健康人力管理津贴根据业务总监所辖营业区的辖属健康人力FYC（不含业务总监本人及其直辖业务部）、辖属健康人力绝对数（含业务总监本人、直辖室和直辖部）和健康人力占比（含业务总监本人、直辖室和直辖部）确定。

$$区健康人力管理津贴 = 区辖属健康人力当月FYC \times$$
$$2.5\%/3\% \times 区健康个体调整系数$$

①"健康人力"指当月末在职且当月个人FYC达到1 500元的业务人员。

②"2.5%/3%"对应"总监/资深总监"职级的计提比例。

③"区健康个体调整系数"根据每月营业区中健康人力绝对数（含业务总监本人、直辖室和直辖部）和健康人力占比（含业务总监本人、直辖室和直辖部）确定。

（3）区绩优人力管理津贴。

区绩优人力管理津贴根据业务总监所辖营业区的辖属绩优人

力 FYC（不含业务总监本人及其直辖室、直辖部人员）确定。

绩优人力是指当月末在职且月个人 FYC 达到 3 000 元的业务
人员。

$$区绩优人力管理津贴 = 区绩优人力 FYC \times 0.5\%$$

新华基本法

1. 业务经理管理津贴。

主管系列人员履行自身职责对其直辖组营销员进行日常管
理，公司向其支付管理津贴。

业务经理层级人员依据其直辖组当月达成的 FYC（含业务经
理本人）按表 7 - 18 确定管理津贴比例。计算公式为：

$$业务经理管理津贴 = \frac{直辖组当月累计 FYC}{（含业务经理本人）} \times \begin{array}{c}各级别业务经理\\管理津贴比例\end{array}$$

表 7 - 18　业务经理管理津贴比例

计发条件（元）	业务经理（%）	高级业务经理（%）	资深业务经理（%）
月 FYC < 6 000	5	5	5
6 000 ≤ 月 FYC < 12 000	13	15	20
12 000 ≤ 月 FYC < 24 000	19	22	27
24 000 ≤ 月 FYC < 48 000	24	28	36
48 000 ≤ 月 FYC < 96 000	26	30	38
月 FYC ≥ 96 000	28	32	40

2. 营业部经理管理津贴①。

营业部经理层级人员履行自身职责对其所辖营销员进行日常管理，公司向其支付管理津贴。

营业部经理层级人员依据其直辖部当月达成的 FYC（含部经理本人及直辖组），按表 7-19 确定管理津贴比例。计算公式为：

$$营业部经理管理津贴 = \frac{直辖部当月累计\ FYC}{（不含部经理本人及直辖组）} \times 各级别$$

营业部经理管理津贴比例

表 7-19　营业部经理管理津贴比例

计发条件（元）	营业部经理（%）	高级营业部经理（%）	资深营业部经理（%）
30 000 ≤ 月 FYC < 60 000	6	8	10
60 000 ≤ 月 FYC < 120 000	8	10	12
120 000 ≤ 月 FYC < 250 000	9	11	13
月 FYC ≥ 250 000	12	13	14

3. 总监职级享受资深营业部经理管理津贴。

友邦基本法

1. 月度管理奖金。

本奖金依计提基数区分为两部分：

---

① 新华保险的部经理津贴，在确定团队 FYC 基数时包含本人及直辖，并依此确定管理津贴的比例。但在计算管理津贴额度时，要扣除本人及直辖业绩。例如，某营业部经理所辖团队月达成 FYC 55 000 元，其中本人和直辖 FYC 20 000 元。故确定管理津贴的比例为 6%。实际的管理津贴为 2 100 元〔（55 000 - 20 000）×6%〕。

（1）业务主管可根据其本人每月所赚取的 FYC 的 12%，再乘以业务主管个人标准出席率（ATT）对应的调整因子（Y%），获得基于业务主管个人业绩部分的月度管理奖金。

（2）业务主管可根据其直属保险营销员（不含业务主管本人）每月 FYC 的总额依表 7－20 所对应的奖金比例（X%），再乘以业务主管个人标准出席率（ATT）对应的调整因子（Y%），获得基于业务主管直辖组内组员业绩部分的月度管理奖金。

表 7－20　月度管理奖金计提比例

直辖组直属保险营销员 （不含业务主管本人）FYC 总额（元）	各级业务主管月度管理 奖金（X% FYC）
0 < FYC < 5 000	0
5 000 ≤ FYC < 15 000	16
15 000 ≤ FYC < 30 000	18
30 000 ≤ FYC < 60 000	22
60 000 ≤ FYC	26
业务主管本人个人标准出席率（ATT）	调整因子（Y%）
ATT < 60%	0
60% ≤ ATT	100

月度管理奖金 =［业务主管个人月度 FYC × 12% × Y% + 业务主管直属保险营销员（不含业务主管本人）月度 FYC 总额 × X% × Y%］× 直辖组月度新单回访完成率调整因子（见表 7－21）

若业务主管个人月度 FYC 为负数时，则个人业绩部分的月度管理奖金出席率调整因子不再适用；若业务主管直属保险营销员月度 FYC 总额为负数时，则业务主管直辖组内组员业绩部分的月度管理奖金出席率调整因子不再适用。

表7-21　直辖组月度新单回访完成率调整因子

直辖组月度新单回访完成率	调整因子（Y%）
完成率＜80%	50%
80%≤完成率＜95%	80%
95%≤完成率	100%

直辖组月度新单回访完成率＝（直辖组上月新单首次回访完成件数＋直辖组上月首次新单回访本月完成件数）／直辖组上月首次新单回访保单件数

直辖组上月首次新单回访保单件数若为零，则直辖组月度新单回访完成率按100%计。

2. 年度管理奖金。

倘业务主管直属的保险营销员（不含业务主管本人）在每个财政年度的FYC总额达到下列指标，公司将依据以下规定给付业务主管年度管理奖金。

（1）如果保险营销员于当年财政年度结束后，经过财政年度末的考核后仍能维持业务主管级别的，则公司根据其当年度内所持相应的有效业务主管合同书的月份，按比例发放当年度的管理奖金。若年度FYC总额为负数时，则比照表7-21扣除相应的奖金。

（2）如果保险营销员于当年财政年度结束后，经过财政年度末的考核后降级或转任为非业务主管的，则不享有任何业务主管年度管理奖金。

业绩奖

业绩奖是保险公司针对团队业绩给予主管的一种奖励，属于主管"绩效"薪酬。首年保费是保险公司的产值，营销团队的主要任务是努力销售新保单，创造产值，因此，主管业绩奖主要与主管团队首年销售业绩直接挂钩。

奖励方式

业绩奖基本方式可分为固定金额法和变动金额法。

1. 固定金额法。

固定金额法，是指以固定金额向主管发放业绩奖的一种方式。这种方式一般对主管都有一个业绩目标要求，主管达到业绩目标要求，就支付约定的奖励金额。如国寿基本法中的"绩优组经理奖"，小组当月举绩人力达到12人以上，就支付组经理奖金1 200元。友邦基本法中的"营业部活动人力增长奖金"，则是在业务总监达成营业部活动人力最低增长要求后，若实际月均活动人力较年度活动人力目标有增长，则每超出一名活动人力即可获得1 000元作为主管活动人力增长奖金。

2. 变动金额法。

变动金额法，是指对主管按照实际业绩变化给予不同奖励的一种方式。团队业绩，不论是团队FYC、继续率，还是举绩率，基本都是变化的。保险公司鼓励主管带领团队创造和保持良好业绩，业绩指标越高，给予的奖励就越多。根据业绩变化给予不同奖励，也符合多劳多得原则。如国寿基本法中的"团队进步奖"，以当年团队FYC×0.5%，团队FYC越大，主管奖金就越多。

基本因素

团队业绩主要体现在销售收入、业务品质和人力上。相对应的是团队成员FYC总额、保单继续率和团队销售人力[①]。因此，主管业绩奖的构成因素也主要围绕这三个方面。在实际中，有的公司基本法包含全部三个因素，如太平洋寿险基本法中的"总监特别增长奖"；有的公司基本法只有其中1~2项，如新华基本法中的主管"继续率奖"和"年终管理分红"。无论是包含三个因素，还是包含两个因素，都可以直接反映团队管理成果，只不过是各个公司对团队管理的导向不同。

1. 团队FYC。

通常以团队FYC为基数，按照一定比例给予主管业绩奖。如新华基本法中的"年终管理分红"、友邦保险基本法中的"营业部业绩奖金"，都是以团队FYC为主管业绩奖的基本因素。

团队FYC直接反映团队成员的销售收入。将主管业绩奖与团队FYC直接挂钩，也就直接将主管利益与团队利益捆绑在一起。在奖励比例确定的情况下，团队FYC越大，主管能够获得

---

① 销售人力，是指在一定时期内成功销售保单的人力。

的业绩奖就越多，就越能够有效地激发主管提升团队业绩的积极性。

2. 销售人力。

将销售人力作为一个基本因素，对达到一定数量要求的主管给予业绩奖。如国寿基本法中的"绩优组经理奖"、友邦保险基本法中的"营业部活动人力增长奖金"，都是针对团队销售人力给予主管的业绩奖。

销售人力反映营销团队全员的劳动生产率。在一定时期内，销售人力越多，意味着保单销售量越大，团队劳动生产率越高。将团队销售人力与主管业绩奖直接挂钩，有利于促使主管不仅关注团队销售业绩，也关注团队人力发展和销售能力建设。

反映团队销售人力的指标有多个，如举绩率、健康人力、活动人力、有效人力、标准人力。这些指标虽然口径不同，但都可以从不同角度反映营销团队销售人力情况。

3. 继续率。

将团队保单销售质量作为一个基本因素，对团队继续率按照不同档次分别给予主管业绩奖。如平安基本法中的"小组年终奖金"、新华基本法中的"营业组/营业部继续率奖"，都是针对团队继续率给予主管的业绩奖。

保单继续率是反映保单销售质量的指标。只有销售数量，没有销售质量，不符合高质量发展要求，也不能建立公司持续的保费增长能力。将团队继续率指标与主管业绩奖直接挂钩，有利于促进主管注重团队保单销售质量管理。团队保单继续率越高，主管业绩奖越高；否则就低，甚至没有。

计提范围

主管管理的是一个团队，而团队构成比较复杂。按所属关系划分，有管辖团队，也有直辖团队；按销售业绩划分，有团队月FYC，也有月均FYC；按团队与主管划分，有团队业绩，也有本人业绩。因此，确定在哪个范围计提主管业绩奖，其结果会大不相同。具体选择哪个，也没有对错之分，都是根据公司的管理导向而定。想要主管注重团队业绩，就可以选择以管辖团队FYC为计提范围；想要主管注重直辖团队业绩，就可以选择以直辖团队FYC为计提范围。

1. 以管辖团队FYC为计提范围。

以管辖团队FYC为计提范围，是指以主管管辖团队所有人员的FYC总和为业绩奖计提范围。如平安基本法中的"部年终奖金"，按照"当年度营业部累计FYC（不含直辖组FYC）"计提业绩奖。

整个团队的FYC，是团队最大的销售业绩值。以此为主管业绩奖计提范围，等于涵盖了整个团队业绩，对主管而言，可以分享整个团队的销售成果，从而激励主管关注整个团队的建设和发展。

在以管辖团队FYC为计提范围中，存在两种情况：

一种是包含主管本人。如平安基本法中的"小组年终奖金"，

"含本人 FYC，但不含所辖各级行销主任及行销经理 FYC"。

另一种是不包含主管本人及直辖团队。如平安基本法中的"部年终奖金"规定，"当年度营业部累计 FYC（不含直辖组 FYC）"。

在计提范围中包含与不包含主管本人业绩，对主管影响各不相同。对低级档主管而言，由于团队业绩量小，个人业绩占比相对可能高一些，包含与不包含主管本人业绩，对业绩奖影响可能就很大。而对高级档主管而言，由于团队规模大，主管本人业绩占比相对较低，包含与不包含主管本人业绩，对主管业绩奖影响相对就小一些。

2. 以直辖团队 FYC 为计提范围。

以直辖团队 FYC 为计提范围，是指以主管直辖团队成员 FYC 为业绩奖计提范围。如国寿基本法中的"绩优组经理奖"，以直辖举绩人力确定主管业绩奖；新华基本法中的"年终管理分红"，以直辖团队 FYC 为业绩奖计提范围。

直辖团队是主管直接招募发展的团队。按照基本法组织架构，通常直辖团队人力都要小于管辖团队。因此，以直辖团队为主管业绩奖计提范围，通常比管辖团队计提范围要小。

以直辖团队为计提范围，会引导主管更多地关注直辖团队 FYC，因为直辖团队 FYC 与主管业绩奖有直接联系。而团队中其他团队 FYC 与主管业绩奖没有关系，可能会影响主管管理的积极性。

3. 计算基数。

计算业绩奖的基数可以有两种：

一种是以实际数为基数。如友邦基本法中的"营业部业绩奖金"，以"每月本人营业部之 FYC 总额"为主管业绩奖计算基数。以实际数据为基数，对小团队而言，可能会因为 FYC 波动而导致主管业绩奖的波动。而相对较大的团队，业绩比较稳定，主管业绩奖波动就会小一些。

另一种是以平均数为基数。如平安基本法中的"小组年终奖金"，以月平均 FYC 为主管业绩奖计算基数。

计算方式

主管业绩奖的计算方法一般有两种：直接计算法和分段分档计算法。

1. 直接计算法。

直接计算法，是指对确定的基数直接按照一个比例计算业绩奖的方法。如国寿基本法中的"团队进步奖"，直接用"当年团队 FYC×0.5%"计算主管的业绩奖。这种方法是对 FYC 总额不论大小，统统按一个比例计算业绩奖。对于业绩高的团队，虽然主管获得的业绩奖也高，但与低业绩主管获得同一比例业绩奖，激励力度并不大。

2. 分段分档计算法。

分段分档计算法，是指将确定的基数分成不同区段，按区段给予不同档次奖励比例计算业绩奖的方法。如平安基本法中的"年终奖"，对月均 FYC、继续率都采用分段分档的方式计算业绩奖。在这种方法下，团队业绩处在低段区的主管，获得的奖励比例也低，奖励额相对就低；团队业绩处在高段区的主管，获得的奖励比例也高，相对奖励额就高。因此，这种方式能够更好地激励主管注重团队业绩。

发放条件

主管业绩奖发放，可以附加条件，也可以不附加条件。如果附加条件，大体上有以下两种：

一种是设置达标奖励。即设置一个目标值，只有达到目标，才发放业绩奖。如国寿基本法中的"绩优组经理奖""团队进步奖"，都规定举绩人力要达到一定数量、团队业绩增长到一定比率才给予奖励。太平洋基本法中的"总监特别增长奖"，分别设置团队FYC、健康人力和继续率指标；友邦基本法中的"业绩增长奖"和"活动人力"增长奖，都是要超过最低增长率才给予业绩奖。

另一种是附加主管个人行为条件。如友邦基本法中的"营业部业绩奖金"，将主管标准个人出席率（ATT）作为业绩奖发放的调整因子。如果主管个人标准出席率低于一定比率，就不给予业绩奖。

发放时间

主管业绩奖发放，可以月、季、半年，也可以按年。如国寿基本法中的"绩优组经理奖"、新华基本法中的"营业组/营业部继续率奖"，都是按月发放。而国寿基本法中的"团队进步奖"、平安基本法中的"小组年终奖"、太平洋基本法中的"总监特别增长奖"、友邦基本法中的"业绩增长奖"和"活动人力增长奖"等，都是按年度发放。

按月或按季发放，间隔时间较短，主管能够很快得到奖励。但对于小团队主管而言，由于团队FYC积累也不多，总体业绩奖额度一般不会很大，还容易产生波动，对主管激励力度有限。

按年度发放，由于是全年团队FYC的积累，一般基数会相对较大，对主管也是较有吸引力的一笔奖励，可以促进低级档主管队伍的稳定。另外，对于年中离司主管不给予业绩奖，相对也可以节省一些业绩奖支出。但因为发放间隔时间太长，在低级档主管流动性比较大的情况下，对主管的激励就会显得不足。所以，业绩奖多数对中高级主管有一定的激励效果。

主管业绩奖的发放，既要平衡主管当期和长期的利益，也要平衡公司的成本支出。

国寿基本法

1. 绩优组经理奖。

依各档组经理直辖组中当月举绩的人数（含本人）计发绩优组经理奖（见表7-22）。

2. 团队进步奖。

按各档区域总监团队（包括直辖区与培育的平级区）当年综合业绩贡献情况发放，发放时间为次年1月。

表7-22　绩优组经理奖计发要求

A、B版		C版	
直辖组当月举绩人数（含本人）	绩优组经理奖（元）	直辖组当月举绩人数（含本人）	绩优组经理奖（元）
达到12人及以上	1 200	达到12人及以上	1 200
达到7~11人	举绩人数×100元/人	达到6~11人	举绩人数×100元/人
达到6人	600	达到5人	500
6人以下	0	5人以下	0

若区域总监或高级区域总监的团队当年季均有效人力达到260人（含）以上，团队年度FYC和季均有效人力的年增长率均达到30%（含）以上，且直辖区季均有效人力和年度FYC在团队中占比达到1/（n+1）（含）以上，则按照团队年度FYC的一定比例计发团队进步奖。其中，n为平级区数量，直辖区业绩和人力包含平级回算，培育第一年回算100%，培育第二年回算70%，培育第三年及以后回算30%。人数和年增长率，各省公司可以根据实际情况进行上调。

团队进步奖 = 当年团队FYC×0.5%×综合业绩贡献系数

综合业绩贡献系数区间为0.5~1.2，默认值为1。综合业绩贡献系数的评价内容包括团队年度业绩目标与人力目标达成情况、直辖区FYC年增长率与季均有效人力增长率等，具体内容由各省级分公司制定。

平安基本法

1. 小组年终奖金。

依小组当年度月平均FYC（含本人FYC，但不含所辖各级行销主任及行销经理的 FYC）及小组当月的年度保费继续率达成情况按表 7 -23 发放小组年终奖金。

$$小组年终奖金 = 当年度本组累计 FYC（含本人，$$
$$不含行销）\times C1 \times C2$$

表 7 -23 小组年终奖金计提比例

本组月平均FYC（元）	C1（%）	继续率	C2（%）
5 000 以下	0	60% 以下	0
5 000（含）~ 10 000	0.60	60%（含）~ 65%	60
10 000（含）~ 15 000	1.00	65%（含）~ 70%	80
15 000（含）~ 25 000	1.40	70%（含）~ 75%	100
25 000（含）~ 40 000	1.60	75%（含）~ 80%	120
40 000（含）~ 60 000	1.80	80%（含）~ 90%	140
60 000（含）以上	2.00	90%（含）以上	160

2. 年终奖金。

关于年终奖金发放的有关规定如下：

（1）年终奖金的发放对象为各级业务主管，新成立的营业单位以实际展业、运作的时间计算年终奖金。如 4 月 1 日晋升的业务主任，当年度年终奖金以 4 ~ 12 月的月平均 FYC 核发。

（2）年终奖金的发放按年底时所任职级计发，如主管在本年度多次升降，以最后一次的职级为计发年终奖金的依据。如业务主任在第三季度考核后降为业务主任以下职级，则不再享受年终奖金。

小组年终奖金：依小组当年度月平均 FYC（含本人 FYC，但不含所辖各级行销主任及行销经理的 FYC）及小组当月的年度保费继续率达成按表 7 - 24 发放小组年终奖金。

$$小组年终奖金 = 当年度本组累计 FYC（含本人，$$
$$不含行销）\times C1 \times C2$$

表 7 - 24 小组年终奖金计提比例

本组月平均 FYC（元）	C1（%）
5 000 以下	0
5 000（含）~ 10 000	0.60
10 000（含）~ 15 000	1.00
15 000（含）~ 25 000	1.40
25 000（含）~ 40 000	1.60
40 000（含）~ 60 000	1.80
60 000（含）以上	2.00
继续率	C2
60% 以下	0
60%（含）~ 65%	60
65%（含）~ 70%	80
70%（含）~ 75%	100
75%（含）~ 80%	120
80%（含）~ 90%	140
90%（含）以上	160

部经理年终奖：分为直辖组及部年终奖金两部分，依表 7 - 25 所列比例计发。

（1）直辖组年终奖金 = 当年度直辖组累计 FYC（含本人，
不含行销）$\times C1 \times C2$

（2）部年终奖金＝当年度营业部累计 FYC（不含直辖组

FYC）×C1×C2

表 7 –25　部经理年终奖计提比例

部月平均 FYC（元）	C1（%）	继续率	C2（%）
100 000 以下	0.40	60% 以下	0
100 000（含）~150 000	0.60	60%（含）~65%	60
150 000（含）~250 000	0.80	65%（含）~70%	80
250 000（含）~400 000	1.00	70%（含）~75%	100
400 000（含）以上	1.20	75%（含）~80%	120
		80%（含）~90%	140
		90%（含）以上	160

总监年终特别奖金：依照总监所辖营业部的年度总成长
FYC（含直属部的 FYC）的 3.5‰计发年终特别奖金。计算公
式如下：

年终特别奖金＝（当年度所辖部总 FYC –

上年度所辖部总 FYC）×3.5‰

太平洋基本法

1. 自 2017 年起，截至每年 12 月，连续任职满 24 个月的业
务总监，若达到以下 3 项条件，可按要求领取总监特别增长奖：

（1）当年度内，业务总监营业区（含各育成区）团队 FYC
同比增长达到 10%。

（2）当年度内，业务总监营业区（不含各育成区）年度月
均健康人力占比达到 25%。

（3）当年12月末，业务总监营业区（不含各育成区）年度新保业务第13月保费继续率达到90%。

2. 每年6月末，对"资深总监"评定荣誉等级，并根据该评定结果，适度提高相应"星级资深总监"的"总监特别增长奖"奖励比例。

（1）参评资质。

截至每年6月末，连续任业务总监职级满24个月，且当月末维持考核达标的"资深总监"。

（2）评选标准。

根据"资深总监"育成营业区数量，评定其荣誉等级（见表7-26）。

表7-26 资深总监等级评选标准

荣誉等级	评选标准
一星级资深总监	直接育成营业区1个
二星级资深总监	累计育成营业区2个，其中直接育成营业区至少1个
三星级资深总监	累计育成营业区3个，其中直接育成营业区至少2个
四星级资深总监	直接育成营业区4个
五星级资深总监	直接育成营业区5个

（3）"星级资深总监"降级为"总监"或以下职级，自降级当月起，不再享受"星级资深总监"荣誉及相关报酬。

（4）"星级资深总监"每年评选一次，上一年度获得"星级资深总监"荣誉等级的，次年度须按照相关规则重新参评。

3. 奖励比率。

自 2017 年起，截至每年 12 月末，符合总监特别增长奖发放条件的在职业务总监，可按照以下比例领取总监特别增长奖：

$$总监特别增长奖 = （本年度营业区 FYC -$$
$$上年度营业区 FYC） × 奖励比例$$

各奖励档次及对应奖励比例见表 7 - 27。

表 7 -27　各奖励档次及对应奖励比例

营业区月均健康人力占比	奖励档次	总监特别增长奖奖励比例
25% ≤健康人力占比 <35%	第一档	6%/5%/4%/3%
35% ≤健康人力占比 <45%	第二档	8%/7%/6%/5%
健康人力占比≥45%	第三档	10%/9%/8%/7%

注：奖励比例分别对应"五星级资深总监/四星级资深总监/三星级资深总监/其他业务总监"，下同。
本年度营业区 FYC、上年度营业区 FYC 均包含业务总监直接、间接育成的各营业区 FYC。

新华基本法

1. 营业组/营业部继续率奖。

根据直辖组/直辖部所有营销员（含业务经理本人）所销售的寿险新契约第 13 个月保费继续率达成情况，按表 7 - 28 核发营业组/营业部继续率奖。计算公式为：

$$营业组继续率奖 = 直辖组/直辖部所有营销员（含业务经理$$
$$本人及直辖组）当月个人继续率奖总额 ×$$
$$比例$$

表 7 -28　营业组/营业部继续率奖计提比例

营业组继续率	比例（%）	营业部继续率	比例（%）
90%≤继续率＜95%	15	90%≤继续率＜95%	10
继续率≥95%	20	继续率≥95%	15

2. 业务经理/营业部经理/总监年终管理分红。

年底时所任级别为业务经理/营业部经理/总监层级人员，根据其年底连续任职业务经理层级的时间内直辖组/部月均 FYC（含业务经理本人及直辖组）达成情况，按表 7 - 29 确定年终管理分红比例。计算公式为：

$$年终管理分红 = 连续任职期间直辖组/部累计 FYC（不含业务经理本人） × 年终管理分红比例$$

表 7 -29　年终管理分红计提比例

直辖组月均 FYC（元）	比例（%）	直辖部月均 FYC（元）	比例（%）
12 000≤FYC＜24 000	1	60 000≤FYC＜120 000	1
24 000≤FYC＜48 000	2	120 000≤FYC＜250 000	2
FYC≥48 000	3	FYC≥250 000	3

友邦基本法

1. 业务经理晋级奖金。

营销员首次晋级业务经理，且在晋级奖金每月统计发放时仍能维持该级别且达到表 7 -30 中的要求，则可获得业务经理晋级奖金。

表 7-30　业务经理晋级要求

业绩/人力要求				晋级奖金 (元/月)
每月直辖 FYC（元）	每月直辖组 活动人次 （不含主管本人）	季度活动 新人人次	季度本人 招募新人人数	
10 000	2	晋级后首季度：0 晋级后第 2～ 4 个季度：2	1	3 000

（1）首次晋级指 2015 年 1 月及以后第一次晋级业务经理，且该营销员在 2014 年 12 月底需为非业务主管级别，以 MOA（业务经理）或 MOM（业务总监）身份签约参加 FT 计划的营销员不能享有业务经理晋级奖金。譬如，某营销员 2014 年 12 月为 MOA1 级别，2015 年 6 月降级为 SA 级别，2017 年 9 月晋级为 MOA1 级别。则该营销员晋级 MOA1 不符合首次晋级要求，不可享有业务经理晋级奖金。

（2）业务经理晋级奖金营销员均只有一次享有机会，且晋级奖金发放最多不超过 12 个月。

（3）每月直辖组活动人次（不含主管本人）指业务主管直辖组内当月达成活动人次要求且于月末仍持有效保险营销员合同书的组员人数。

（4）季度本人招募新人指享有晋级奖金的营销员在当季度本人直接招募的、首次以非业务主管身份与公司签约的非 FT 计划之新进保险营销员人数，且该新人需在晋级奖金考察期末仍持有效保险营销员合同书。

（5）季度活动新人人次指享有晋级奖金的营销员在晋级到该级别之后其本人招募新人在每个季度成为活动人力的次数，且该新人需在晋级奖金考察期末仍持有效保险营销员合同书。

（6）晋级奖金每月统计发放。同时在季度内可以进行第 1～2 个月、第 1～3 个月的通算。若能达到通算要求的，则补发通算期内未发放月份之晋级奖金；若未能达到通算要求的，则不补发通算期内未发放月份之晋级奖金，亦不扣回此前已发放月份之晋级奖金。

（7）晋级后若降级的，则其不再有资格享有业务经理晋级奖金。若降级后能恢复至业务经理的，则可继续享有剩余月份的业务经理晋级奖金，但中断月份的晋级奖金不再追溯。

（8）若发生冷静期退保等全额退保情况，公司将对该保单原先计入的 FYC、对应的活动人次/活动新人人次做相应的扣除。若保险营销员因此丧失达标晋级奖金发放标准的，则公司可取消其此前已享有之晋级奖金金额。

2.“千万”总监俱乐部奖金（执行业务总监、区域业务总监适用）。

执行业务总监和区域业务总监每月可获得其本人营业部 FYC 的 5% 作为“千万”总监俱乐部奖金。

3. 营业部业绩奖金。

如果各级业务总监/区域业务总监本人营业部每月所赚取之 FYC 总额达到表 7－31 中的所列指标，公司将依据该表（X%）在乘以总监个人标准出席率（ATT）对应的调整因子（Y%）后给付营业部业绩奖金（若各级业务总监/区域业务总监本人营业部的月度YFC总额为负数时，则出席率调整因子不再适用）。

表7-31 营业部业绩奖金计提比例

每月本人营业部之FYC总额（元）	营业部业绩奖金（X%×FYC）		
	业务总监（%）	资深业务总监（%）	执行业务总监/区域业务总监（%）
0 < FYC < 150 000	0	0	0
150 000 ≤ FYC < 225 000	4.50	5.50	5.50
225 000 ≤ FYC < 300 000	5.00	6.00	6.00
300 000 ≤ FYC < 450 000	5.50	6.50	6.50
450 000 ≤ FYC < 600 000	5.75	6.75	6.75
600 000 ≤ FYC	6.00	7.00	7.00
个人标准出席率（ATT）	调整因子（Y%）		
ATT < 60%	0%		
60% ≤ ATT	100%		

4. 营业部业绩增长奖金。

各级业务总监/区域业务总监在本财政年度达成营业部业绩最低增长要求后，可获得其本财政年度本人营业部实际FYC较本财政年度营业部FYC目标超出部分的10%，作为营业部业绩增长奖金。

（1）本财政年度营业部业绩最低增长要求=最近连续两个财政年度营业部FYC中较大者×（1+本财政年度业绩最低增长率）。

公司将在每年年初公布当年度营业部业绩最低增长率要求。2017财年的营业部业绩最低增长率如表7-32所示。

表 7 - 32　2017 财年营业部业绩最低增长率要求　　　　　　　　（%）

年初级别	业务总监	资深业务总监	执行业务总监	区域业务总监
2017 财年营业部业绩最低增长率	45	40	40	40

注：年初级别指经过上一个财政年度考核后在本财年初所维持的级别。

（2）本财政年度营业部 FYC 目标为最近连续两个财政年度该营业部实际 FYC 的平均值。

（3）计算营业部业绩增长奖金时，对于年中新委任的业务总监，其营业部下半年的业绩应回计给原上级业务主管营业部。

（4）营业部 FYC 以当年度末营业部统计架构下的计算值为准。

（5）自 2017 财年起，本奖金的发放时间定为次年的 1 月。只有经过一个完整财政年度、且在奖金发放时仍维持 MOM1 及以上级别的总监才可获得营业部业绩增长奖金。

（6）该项奖金制度将视今后业务发展情况每年度进行修订。

5. 营业部活动人力增长奖金。

各级业务总监/区域业务总监在本财政年度达成营业部活动人力最低增长要求后，若本财政年度本人营业部实际月均活动人力较本财政年度营业部活动人力目标有增长，则每超出一名活动人力即可获得 1 000 元作为营业部活动人力增长奖金。

（1）本财政年度营业部活动人力最低增长要求 = 最近连续两个财政年度该营业部实际活动人力中较多者 ×（1 + 本财政年度活动人力最低增长率）。

公司将在每年年初公布当年度营业部活动人力最低增长率要求。2017 财年的营业部活动人力最低增长率要求如表 7 - 33 所示。

表 7 -33　2017 财年营业部活动人力最低增长率要求　　　　　　　　（%）

年初级别	业务总监	资深业务总监	执行业务总监	区域业务总监
2017 财年营业部业绩最低增长率	35	30	30	30

注：年初级别指经过上一个财政年度考核后在本财年初所维持的级别。

（2）本财政年度营业部实际月均活动人力为全年该营业部每月活动人力累计的月平均值（每月活动人力指各级业务总监/区域业务总监营业部内当月达成活动人次要求且于当月末仍持有效保险营销员合同书的保险营销员）。

（3）本财政年度营业部活动人力目标为最近连续两个财政年度该营业部每月活动人力累计的月平均值。但鉴于活动人力的统计规则在各财政年度内可能有所调整，因此在统计活动人力目标时，应按本财政年度的活动人力规则统计过往两年的活动人力月平均值。

（4）计算营业部活动人力增长奖金时，对于年中新委任的各级业务总监，其营业部下半年的活动人力应回计给原上级业务主管营业部。

（5）营业部活动人力以当年度末营业部统计架构下的计算值为准。

（6）自 2017 财年起，本奖金的发放时间定为次年的 1 月，只有经过一个完整财政年度、且在奖金发放时仍维持 MOM1 及以上级别的总监才可获得营业部活动人力增长奖金。

（7）该项奖金制度将视今后业务发展情况每年度进行修订。

6. 区域业务总监年度激励奖金。

具体会以区域业务总监委任函的形式约定。

7. 团体保险津贴与团体退休金津贴。

（1）团体保险津贴（含团体寿险、团体意外及健康险和团体旅行险）。

业务主管可按表7-34所列比例享有其直属保险营销员以及育成之业务主管及其直属保险营销员每月所赚取之第一保单年度团体保险佣金（简写为DTGFYC）作为团体保险津贴。

表7-34　团体保险津贴计提比例

与业务主管本人关系	占该业务主管及其直属保险营销员 DTGFYC 总额（%）
业务主管本人及其直属保险营销员	10
业务主管第一代育成业务主管及其直属保险营销员	5
业务主管第二代育成业务主管及其直属保险营销员	2

①业务主管及其直属保险营销员以及育成之业务主管及其直属保险营销员每月DTGFYC仅适用团体保险津贴的计算，不计入业务主管其他奖金、津贴的计算基数中。

②团体保险津贴根据业务主管与其育成业务主管的育成关系计算并发放。

（2）团体退休金津贴。

业务主管可按表7-35中所示比例享有其直属保险营销员以

及育成之业务主管及其直属保险营销员每月所赚取之第一保单年度团体退休金佣金作为团体退休金津贴。

表7-35　团体退休金津贴计提比例

与业务主管本人关系	占该业务主管及其直属保险营销员所赚取之第一保险单年度团体保险佣金（DTGPFYC）总额（%）
业务主管本人及其直属保险营销员	12.5
业务主管第一代育成业务主管及其直属保险营销员	7.5
业务主管第二代育成业务主管及其直属保险营销员	5

①业务主管及其直属保险营销员以及育成之业务主管及其直属保险营销员每月DTGFYC仅适用团体退休金津贴的计算，不计入业务主管其他奖金、津贴的计算基数中。

②团体退休金津贴根据业务主管与其育成业务主管的育成关系计算并发放。

小结

管理利益主要是各级档主管的利益。主要的项目可分为三个部分：职务津贴、管理津贴和业绩奖。

职务津贴基本上是各层级主管的职级报酬，是主管任职期间的收入，应该按照不同级档确定不同金额，使主管晋升到每个级档都有一个比较稳定的职级收入。而且晋升的级档越高，职务津贴额越高。在整个管理利益中，起到一个职务底薪的作用。

管理津贴是主管的管理报酬，是主管的当期利益，应该与团队的管理效果直接挂钩。最能体现团队管理效果的应该是团队全员劳动生产率、团队保单销售品质（继续率）和团队成员的活动率等。团队管理效率指标越高，主管获得的管理津贴应该越高，否则就低。

业绩奖是主管管理团队的绩效报酬，应该与主管所辖团队的绩效直接挂钩，使主管利益与团队业绩直接捆绑在一起。团队销售业绩越高，主管业绩奖应该越多；否则，应该越少。

管理利益的发放方式、包含因素、计算基数、发放时间、附加条件等对管理利益都有直接的影响，但直接体现公司对主管管理要求的导向。

第 8 章
育成利益

关键词：

队伍分离、育成关系、育成利益、相互关系

育成利益，是指主管培育下属成功晋级所获得的利益。营销队伍是靠招募建立发展起来的。主管招募了新人，建立发展自己的队伍。经过主管的指导、帮助，队伍中优秀的下属也招募了新人，形成自己的队伍，并且凭借优异的业绩和拥有的人力获得相应晋升。在寿险个人代理人队伍发展体系上，将这种晋升称为育成。主管被称为育成主管，晋升者被称为被育成主管。下属晋升，意味着个人成长进步。这其中有个人的努力，也有主管的帮助和培育，因此，育成主管理应获得相应的报酬。这种报酬，体现在对主管育成下属的奖励和补偿上，被统称为育成利益。

队伍分离

队伍分离，是指下属晋升至与主管同职级从原主管直辖团队剥离并解除管理关系。这里面有三个含义：一是必须是主管的下属，二是晋升到与主管同级，三是从原主管直辖团队中剥离。下属主管晋升至与主管同级，意味着二者不再是上下级关系，并解除了原来的隶属关系，形成一个独立于原主管之外的团队，与原主管共同归属上一级主管。寿险行业将这种组织管理关系变化称为团队分离，也有人称为"裂变"。团队分离前、分离后的管理关系详见图 8-1。

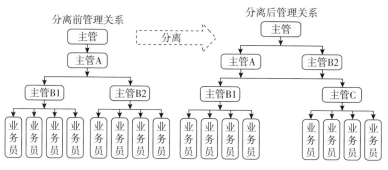

图 8-1　团队分离管理关系变化示意

在图 8-1 中，主管 A 有下属主管 B1 和 B2 及其各自的团队。当主管 B2 晋升至与主管 A 同级时，主管 B2 及其团队便与主管 A 分离，不再隶属于主管 A，而与主管 A 分别归属上一级主管。

若主管 A 在一定时期内晋升至上一级主管，而主管 B2 并未晋升，则主管 B2 及其团队回归主管 A 管辖，重新恢复与主管 A 的管理关系。

若主管 B2 在考核中被降级，则主管 B2 及其团队回归至主管 A 管辖，恢复原来的管理关系。

如果说增员是一个营销团队人力规模的扩张，那么分离就是整个营销组织架构的扩张。因为增员基本上是团队人力规模发展，即使增员再多，也只是一个团队内成员数量的增加，如团队人力从 5 个人发展到 8 个人。而分离才是组织扩张。个人代理人队伍不仅需要实现队伍人力规模发展，还要有新的组织架构产生，即由一个团队分离成两个团队，两个团队分离成四个团队，四个团队分离成八个团队，依此类推，才能形成整个组织的发展。只有队伍人力规模发展而没有组织架构扩张，将是多"兵"少"将"的队伍，会出现超管理幅度导致管理效率低下的问题；而没有队伍人力规模发展，也就不会有团队分离，更不会有组织架构发展。既有队伍人力规模的发展，也有团队的分离，才是营销队伍人力规模和组织机构协调发展。所以，增员是必要的，分离是必需的。

队伍分离，也可以说是主管孵化。因为分离不仅意味着队伍人力规模的发展，更重要的是意味着新主管的诞生，是队伍"兵"和"将"的同时发展。只有这样的发展，才能形成队伍人力与组织架构的协调发展。

另外，如果一个营销团队只是不断地在内部发展人力，队伍虽然可以相对做大，但是没有组织机构扩张，就会出现队伍掌控在少数几个大主管手上的局面，形成队伍管理上潜在的风险。

育成关系

育成，是指主管成功地培养下属获得职级上的晋升。晋升有两种情况：

第一种，晋升后职级低于主管。如主管 A 是中级主管，下属业务员 B 晋升为初级主管，则新晋升主管 B 仍然是主管 A 的下属。

第二种，晋升后与主管平级。如部经理 A 直辖下属组经理 B 晋升为部经理，与部经理 A 形成平级，则新晋升部经理 B 解除与部经理 A 的管理关系。

主管与被育成者之间的关系，在行业内被称为育成关系。育成关系存在的前提是育成主管和被育成主管之间具有管理关系。由于主管与下属的管理关系存在直接管理关系和间接管理关系，因此也就有了直接育成与间接育成关系。

直接（一代）育成关系

直接育成也称一代育成，是指主管直接管理的下属成为被育成主管所形成的育成关系。例如主管 A 直接下属 B 晋升为与主管 A 平级，则视为主管 A 直接育成主管 B。主管 A 与新晋升主管 B 形成直接（一代）育成关系。新晋升主管 B 所属团队被视为主管 A 直接育成团队，详见图 8 - 2。

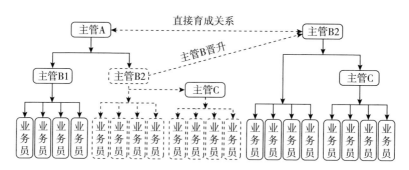

图 8 - 2　直接（一代）育成关系示意

间接（二、三代）育成关系

若被育成主管 B 直辖团队人员 C 晋级为与主管 B 平级主管，则视为主管 A 间接育成主管 C，主管 A 与新晋升主管 C 形成间接（二代）育成关系。新晋升主管 C 所辖团队被视为主管 A 间接育成团队，主管 B 与主管 C 则是直接（一代）育成关系，详见图 8 – 3。

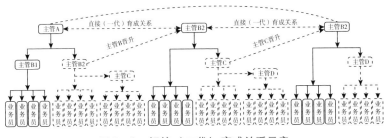

图 8 –3 间接（二代）育成关系示意

若主管 C 直辖人员 D 晋升为与主管 C 同级档主管，则主管 A 与被育成主管 D 形成间接（三代）育成关系，主管 B 与被育成主管 D 形成间接（二代）育成关系，主管 C 与主管 D 形成直接（一代）育成关系。

有限育成利益与无限育成利益

有限，是指对育成利益的支付有条件限制。通常的限定条件是一旦被育成主管的职级超过育成主管，则育成利益立即终止。

无限，是指对育成利益的支付没有条件限制。即一旦确立育成关系，只要育成主管仍然在公司个人代理人管理体系内，育成利益就一直支付。不论被育成主管超越育成主管多少个级别，育成主管一直享有被育成主管的育成利益。如友邦基本法中的"育成奖金"规定："在保持业务主管身份的前提下，业务主管与其育成的业务主管之间的级别高低不影响育成奖金的利益。"

特别保护规定

在现实中，往往会有优秀者脱颖而出，在短时期内晋升超越育成主管，形成其管理关系隶属更上一级主管的状况，并且与更上一级主管形成直接育成关系。但从"血缘"上讲，其仍然隶属于育成主管。为了不影响优秀人才的发展，也为了维护个人代理人这种招募关系的特性，一般寿险公司对这种情况都规定一个特别保护期（通常为 6 个月）。在保护期内，如果育成主管也晋升到与被育成主管相同的级别，则改变被育成主管与更上一级主管的直接育成关系，回归与育成主管的直接育成关系。例如，B 推荐了 C，而 C 先于 B 晋级，则 C 与原直接主管 A 确定为直接育成关系。但只要 B 能在 C 首次晋级后的保护期内也晋级到同级别，则 B 和 C 之间可恢复直接育成关系。而 C 与主管 A 之间直接育成关系则调整为间接育成关系，但育成关系调整之前利益不予追溯。

在特别保护期内如果发生育成关系调整，对于一代、二代育成关系影响相对不是很大。而如果存在三代甚至四代育成关系，则影响相对较大，因为会引起相关层级的育成关系都需要调整。

假设，有主管 A，A 直接下属 X 推荐了 B，B 先于 X 晋升为主管；B 直接下属 Y 推荐了 C，C 先于 Y 晋升为主管；C 直接下属 Z 推荐了 D，D 先于 Z 晋升为主管。在 X、Y、Z 都没晋升，而自己所推荐的人都晋升的情况下，A、B、C、D 之间的育成关系为：A 直接育成 B，B 育成 C，C 育成 D。A 与 B 是一代育成关系，A 与 C 是二代育成关系，A 与 D 是三代育成关系；B 与 C 是一代育成关系，B 与 D 是二代育成关系；C 与 D 是一代育成关系，详见图 8 - 4。

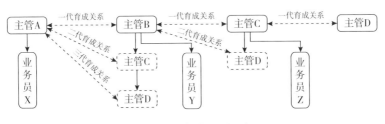

图 8 - 4　育成关系示意

但出现下列情况，则相应的育成关系都要调整。

1. X 在保护期内晋升。

X 是主管 A 的直接下属，而且还是 B 的推荐人。如果 X 在保护期内晋升到与 B 同级别，则相应育成关系需要调整：主管 A 与 X 形成直接育成关系，X 与 B 形成直接育成关系，主管 A 与 B 由原来的直接育成关系调整为二代育成关系，主管 A 与 C 由原来的二代育成关系调整为三代育成关系。主管 A 与 D 由原来的三代育成关系调整为四代育成关系。而 X 与 C 形成二代育成关系，X 与 D 形成三代育成关系。原有的 B 与 C 的直接育成关系，B 与 D 的二代育成关系都不变，详见图 8 - 5。

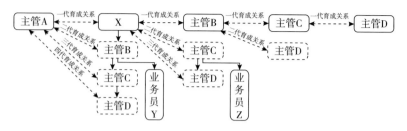

图8-5　X在保护期内晋升育成关系调整示意

2. Y在保护期内晋升。

Y是B的直接下属，而且还是C的推荐人。如果Y在保护期内晋升为与C同级别，则相应育成关系需要调整：B与Y形成直接育成关系，Y与C形成直接育成关系，Y与D形成二代育成关系。而主管A与Y形成二代育成关系，A与C由原来的二代育成关系调整为三代育成关系，A与D由原来的三代育成关系调整为四代育成关系。B与C由原来的一代育成关系调整为二代育成关系，B与D由原来的二代育成关系调整为三代育成关系。而主管A与B、C与D的直接育成关系不变，详见图8-6。

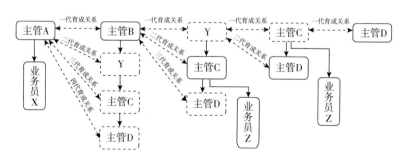

图8-6　Y在保护期内晋升育成关系调整示意

3. Z 在保护期内晋升。

Z 是 C 的直接下属，而且还是 D 的推荐人。如果 Z 在保护期内晋升为与 D 同级别，则相应育成关系需要调整：C 与 Z 形成直接育成关系，Z 与 D 形成直接育成关系。C 与 D 由原来的直接育成关系调整为二代育成关系。主管 A 与 Z 形成三代育成关系，A 与 D 由原来的三代育成关系调整为四代育成关系。B 与 Z 形成二代育成关系，B 与 D 由原来的二代育成关系调整为三代育成关系。而主管 A 与 B、B 与 C 的直接育成关系，A 与 C 的二代育成关系不变，详见图 8-7。

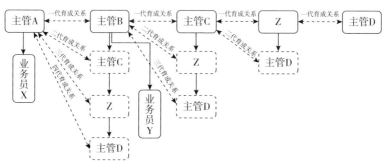

图 8-7　Z 在保护期内晋升育成关系调整示意

育成关系的调整

育成主管降级至非主管职级、转为个人发展系列或解约，其直辖组人员回归其直接招募人；直接招募人已经离司的，回归至原直接招募人上一级招募人，依此类推。如已经无招募人存在的，归属由公司统一安排。

主管的培育关系形成一个价值链，如果其中主管被降职级或解约，那整个价值链中各个育成关系都将发生变化（仍以上面假设为例）。

1. 主管 A 的变化。

当主管 A 被降级、转为个人发展系列或解约，不再履行主管职责时，主管 A 与 B、C、D 之间的育成关系全部终止，但 B、C、D 之间的育成关系不变。

若 A 重新晋升到原来级档，其他主管级档也没有发生变化，通常不恢复 A 与 B、C、D 原来的育成关系。

2. 主管 B 的变化。

若 B 先于 A 晋升为更高一级的主管，则 A 与 B、A 与 C 的育成关系终止。此后，若 B 降级为原职级主管，A 与 B、A 与 C 的育成关系不再恢复。

如果 B 被降级、转为个人发展系列或解约，不再履行主管职责，那主管 A 与 B 的育成关系，B 与 C、D 的育成关系全部终止。但 A 与 C、D 原有的育成关系不变，C 与 D 原有的育成关系不变。

若 B 重新晋升到原来级别主管，其他主管级别也没有发生变化，则 A 与 B 恢复直接育成关系，但 B 与 C、B 与 D 原来的育成关系不再恢复。

3. 主管 C 的变化。

若 C 先于 B 晋升为更高一级主管，则 A 与 C、B 与 C、B 与 D 的育成关系终止。

如果 C 被降级、转为个人发展系列或解约，不再履行主管职责，那主管 A 与 C 的育成关系，B 与 C、C 与 D 的育成关系全部终止。但 A 与 B、D，B 与 D 的原有育成关系不变。

若 C 重新晋升到原来级别主管，其他主管级别也没有发生变化，则 A 与 C、B 与 C 的原有育成关系恢复，但 C 与 D 的原有育成关系不再恢复。

4. 主管 D 的变化。

如果 D 被降级、转为个人发展系列或解约，不再履行主管职责，那 A 与 D、B 与 D、C 与 D 的原有育成关系全部终止。

若 D 重新晋升到原来级别主管，其他主管级别也没有发生变化，则 A 与 D、B 与 D、C 与 D 恢复原来的育成关系。

同时晋升育成关系的认定

主管 A 直辖团队内有 B 和 C，B 推荐了 C。若 B 和 C 同时晋升，则 A 与 B 形成直接育成关系，但 A 与 C、B 与 C 则视下列情况确定彼此之间的育成关系。

1. B 晋升考核指标中不包含 C 业绩。

B 和 C 同时晋升，若 B 晋升考核指标中不包含 C 及其团队业绩，则 B 与 C 形成直接育成关系，A 与 C 形成二代育成关系。

2. B 晋升考核指标中包含 C 业绩。

B 和 C 同时晋升，若 B 晋升考核指标中包含有 C 及其团队业绩，则 B 与 C 不形成育成关系，A 与 C 形成直接育成关系。

育成关系的终止

一般在出现下列情景时，育成关系终止。

1. 育成主管被降级且职级低于被育成主管、转为个人发展系列或离司。

2. 被育成主管降级至非主管职级、转为个人发展系列或离司。

3. 公司有明确的规定被育成主管职级高过育成主管。

育成利益

育成，既是组织架构的扩张，也是个人代理人队伍内管理层级之间利益关系的重新调整。晋升，本属于主管个人的进步，简单地看是一个业务员或主管职级的调整，实际上却是与其相关者之间利益的重新调整。因为通过晋升，晋升者的收入一般都会增加。但由于晋升产生分离，导致原育成主管团队人数、业绩以及收入减少，直接影响到育成主管的切身利益。所以，从客观上讲，育成或分离，对被育成主管是好事，但对育成主管却是管理利益受到直接影响的事。而且级档越高的团队出现分离，对育成主管的利益影响越大。因此，越是职级高的团队，也越难分离。但是，没有育成和分离，就没有组织架构的扩张，所以，分离是个人代理人队伍发展所必须的。由此，保险公司在鼓励团队分离的同时，也会采取对育成主管进行补偿的方式来促进分离。常用的补偿方式主要有以下几种。

继续计提管理津贴

继续计提管理津贴，是指育成团队分离后育成主管按被育成团队业绩继续计提管理津贴的方式。如太平洋基本法中的"育成回归"规定：自晋升当月起的 9 个月内，被育成人所辖业务室/业务部/营业区每月的 FYC 回计入分出团队，育成人按回计后的业务室/业务部/营业区 FYC 计算基本管理津贴、室健康人力管理津贴和室绩优人力管理津贴（但比例逐渐降低）。继续计提管理津贴，可以直接避免主管因育成团队分离导致的管理津贴减少，促进主管支持分离。这种方式实际上是公司直接支付两个管理津贴：既要向新晋升主管支付管理津贴，也要向育成主管支付管理津贴。

继续计提管理津贴的方式，可以分为有时间限制和无时间限制两种。有时间限制，是指继续计提管理津贴只在限定的时间内，如限定在两年内。无限制时间，是指继续计提管理津贴没有时间限制，除非育成关系发生变化。

继续计提管理津贴的方式在管理上比较简单。如果育成主管晋升了，被育成主管回归，成为其下属团队，主管的管理津贴利益不会改变；如果被育成主管被降级了，也是回归育成主管团队，主管的管理津贴利益也不会改变。因此它可以将比较复杂的育成利益简单化处理。

育成津贴

育成津贴，是指专门针对主管育成下属而支付给主管的津贴。由于育成关系有直接育成（一代育成）和间接育成（二代、三代……育成），育成津贴也分为直接育成津贴和间接育成津贴。直接育成津贴，是指支付给主管直接育成下属的津贴。间接育成津贴，是指支付给主管间接育成下属的津贴。

1. 计算方式。

育成津贴的计算一般采用变动金额法，即与被育成主管团队销售业绩直接挂钩，按一定比例支付育成津贴。一般计算公式如下：

$$育成津贴 = 被育成主管直辖团队 FYC \times 津贴支付比例$$

在育成津贴支付比例一定的情况下，被育成团队销售业绩越好，育成主管获得的育成津贴越多，否则就越少。

确定育成津贴的支付比例，基本上从三个方面考虑：一是主管职级，考虑到不同职级的团队业绩规模不同，通常对育成低级档主管的支付比例相对高一些，育成高级档主管的支付比例相对低一些；二是分年期，通常是第一年支付的比例高一些，以后各年支付的比例低一些；三是分类别，一般对直接育成支付的比例高一些，对间接育成支付的比例低一些。

2. 计算基数。

育成津贴一般以被育成主管"当月直辖团队"的业绩为基数。以"当月直辖团队"业绩为基数，关注的是被育成主管未来的团队业绩。未来团队业绩好，育成主管获得的育成津贴就多，否则就少。

3. 开始支付时间。

育成津贴的支付，基本都是自被育成主管晋升当月起，按照其团队 FYC 的一定比例当月支付。如国寿基本法中的"培育津贴"、平安基本法中的"育成津贴"和太平洋基本法中的"育成津贴"，都是自晋升当月起开始支付育成津贴。

4. 支付期间。

育成津贴的支付期间有两种：一种是有限期间支付，另一种是无限期间支付。

有限期间支付，是指对育成津贴支付有一个时间限制。例如限定支付两年，即育成津贴只在两年期限内支付。两年后，即使育成主管与被育成主管仍然存在育成关系，育成津贴也要停止支付。如果在限定期间内育成主管与被育成主管的育成关系不存在了，则育成津贴立即停止支付。有限期间支付只能够保证育成主管一定时期的利益，但公司可以有效控制成本。

无限期间支付，是指只要育成主管与被育成主管存在育成关系，育成主管就一直享有育成津贴。绝大多数公司"基本法"都规定，如果被育成主管职级超过育成主管，育成关系立即终止。育成关系终止，育成津贴也就终止。但也有公司"基本法"规定，即使被育成主管超过育成主管的职级，育成主管对被育成主管团队业绩仍一直计提育成津贴。无限期间支付可以保证育成主管的长期育成利益，但相对会增加公司"基本法"的育成成本支出。

育成奖

育成奖，是指对主管育成下属给予的奖励。育成奖在寿险行业内的各个公司有不同称谓，但实质内容都相同，都是对主管育成下属所给予的奖励。

1. 奖励方式。

育成奖的奖励方式有固定金额法和比例确定法。

（1）固定金额法，是指按被育成主管不同职级给予不同固定金额的奖励办法。只要主管育成直接下属，育成主管就可以享有被育成主管职级相对应的固定金额育成奖。例如，主管 A 分别育成下属 B 和 C，B 和 C 晋升后为同级档，假设该职级育成奖为 5 000 元，则主管 A 分别可获得育成主管 B 和主管 C 育成奖 5 000 元，合计 10 000 元。不同职级育成难度不同，低职级育成难度相对低一些，高职级育成难度相对高一些。因此，不同职级育成奖金额不同，育成低职级主管，奖励金额相对低一些；育成高职级主管，奖励金额相对高一些。

固定金额法是一种当期既得利益方式。只要育成，育成主管立即就可以得到一笔奖励。这种方式对低职级主管比较有利。因为低职级主管管理津贴额不多，稳定性也相对较差，能够一次性获得一笔奖励比长期慢慢获得奖励要现实得多。

（2）比例确定法，是指按被育成主管个人或团队业绩的一定比例确定育成奖的方法。计算公式为：

$$育成奖 = 被育成主管个人或团队 FYC × 比例$$

由于个人或团队业绩的不确定性，即使同一职级育成奖比例相同，主管获得的育成奖也不相同。例如，主管 A 分别育成下属 B 和 C，B 和 C 晋升后为同级别，但各自团队业绩不同。假设 B 团队 FYC 为 50 000 元，C 团队 FYC 为 45 000 元，育成奖计提比例同为 10%，则主管 A 从 B 处获得育成奖 5 000 元，从 C 处获得育成奖 4 500 元，合计 9 500 元。

在比例确定法下，主管获得的育成奖完全取决于被育成主管个人或团队销售业绩。在奖励比例确定的情况下，被育成主管个人或团队销售业绩好，育成奖就多，否则就少。

2. 计算基数。

在比例确定法下，一般都选用 FYC 为基数，但在计算范围上却可以有两种：一种是以被育成主管个人 FYC 为基数，另一种是以被育成主管团队 FYC 为基数。以被育成主管团队 FYC 为基数又分为两种：一种是以被育成主管晋升前一段期间业绩为基数，另一种是以被育成主管晋升后团队业绩为基数。

以个人 FYC 为基数，即育成奖的计算是以被育成主管个人业绩为计算基数。如友邦基本法中的"新主管育成津贴①"，是以"新晋级业务经理过去 12 个月个人 FYC 总额"为基数；平安基本法中的"晋升奖金"以"被育成人晋升前 12 个月个人 FYC

---

① 友邦基本法中的"新主管育成津贴"，称谓上是"津贴"，而实际的内容应该是奖金，故在这里将其划归为育成奖类。

总额"为基数。以被育成主管个人 FYC 为基数，一般因业绩额相对较低，故奖励的比例相对高一些。

以被育成主管个人业绩为基数，关注的是被育成主管过去一段期间的业绩。而被育成主管晋升前一段期间业绩一般都比较好，否则也不会晋升。因此，在这种方式下，育成主管一般会一次性获得相对较大数额的育成奖，是一种短期既得利益。但是，在这种方式下，要求不论是多高职级的主管，个人业绩一定要好，否则育成奖就不会高。而现实往往是职级越高主管个人业绩越不高，育成奖也就不高。

以团队 FYC 为基数，即育成奖以被育成主管团队 FYC 为计算基数。如国寿基本法中的"培育组经理奖"以"新组经理拟组建团队晋升前 6 个月 FYC"为基数。以被育成主管团队 FYC 为基数，一般因不同职级团队业绩不同，育成奖比例可以各个职级都相同，也可以各个职级比例不同。比例相同，被育成主管职级越高，团队业绩越大，育成主管获得的育成奖就越多。比例不同，一般是职级越低，比例相对越高。但往往会造成高职级与低职级主管育成奖差别不是很大，相对来说会影响高职级主管的育成利益。

3. 发放方式。

育成奖不论是以被育成主管个人业绩还是以团队业绩为基数，由于一般是以被育成主管晋升前一段期间业绩为限，已经是过去时，因此所计算出来的育成奖基本上是一个定数，也可以说是个一次性奖励。按照"基本法"规定，其已经是属于主管的利益，只不过是一次性发放给主管，还是分数次发放给主管的问题。

一次性发放，即一次性将育成奖全部发放给育成主管。如平安基本法中的"晋升奖金"规定："给予育成人一次性的晋升奖金，奖金金额为被育成人晋升前 12 个月个人 FYC 总额的 10%"；友邦基本法中的"新主管育成津贴"规定："业务主管可于新业务经理晋级当月一次性获得此新晋级业务经理过去 12 个月（不足 12 个月的以签约月开始）个人 FYC 总额的 12% 作为新主管育成津贴"。对于主管来讲，一次性收取全部奖励，是一个"落袋为安"的既得利益。特别是对于低职级主管来说，在流动性较大的环境下，不用担心如果离司还有一部分利益没有收回。对公司而言，相对于分数次发放而言，也是一次性支付全部奖励成本，如果被育成主管突然大量增加，往往会导致成本支出的大幅增加。

分数次发放，即将育成奖分数次发放给育成主管。分数次发放可分为两种。一种是均衡发放。如国寿基本法中的"培育组经理奖"规定："在新组经理晋升后的 6 个月内按月平均发放"；平安基本法中的"增部奖金"规定："奖金金额为新部经理增部前 12 个月的所辖团队 FYC 的 1%，且该奖金在增部后一年内按月平均发放"。另一种是不均衡发放。如第一次支付较大的比例（如 50%），以后各次可以是均衡发放（如 10%），也可以是不均衡发放（20%、10%、5%）。分数次支付，对于育成主管来讲相对可以形成一定时期内续期收入的积累，增加收入的稳定性。但要等到一定时间才能拿到全部奖励，激励相对不足。而对于公司而言，对其间离司的育成主管可以停止支付该笔奖励，能够有效控制成本。

育成利益基本上是"奖励＋津贴"的方式。奖励是对主管育成下属给予的奖励，津贴基本上是对育成主管管理利益的补偿。这种"奖励＋津贴"的方式构成了育成利益的实质内容。"奖励＋津贴"的力度和方式直接影响到主管的切身利益，直接关系到主管是否愿意让下属育成和分离。"奖励＋津贴"公平合理，就能促进队伍的分离，否则，就会形成阻力。

国寿基本法

1. 培育组津贴。

直接培育津贴：主管直辖组人员晋升为组经理时，自晋升当月起，按新组经理直辖组当月 FYC 的一定比例计发直接培育组津贴。

$$直接培育组津贴 = 直接培育组经理（新组经理）直辖组$$
$$当月 FYC \times 直接培育组津贴比例$$

间接培育组津贴：主管直接培育的组经理的直辖组人员晋升为组经理时，自晋升当月起，按新组经理直辖组当月 FYC 的一定比例计发间接培育组津贴（见表 8 – 1）。

$$间接培育组津贴 = 间接培育组经理（新组经理）直辖组$$
$$当月 FYC \times 间接培育组津贴比例$$

表8-1　培育组津贴计提比例　　　　　　　　　　　　　　　　　（%）

培育关系	A版		B、C版	
	第1年	第2年及以后	第1年	第2年及以后
直接培育组	14	8	13	8
间接培育组	4	4	4	4

2. （处经理）培育处津贴。

直接培育处津贴：主管直辖的组经理晋升为处经理时，自晋升当月起，按新处经理直辖处当月FYC的一定比例计发直接培育处津贴。

$$直接培育处津贴 = 直接培育处经理（新处经理）直辖处当月 FYC × 直接培育处津贴比例$$

间接培育处津贴：主管直接培育的处经理直辖的组经理晋升为处经理时，自晋升当月起，按新处经理直辖处当月FYC的一定比例计发间接培育处津贴（见表8-2）。

$$间接培育处津贴 = 间接培育处经理（新处经理）直辖处当月 FYC × 间接培育处津贴比例$$

表8-2　培育处津贴计提比例　　　　　　　　　　　　　　　　　（%）

	第1年	第2年及以后
直接培育处	5	4
间接培育处	3	2

3. （总监）培育处津贴。

直接培育处津贴：各档区域总监直辖的组经理晋升为处经理

时，自晋升当月起，按新处经理直辖处当月 FYC 的一定比例计发直接培育处津贴。

直接培育处津贴＝直接培育处经理（新处经理）直辖处当
月 FYC×直接培育处津贴比例×主管品质系数

间接培育处津贴：各档区域总监直接培育的处经理直辖的组经理晋升为处经理时，自晋升当月起，按新处经理直辖处当月 FYC 的一定比例计发间接培育处津贴（见表 8－3）。

间接培育处津贴＝间接培育处经理（新处经理）直辖处当
月 FYC×间接培育处津贴比例×主管品质系数

表 8－3　（总监）培育处津贴计提比例　　　　　　　　　　（％）

	第 1 年	第 2 年及以后
直接培育处	6	5
间接培育处	4	3

4. （总监）培育区津贴。

直接培育区津贴：各档区域总监直辖的处经理晋升为区域总监时，自晋升当月起，每月按新区域总监直辖区当月 FYC 的一定比例计发直接培育区津贴。

直接培育区津贴＝直接培育区域总监（新区域总监）直辖区当
月 FYC×直接培育区津贴比例

间接培育区津贴：各档区域总监直接培育的区域总监直辖的处经理晋升为区域总监时，自晋升当月起，每月按新区域总监直辖区当月 FYC 的一定比例计发间接培育区津贴（见表 8-4）。

间接培育区津贴＝间接培育区域总监（新区域总监）直辖区当
月 FYC×间接培育区津贴比例

表 8-4　（总监）培育区津贴计提比例　　　　　　　　　　　　（％）

培育关系	A 版		B、C 版	
	第 1 年	第 2 年及以后	第 1 年	第 2 年及以后
直接培育组	2	1.5	1.5	1
间接培育组	1	0.8	1	0.8

5. 培育组经理奖。

当主管的直辖组人员初次晋升为组经理时，按新组经理
拟组建团队晋升前 6 个月 FYC 的 12% 向该主管发放培育组经
理奖。

培育组经理奖在新组经理晋升后的 6 个月内按月平均发放，
若培育人降级或转系列，则该奖项停发，并不再恢复。

具有推荐关系的业务系列人员在同步晋升的情况下，该奖项
发放给直接培育人。

平安基本法

1. 晋升奖金（业务主任/部经理/总监）。

各级业务主任/营业部经理若直接育成新的业务主任、行销
主任，公司将给予育成人一次性的晋升奖金，奖金金额为被育成
人晋升前 12 个月个人 FYC 总额的 10%。计发时育成人职级须为
主任以上职级。

2. 资深主任养成奖金。

高级业务主任当季直接育成一个营业组及以上，且高级业务主任当季直接增员2人及以上，则可享受资深主任养成奖金。养成奖金为本组及当季直接育成组当季和下季组合计FYC的5%。养成奖金分两次发放：第一次为达到享受条件次季的第一个月，第二次为次次季的第一个月。

需要注意的是：

（1）直接育成营业组时必须为高级业务主任职级，不包含业务主任晋升为高级业务主任同期育成营业组情形。

（2）领取养成奖金时必须为高级业务主任（含）以上职级，如果高级业务主任降级，则养成奖金自职级变动之日起停止发放。如一高级业务主任2014年一季度直接育成一个营业组且有两个直接增员，但其2014年4月1日降级为业务主任，那么其在4月和7月将不能享受养成奖金。

（3）养成奖金的享受次数不受限制，只要直接育成营业组和增员符合条件，即可享受。

（4）二次入司或入司首月非试用职级人员不计入增员数。

（5）一个育成组只参加一次资深主任养成奖金高级业务主任育成组数的计算。

3.（组/部）育成津贴。

（1）直接育成津贴：各级业务主任/营业部经理直辖业务员晋升为业务主任时，自晋升月份起，依晋升的主任本组达成的FYC，按表8-5中所示比例计发直接育成津贴。

（2）间接育成津贴：各级业务主任/营业部经理直接育成的各级业务主任所辖业务员晋升为业务主任时，自晋升月份起，依晋升的主任本组达成 FYC 按表 8 - 5 中所示比例计发间接育成津贴。

表 8 -5　育成津贴计提比例 （%）

	直接育成津贴比例	间接育成津贴比例
第一年	13	6
第二年及以后	8	4

4.（组/部）辅导津贴。

（1）直接辅导津贴：各级业务主任/营业部经理直辖业务员晋升为行销主任或其育成的各级业务主任转任为各级行销主任及经理时，自晋升或转任月份起，依行销主管本人达成 FYC 按表 8 -6 所示比例计发直接辅导津贴。

（2）间接辅导津贴：各级业务主任/营业部经理育成的各级业务主任所辖业务员晋升为行销主任或其育成的各级业务主任转任为各级行销主任及经理时，自晋升或转任月份起，依行销主管本人达成 FYC 按表 8 -6 所示比例计发间接辅导津贴。

表 8 -6　辅导津贴计提比例 （%）

	直接辅导津贴比例	间接辅导津贴比例
第一年	13	4
第二年及以后	8	4

以上育成津贴、辅导津贴两项在计发时如有下列情形之一则停发：

①原主管降级为业务员或离司时。

②原主管转任内勤或转任行销发展系列职级时。

③育成的业务主管和行销主管降为非主管职级时。

5. 育成总监津贴。

各级业务总监所辖营业部经理晋升为业务总监时，自晋升月份起，依晋升的总监所辖部月 FYC 的 2‰ 计提津贴。

6. 增部津贴。

各级营业部经理所辖主任晋升为营业部经理时，自晋升月份起，依晋升的营业部经理营业部达成 FYC 按 3.5% 计发增部津贴。

7. 增部奖金。

各级营业部经理所辖主任晋升为营业部经理时，公司将给予增部人增部奖金，奖金金额为新部经理增部前 12 个月的所辖团队 FYC 的 1%，且该奖金在增部后一年内按月平均发放，计发时该部经理必须在职。

太平洋基本法

1. 一代育成津贴。

业务主管/业务经理/业务总监（育成人）直属的业务人员晋升为业务主任/业务经理/业务总监（被育成人），自晋升当月起，公司根据被育成人及其下辖业务室/业务部/营业区每月 FYC 的比例，向育成人支付一代育成津贴。

2. 二代育成津贴。

业务主管/业务经理/业务总监（二代育成人）一代室育成

的业务主管所直属的业务人员晋升为业务主任/业务经理/业务总监（二代被育成人），自晋升当月起，公司根据二代被育成人及其下辖业务室/业务部/营业区每月 FYC 的比例，向二代育成人支付二代育成津贴。

3. 三代育成津贴。

自 2015 年 4 月起，业务经理或总监（三代育成人）二代部育成的业务经理或总监所直属的业务主任晋升为业务经理（三代被育成人），自晋升当月起，公司根据三代被育成人及其下辖业务部每月 FYC 的 1.75% 向三代育成人支付三代育成津贴（见表 8－7）。

表 8－7　育成津贴计提比例　　　　　　　　　　　　　　　　（%）

支付年期	一代育成津贴比例			二代育成津贴比例			三代育成津贴比例		
	室	部	区	室	部	区	室	部	区
第一年	15	5	1.0	9	3.5	0.5	—	1.75	—
第二年及以后	10	5	1.0	6.5	3.5	0.5	—	1.75	—

4. 育成回计。

业务主管/业务经理/业务总监（育成人）直属的业务人员晋升为业务主任（被育成人），自晋升当月起的 9 个月内，被育成人所辖业务室/业务部/营业区每月的 FYC 回计入分出团队，育成人按回计后的业务室/业务部/营业区 FYC 计算基本管理津贴、室健康人力管理津贴和室绩优人力管理津贴。回计的具体比例见表 8－8。

表8-8　育成回计比例

育成后的月份	比例（%）
第1~3个月	75
第4~6个月	50
第7~9个月	25

新华基本法

1. 育成奖。

育成奖既是对营销队伍中尊师重道行为的褒奖，又是对师承文化中的平等、合作、竞争、超越精神的弘扬。

业务经理（含）以上级别人员直接或间接育成业务经理时，公司按表8-9向育成人计发育成奖。计算公式为：

$$育成奖 = 被育成组 FYC（含被育成业务经理本人）\times$$
$$育成奖比例$$

表8-9　育成奖计提比例　　　　　　　　　　　　　　　　　　　　（%）

育成代数	第一年	第二年及以后
直接育成奖比例	20	6
第二代育成奖比例	6	4
第三代育成奖比例	3	3

第三代育成奖的发放以育成人与被育成人在同一个营业部为计发条件。

2. 增部奖。

营业部经理直接或间接增部时，公司按表8-10向增部人计发增部奖。计算公式为：

$$增部奖 = 新增营业部 FYC（含被增部人本人及直辖组）\times 增部奖比例$$

表 8 – 10　增部奖计提比例　　　　　　　　　　　　　　　　（%）

增部代数	第一年	第二年	第三年及以后
直接增部奖比例	6	4	2
第二代增部奖比例	3	2	1

友邦基本法

1. 育成奖金。

业务主管对于其二代以内（含第二代）的育成业务主管及其直属保险营销员之第一保单年度佣金（DTFYC），每月可按表 8 – 11 中所示比例获得育成奖金。

表 8 – 11　育成奖金计提比例

第一代育成奖金（DTFYC ×X%）			第二代育成奖金（DTFYC ×Y%）
育成第 1 年：15%	育成第 2 年：12%	育成第 3 年及以上：10%	4%

（1）在保持业务主管身份的前提下，业务主管与其育成的业务主管之间的级别高低不影响育成奖金的利益。

（2）若业务主管的第一代育成业务主管解约或降为非业务主管级别营销员，该业务主管与其第二代育成业务主管的利益关系不变，即该业务主管仍按照表 8 – 11 中的"第二代育成奖金"的比例计算育成奖金。

（3）如业务主管之第一代育成业务主管降级为非业务主管后又重新晋级为业务主管，则基于再次晋级后所形成的第一代育成奖金的奖金率 X% 将始终为 10%。

2. 新主管育成津贴。

若业务主管的直辖组内有营销员首次晋级为业务经理（MOA1），则该业务主管可于新业务经理晋级当月一次性获得此新晋级业务经理过去 12 个月（不足 12 个月的以签约月开始）个人 FYC 总额的 12% 作为新主管育成津贴。

3. 育部奖金。

各级业务总监/区域业务总监对于其二代以内（含第二代）育成的营业部之第一保险单年度佣金（AOFYC），每月可按表 8 - 12 中所示比例获得育部奖金。

表 8 - 12　育部奖金计提比例

育成年度	第一代育成营业部 （AOFYC X%）	第二代育成营业部 （AOFYC Y%）
第 1 年及以后	3%	1.5%

（1）在保持业务总监身份的前提下，育成者与其被育成业务总监之间的级别高低不影响育部奖金的计算。

（2）若各级业务总监/区域业务总监的第一代育成营业部主管解约或降为非业务总监级别，则该业务总监与其第二代育成营业部主管之间的利益关系不变。即该业务总监仍按照表 8 - 12 中的"第二代育成营业部"的比例计算育部奖金。

4. 新营业部育成津贴。

若各级业务总监/区域业务总监营业部内有业务主管首次被委任为业务总监，则原营业部主管可按此新业务总监首次被委任时的营业部人力结构，获得其过去 12 个月 FYC 总额的 2% 作为新营业部育成津贴。新营业部育成津贴自新业务总监被委任当月起，分 12 个月平均发放，在发放期间内，需满足双方均仍然维持业务总监的级别的要求。

管理、分离、育成之间的关系

个人代理人队伍特有的发展方式，形成特有的直线型管理模式和下属晋升分离的组织架构扩张方式，并由此产生育成利益。围绕育成利益，使管理、分离、育成构成一个有机整体，形成相互之间内在的关系。

管理与育成

管理，体现主管对所辖团队的管辖和直辖关系。主管自己招募建立团队并开展自主经营管理，自主经营管理的主要任务是增员和销售保单。所以，对于主管而言，通过管理，要做大营销团队；通过育成，要建立更多的团队。管理和育成都是主管的职责所在，也是主管团队自主经营的目的所在。

主管从招募下属开始，经过对下属的管理，最终实现对下属的育成。所以，就管理和育成而言，先有管理，后有育成。没有管理，也就没有育成。

育成取决于管理。主管管理能力强，团队业绩好，育成团队就会多一些，否则，就会少一些。

主管可以用管理促进育成，也可以用管理阻碍育成。因为管理不仅赋予主管管理下属的权利，也赋予主管维护自己切身利益的权利。在符合自己利益的情况下，主管运用管理促进下属育成；在不符合自己利益的情况下，其也可以运营管理手段阻碍育成。

管理关系与育成关系

管理产生主管与下属的管理关系，育成产生主管与下属的育成关系。不论是管理关系还是育成关系，都是主管与下属的关系。就同一个下属而言，先有管理关系，后有育成关系。

管理关系是育成关系的基础。没有管理关系，也就不会有育成关系。但有了育成关系，并不是都会中止管理关系。只有被育成主管晋升到与育成主管平级，同属更上一级主管，二者的管理关系才中止。如果被育成主管晋升后职级低于育成主管，二者虽然产生育成关系，但仍然继续存在管理关系，形成既有育成关系也有管理关系的双层关系。

同时，主管育成下属平级形成的育成关系，虽然中止了管理关系，但也有可能还会回到管理关系。因为被育成主管可能会有考核降级或育成主管晋升到更高层级，在这种情况下，被育成主管都要回归到育成主管团队，重新成为育成主管的下属。所以，主管与下属之间是：管理关系—育成关系—管理关系—育成关系，是一个相互之间随不同情况而变化的关系。

育成与分离

育成是主管与下属建立新型利益关系，分离是被育成主管与育成主管脱离管理关系。

没有关系，也就谈不上脱离关系。或者说，脱离关系的前提是存在某种关系。一般主管与下属具有招募关系、管理关系和育成关系。按照"基本法"的规定，分离与招募、管理都没有关系，只有在特定的育成关系生成后，才发生分离。所以，先有主管对下属育成，后有下属与主管分离，没有育成，也就没有分离。

并不是所有育成都产生分离，只有下属晋升到与主管同职级才产生分离。如果下属晋升后职级低于主管（如部经理直辖组业务员晋升至组经理），下属虽然是被育成主管，但仍然是育成主管的直辖下属，仍然留在育成主管直辖团队，二者不存在分离。只有被育成主管晋升到与育成主管平级，二者分别归属更上一级主管管辖，才出现分离。分离是主管与下属管理关系的中止，也是育成关系的开始，但当育成主管晋升或被育成主管降级时，管理关系还会恢复。只有当育成主管降级，或被育成主管晋升职级超越育成主管，二者的管理关系才会终止。

分离一般不是主管的主观意愿，而是公司组织扩展的手段。因为分离对公司而言是组织架构的增加，对主管而言则是自己团队规模的减小。在寿险营销体系下，任何主管都不会赞同下属分离的同时自己的利益也相对减少。主管为了维护自己的利益，不会阻止下属及其团队发展业绩，以免影响自己的管理利益，但通常会在晋升考核时点前利用职权削减下属主管人力，让下属主管人力达不到晋升要求，以规避分离。因此，公司一般会将对主管育成的要求，设置在对主管晋升的考核中。如要求至少培育1个或多个平级主管团队，主管才能晋升到更高职级。这种机制形成了一种制衡，如果主管有意压制下属晋升的话，自己也很难获得晋升的机会，如果主管不努力继续经营自己的直辖团队的话，又会容易被育成的主管超越。

育成关系与育成利益

育成关系是育成主管与被育成主管所建立的新型利益关系，育成利益是育成主管能够享有被育成主管的利益。

育成关系是育成利益的基础。只有确立了育成关系，才可以享有育成利益。但不同的育成关系，育成利益不同。假设有主管A育成主管B，育成主管A和被育成主管B之间会形成三种育成关系和不同的育成利益。

1. 仍是下属关系。育成后，主管A职级仍高于主管B，则主管B仍然是主管A的下属。在这种育成关系下，主管A的育成利益一般有以下两种情形：

（1）如果主管A计提直辖组管理津贴不再包含主管B及其团队业绩（管理利益减少），则可以提取主管B及团队的直接育成津贴。

（2）如果主管 A 计提直辖部管理津贴包含主管 B 及其团队业绩（管理利益不减少），则在考核主管 A 时，可以将主管 B 统计在主管 A 直辖主管数量内。

2. 形成平级关系。育成后，主管 A 与主管 B 职级形成平级。在这种育成关系下，主管 A 的育成利益一般有以下 4 种情形：

（1）主管 A 继续计提管理津贴。

（2）主管 A 获得育成奖。

（3）主管 A 享受育成津贴。

（4）考核主管 A 时，可以分晋升和维持两种情况区别对待。在维持考核时，可以将主管 B 及其团队业绩、人力回算给主管 A，一般回算期为一年，前半年为 100%，后半年为 50%。如果主管 A 职级较高，可以回算两年，并逐步减少。在晋升考核时，一般只将主管 B 计算成主管 A 育成的主管数，团队人力和业绩都不回算。

3. 形成超越关系。育成后，主管 B 职级高过主管 A，形成超越关系。在这种情况下，主管 A 的育成利益有以下两种情形（取决于公司基本法的规定）：

（1）育成关系存在，但主管 A 育成利益终止。主管 B 及其团队业绩都不计算在对主管 A 的考核内。

（2）育成关系继续存在，育成利益也就继续存在。育成关系就像师徒关系，一经确定，一生相随。不论被育成主管晋升后发展如何，原主管始终都是其直接"师傅"。但育成利益是公司对主管给予的育成报酬，各个公司规定各不相同，有的规定可以

"终身"给予，有的规定在一定条件下会终止。

育成关系是持久的，但育成利益可能是持久的，也可能是有限的。存在育成关系不一定必须有育成利益，但有育成利益一定要存在育成关系。

管理津贴与育成津贴

育成不仅导致分离，还会产生剥离。分离，是被育成主管与育成主管管理关系的中止，当然也直接导致管理利益的中断。剥离，是被育成主管虽然获得晋升，由于职级低于育成主管，仍然留在育成主管的团队，但其团队业绩可能会被从育成主管原直辖团队中剥离出去，导致以直辖团队业绩为基数计提的相关利益受到影响。所以，不论是分离，还是剥离，都会导致育成主管团队业绩减少，从而直接影响主管管理津贴利益。而育成津贴名义上是对主管育成下属支付的津贴，实际上是对主管因育成下属导致管理津贴损失的直接补偿。或者说，主管育成下属后，原来相应的管理津贴利益，转移到新产生的育成津贴利益。因此，育成津贴带给主管的利益能否补偿管理津贴的原有利益，是主管是否愿意育成下属的关键。能够有效补偿，主管会愿意育成以及支持分离；否则，就会阻碍分离。

小结

个人代理人队伍发展，不仅要通过增员实现人力规模的发展，也要鼓励、促进团队主管育成和分离下属，实现组织架构的扩张。育成利益是促进组织架构扩张的利益机制，主要是为了补偿主管育成和分离导致的管理利益"损失"。育成利益设计得好，会促进育成和分离，实现组织机构的扩张；设计得不好，团队很难实现分离，队伍也就很难实现组织机构的扩张。

第 9 章

福利利益

关键词：

基本保险保障、养老保险、长期服务金、其他福利个人代理人与保险公司是委托代理关系，因此，员工制的福利制度不适用于代理人。各个保险公司通过为个人代理人办理团体保险方式提供相应的福利保障，作为个人代理人社保（代理人一般享有城乡居民基本养老保险、医疗保险）的补充部分。这些福利保障就是个人代理人的福利利益。

福利利益是保险公司通过"基本法"为个人代理人建立的一种福利制度，通过提供个人代理人福利，吸引、留住优秀个人代理人。所以，福利利益也是市场上寿险公司个人代理人竞争的一个方面。在个人代理人行业逐步走向成熟，日渐趋于稳定的情况下，个人代理人越是趋向自己的长期利益，福利利益就越是成为个人代理人关注的一个重要方面。

个人代理人的福利利益一般包括：团体意外伤害保险、团体人身保险、团体健康保险、团体养老保险，涵盖了基本的保险保障。有的公司在基本保障的基础上还增加了一些其他福利利益，如长期服务金和休假、体检等福利。

基本保险保障

基本保险保障，是指保险公司为个人代理人提供的日常风险保障。主要有死亡、伤残和医疗风险保障。

保险项目

保险公司基本都是通过自保方式，在自家保险公司为个人代理人投保团体保险。通常有的是为个人代理人定制的产品，也有的是指定公司现有的团体保险。但不论产品名称如何，大体都是以下几种类型的保险。

1. 团体定期寿险。

提供团体定期寿险，主要是为个人代理人在代理期间发生因病或意外伤害造成的死亡提供保险保障。一旦个人代理人在代理期间死亡，保险公司会依据保单条款给付其受益人约定的保险金以作为补偿。

2. 团体意外伤害保险。

提供团体意外伤害险，主要是为个人代理人在代理期间发生因意外导致的伤残提供保险保障。一旦个人代理人在代理期间发生意外伤残事故，保险公司会依据保险条款和行业伤残给付标准赔偿与个人代理人本人约定的保险金。

3. 住院医疗保险。

在医疗保险全民覆盖的情况下，为个人代理人提供住院医疗保险，主要是提供医疗保障补充。个人代理人在享受地方城乡居民基本医疗保险后，不足的部分可以在团体住院医疗保险规定的范围内获得补偿。

4. 重大疾病保险。

提供重大疾病保险，主要是为个人代理人在代理期间发生的重大疾病提供保险保障。一旦个人代理人在代理期间确诊罹患重大疾病，保险公司依据保险条款将给付与个人代理人本人约定的保险金。重大疾病保险经营风险较大，而且保费相对较高，一般保险公司并不为个人代理人提供团体重大疾病保障，目前市场上只有个别公司（如友邦保险）为自己的个人代理人提供团体重大疾病保险保障，而且有比较严格的限制。

保障方式

保险公司基本都是通过自保，即在自家保险公司投保团体保险的方式为个人代理人投保团体保险。对每个个人代理人（被保险人）的保险金额按照统一规则确定，不允许个人选择。确定保障的方式基本上有以下几种。

1. 按职级确定。

按职级确定保障，一般体现在三个方面：一是按职级确定保险保障项目，即确定保险保障项目只有一定层级以上的人员才享有，如平安、新华基本法中都规定，只有正式业务员以上人员才享有疾病身故、意外伤害医疗和住院医疗保险。二是按职级确定保障金额。不同职级的保障金额不同，原则上是职级越高，保障金额越高。三是按风险事件发生时的职级享受保障金额。个人代理人并不是以投保时的职级确定保险金额，而是以发生保险事件时个人代理人的职级来享受保险金额。

2. 按年资确定。

按服务年资确定保障金额，是将个人代理人服务年资和职级两个维度相结合，来确定保险保障金额。基本原则是服务年资越长、职级越高，保险保障金额就越高，否则就越低。太平洋寿险、友邦保险都采用这种方式。个人代理人在代理期间发生保险风险事件时，根据个人代理人出险时所任职级与截至出险时服务年资来确定可享受保障额度。

3. 年龄规定。

各个保险公司对个人代理人享有各类保险保障的年龄有不同的规定。有的公司没有年龄限制，只要是公司的个人代理人，在代理期间都享受保险保障福利。有的公司在保险种类上有年龄限制，一种是对签约时年龄的限制，即在个人代理人与公司签约时，如果年龄超过了规定年龄，就不能享受保险保障福利。如太平洋基本法规定：自 2017 年 4 月 1 日（含）起签约的业务人员，如签约时年龄超过 55 周岁（含），不享受"住院医疗"与"疾病身故/全残"两项短期福利保障。新华基本法规定："签约时年龄低于 45 岁（含）的营销员，各项保障享受时间延续对应规定最高承保年龄时止；签约时年龄在 45 岁以上的各级营销员，不享受住院医疗保障，其他保障享受时间延续至对应规定最高承保年龄时止"。另一种是以发生风险事件时个人代理人的年龄确定是否享受保险保障福利。如友邦基本法以 70 岁为线，70 周岁以下（不含 70 周岁）的保险营销员将根据其级别和服务年资获得对应的定期寿险、意外伤害、重大疾病、女性生育补偿、住院手术和住院津贴（6 项）福利保障。70 周岁及以上的保险营销员将根据其级别、服务年资而获得对应的意外伤害、住院手术和住院津贴（3 项）福利保障。

4. 保险期间。

个人代理人基本保障保险期间为代理期间。只要个人代理人继续在公司从事保险代理工作，而且年龄符合公司基本法对保险保障的规定，就可以一直享受基本保险保障。而一旦个人代理人与保险公司终止代理协议，自提交解约申请或公司向业务人员发出解约通知之日起，保险保障责任即终止。

享有的权益

在保险公司提供基本保险保障福利中，个人代理人享有以下基本权益。

1. 免交保费。

在保险公司提供的基本保险保障中，个人代理人（被保险人）不需要交付保险费，但公司为其支付的保险费也属于个人代理人的劳务报酬所得，因此须与个人代理人当月其他报酬合并后计算应缴纳的税款。

2. 保险金权益。

发生理赔时，死亡保险享有保险金权益的是受益人。按照保险公司的规定，个人代理人未特别声明身故受益人，以其法定继承人为其身故受益人。非死亡保险的权益人，都是个人代理人本人。

3. 免体检。

保险公司给个人代理人提供的基本保险保障，一般都实行免体检。这一方面相对提高了个人代理人的基本保障，另一方面也相应增加了逆选择风险。因为，代理人比一般大众更熟知保险条款，更清楚如何维护自己的权益。

平安基本法

业务人员的四项基本福利保障项目为：

1. 团体人身意外伤害保险。

2. 团体意外伤害医疗保险。

3. 平安团体一年定期寿险。

4. 团体住院医疗保险。

团体保险保障金额如表 9-1 所示。

表 9-1　团体保险保障金额　　　　　　　　　　　　　　　　（元）

职级	保险责任（超 A、A 类）				
	意外残疾	意外身故	疾病身故	意外伤害医疗	住院医疗
试用业务员	100 000	100 000	—	—	—
正式业务员	100 000	200 000	100 000	2 000	40 000

职级	保险责任（超A、A类）				
	意外残疾	意外身故	疾病身故	意外伤害医疗	住院医疗
主任/行销主管	150 000	300 000	150 000	4 000	80 000
经理	250 000	500 000	250 000	8 000	120 000
总监	350 000	700 000	350 000	10 000	160 000

需要注意的是：

（1）试用业务员只享有意外残疾、意外身故保障。

（2）意外残疾与意外身故的累计给付金额以意外身故的保额为限。

（3）意外残疾、意外伤害医疗、住院医疗所对应的保险金额为一个保险年度内所报销的最高金额：其中意外伤害按残疾比例赔付；意外伤害医疗每次免赔100元，100%赔付；住院医疗设置起付线为1 200元，80%赔付。

（4）团体一年定期寿险和团体住院医疗保险因入司前既往病症引起的保险责任除外。

（5）意外住院先通过团体住院医疗进行赔付，对赔付后的剩余金额再按照意外伤害医疗进行赔付。

（6）高年资正式业务员指入司满两年的正式业务员。

业务人员四项基本福利保障项目的保费由公司承担。

业务人员在一年期内，累计赔付金额以最近一次事故发生时职级所对应的保险金额为限。业务人员未特别声明团险身故受益人的，以其法定受益人为其身故受益人。

太平洋基本法

各级业务人员短期福利保障如下所示。

1. 保障标准。

（1）意外身故/残疾，保障标准详见表9-2。

表9-2　意外身故/残疾保障标准　　　　　　　　　　　　　　　　（元）

职级	服务年限 <3年	服务年限 ≥3年，<6年	服务年限 ≥6年，<10年	服务年限 ≥10年
业务员A	20 000	—	—	—
业务员B	20 000	40 000	40 000	40 000
正式业务员	40 000	80 000	100 000	120 000
行销主任	60 000	120 000	160 000	200 000
业务主任/行销经理	100 000	200 000	240 000	300 000
业务经理/行销总监	200 000	400 000	500 000	600 000
业务总监	300 000	600 000	800 000	1000 000

注：服务年限根据业务人员签约时间确定，签约满12个整月计为一年，签约满24个整月计为两年，依此类推。如业务员甲在2011年4月2日签约，则2013年5月1日~2014年4月30日为其服务第3年，2014年5月1日~2015年4月30日为其服务第4年，依此类推，下同。

（2）疾病身故，保障标准详见表9-3。

表9-3　疾病身故保障标准　　　　　　　　　　　　　　　　　　（元）

职级	服务年限 ≥6个整月，<3年	服务年限 ≥3年，<6年	服务年限 ≥6年，<10年	服务年限 ≥10年
业务员B	无	无	无	20 000
正式业务员	20 000	40 000	50 000	60 000
行销主任	30 000	60 000	80 000	100 000
业务主任/行销经理	50 000	100 000	120 000	150 000
业务经理/行销总监	100 000	200 000	250 000	300 000
业务总监	150 000	300 000	400 000	500 000

（3）意外医疗，保障标准详见表9-4。

表9-4　意外医疗保障标准　　　　　　　　　　　　　　　　　　（元）

职级	服务年限 <3年	服务年限 ≥3年，<6年	服务年限 ≥6年，<10年	服务年限 ≥10年
正式业务员	2 000	2 500	2 500	3 000
行销主任	3 000	4 000	5 000	6 000
业务主任/行销经理	7 000	8 000	9 000	10 000
业务经理/行销总监	10 000	12 000	14 000	16 000
业务总监	15 000	16 000	18 000	20 000

（4）住院医疗，保障标准详见表9-5。

表9-5　住院医疗保障标准　　　　　　　　　　　　　　　　　　（元）

职级	服务年限 ≥1年，<3年	服务年限 ≥3年，<6年	服务年限 ≥6年，<10年	服务年限 ≥10年
正式业务员	无	5 000	5 000	5 000
行销主任	5 000	7 000	8 000	10 000
业务主任/行销经理	5 000	10 000	15 000	20 000
业务经理/行销总监	10 000	20 000	25 000	30 000
业务总监	15 000	25 000	30 000	40 000

2. 保险责任。

以上保险责任通过公司统一投保《（2008）团体意外伤害保险》《附加（2008）意外伤害团体医疗保险》《（2009）一年期团体定期寿险》《附加住院团体医疗保险》条款实现。

（1）投保对象对应为"营销人员管理系统"中符合条款承

保规定的在职业务人员。

（2）发生理赔时，根据业务人员出险时所任职级与截至出险时的服务年限确定相应的保障额度。

（3）意外残疾保障依照残疾程度确定给付比例。

（4）意外医疗所对应的保险金额为一个保险年度内的保险金额：其中意外医疗每次免赔 100 元，超过部分 100% 赔付（赔付项目参照当地基本医疗的药品、诊疗以及医疗服务设施目录执行）。

（5）住院医疗所对应的保险金额为一个保险年度内的保险金额：其中每年住院免赔 500 元，超过部分 80% 赔付（赔付项目参照当地基本医疗的药品、诊疗以及医疗服务设施目录执行）。

（6）因业务人员签约前既往病症引起的住院或者疾病身故/全残责任，不在保险责任范围内。

（7）自业务人员提交解约申请或公司向业务人员发出解约通知之日起，以上保险责任终止。

（8）业务人员未特别声明身故受益人，以其法定受益人为其身故受益人。

（9）自 2017 年 4 月 1 日（含）起签约的业务人员，如签约时年龄超过 55 周岁（含），不享受"住院医疗"与"疾病身故/全残"两项短期福利保障（注：按照营销员管理系统中"签约日期"确定）。

3. 总公司每年可根据执行情况对具体保障责任进行调整；

如公司相关险种停办或保险责任发生变化，公司将另行确定投保险种。

新华基本法

营销员的基本待遇项目包括：团体人身意外伤害保险、团体人身意外伤害医疗保险、团体疾病身故保险、团体住院医疗保险。

营销员基本待遇项目的保费由公司承担。

各层级营销员基本待遇的保障项目和保险金额如表 9 - 6 所示。

表9-6 营销员基本保障项目和保险金额 （元）

层级	团体人身意外伤害保险	团体人身意外伤害医疗保险	团体疾病身故保险	团体住院医疗保险
试用/降级营销员	50 000	—	—	—
正式营销员	80 000	2 000	50 000	10 000
行销专务层级	100 000	4 000	80 000	15 000
业务经理层级	200 000	8 000	150 000	20 000
营业部经理层级	400 000	12 000	250 000	50 000
总监层级	600 000	20 000	350 000	60 000

1. 团体人身意外伤害保险、团体人身意外伤害医疗保险、团体疾病身故保险、团体住院医疗保险所对应的保险金额为一个保险年度内累计所赔付的最高限额。

2. 营销员发生保险事故的，以保险事故发生时所任级别享受对应保障。

3. 营销员因先天性疾病及其并发症、签约前已患疾病引起的团体住院医疗保险理赔申请、团体疾病身故保险理赔申请属于除外责任，其他除外责任详见保险条款。

4. 签约时年龄低于45岁（含）的营销员，各项保障享受时间延续对应规定最高承保年龄时止；签约时年龄在45岁以上的各级营销员，不享受住院医疗保障，其他保障享受时间延续至对应规定最高承保年龄时止。

5. 营销员享有的基本福利具体权益以保险合同的约定为准。

营销员在一个保险年度内，累计赔付限额以事故发生时级别所对应的保险金额为限。营销员未特别声明团体人身意外伤害保险、团体疾病身故保险身故受益人的，以其法定继承人为身故保险金受益人。

营销员因考核或其他原因发生级别变化，如对保障项目或保险金额产生影响的，公司将及时调整其基本待遇保险金额。

友邦基本法

1. 公司通过购买团体保险的形式，为保险营销员提供意外伤害、寿险、重大疾病、医疗等保障，保险费由公司承担。若发生保险事故，保险营销员将获得理赔款而无须交税。

（1）70周岁以下（不含70周岁）的保险营销员将根据其级别、服务年资获得对应的定期寿险、意外伤害、重大疾病、女性生育补偿、住院手术和住院津贴的福利保障。

（2）70周岁及以上的保险营销员将根据其级别、服务年资获得对应的意外伤害、住院手术和住院津贴的福利保障。

2. 根据税法及相关规定，公司为保险营销员购买团体保险而支付的保险费也属于营销员的劳务报酬所得，因此须与保险营销员当月的其他报酬合并后计算应缴纳的税款内容。

具体保障项目及保障金额详见表9-7。

表9-7 保险营销员保障项目及保险金额 　　　　　　　　　　　　　　（元）

保障类型	保障项目	基本保险金额				
	连续服务年资	<1年	1~4年	5~9年	10~19年	≥20年
定期寿险（70周岁以下）	正式业务员	无	15 000	25 000	30 000	40 000
	业务经理助理销售经理		45 000		55 000	75 000
	资深业务经理销售经理		75 000		100 000	150 000
	业务处经理资深销售经理		120 000		150 000	200 000
	资深业务处经理销售总监		150 000		200 000	250 000
	业务总监资深销售总监		250 000		300 000	400 000
	资深业务总监		300 000		350 000	450 000
	执行业务总监		350 000		400 000	500 000
	区域业务总监		500 000		550 000	650 000
意外伤害（全体营销员）	正式业务员		30 000		35 000	45 000
	业务经理助理销售经理		45 000		55 000	75 000
	资深业务经理销售经理		75 000		100 000	150 000
	业务处经理资深销售经理		120 000		150 000	200 000
	资深业务处经理销售总监		150 000		200 000	250 000
	业务总监资深销售总监		250 000		300 000	400 000
	资深业务总监		300 000		350 000	450 000
	执行业务总监		350 000		400 000	500 000
	区域业务总监		500 000		550 000	650 000

保障类型	保障项目	基本保险金额		
	连续服务年资	<10 年	10～19 年	≥20 年
重大疾病（70 周岁以下）	正式业务员	无		
	业务经理 助理销售经理	20 000	25 000	30 000
	资深业务经理 销售经理	25 000	30 000	40 000
	业务处经理 资深销售经理	30 000	35 000	45 000
	资深业务处经理 销售总监 资深销售总监 业务总监 资深业务总监 执行业务总监 区域业务总监	40 000	50 000	60 000
女性生育补偿（分娩福利，70 周岁以下）	正式业务员	无		
	助理销售经理 销售经理 资深销售经理 销售总监 资深销售总监 业务经理 资深业务经理 业务处经理 资深业务处经理 业务总监 资深业务总监 执行业务总监 区域业务总监	2 000	2 500	3 000

保障类型	保障项目		基本保险金额		
	连续服务年资		<10 年	10～19 年	≥20 年
住院手术（全体营销员）	正式业务员		无		
	业务经理 助理销售经理	手术费	2 500	3 000	3 800
		药费	800	900	1 300
		杂项费	800	900	1 300
	资深业务经理 销售经理	手术费	3 000	3 600	4 500
		药费	1 000	1 300	1 500
		杂项费	1 000	1 300	1 500
	资深销售经理 销售总监 资深销售总监	手术费	3 500	4 200	5 300
	业务处经理 资深业务处经理 业务总监	药费	1 300	1 500	1 900
	资深业务总监 执行业务总监 区域业务总监	杂项费	1 300	1 500	1 900
住院津贴（全体营销员）	正式业务员		无		
	业务经理 助理销售经理		60	70	90
	资深业务经理 销售经理		80	100	120
	资深销售经理 销售总监 资深销售总监 业务处经理 资深业务处经理 业务总监 资深业务总监 执行业务总监 区域业务总监		100	120	150

以上正式业务员包含参加各项新人计划的普通保险营销员；助理业务经理适用正式业务员级别对应的保障项目与金额；助理业务总监适用资深业务处经理级别对应的保障项目与金额。

以上分娩福利，适用其配偶时，按半数补偿；若夫妻营销员之双方均有资格享有以上分娩福利，则以补偿金额较高一方给付，不累加。

以上"住院津贴"，因同一原因住院的以 180 天为限。且顺产、剖宫产均只适用"女性生育补偿"，是"住院手术"和"住院津贴"的除外责任。具体规定请见团险合同条款。

养老保险

寿险公司为了鼓励个人代理人长期从事销售代理，一般都比照企业年金方式为个人代理人建立养老保险福利制度。但这项福利与其他福利不同，需要参加者自己交付一定的保险费，所以一般规定，符合规定的个人代理人都有资格参加，但是可自愿参加。参加了，个人需要交付保险费，公司也按规定交付保险费；不参加，等于是自己放弃了这项福利。

保障方式

通常，寿险公司都是用购买自家养老保险产品的方式为个人代理人建立养老保险福利制度。有的公司是分红型产品，有的公司是万能型产品。不论用什么产品，都是需经保险监管机构审批或备案的产品，凡参加者都要按照条款规定办理。由于是公司自办福利，各个公司给养老金福利起的名称也就各不相同。平安寿险称为"养老公积金"（包括主管和个人两个部分），太平洋寿险称为"补充养老基金"，新华保险称为"养老补贴"，友邦保险则称为"业务主管管理基金计划"。不论叫什么，其实质内容都是为个人代理人设立的养老金福利制度。

福利对象

养老保险与基本保险不同。基本保险是小概率事件，保费低，保险公司为个人代理人购买团体保险的支出成本相对也低。而养老保险是一种养老金积累，交费相对较高，而且即使参加者达不到满期领取，也会有中途退保，导致保险公司支出相对较高。所以，各个公司为个人代理人建立的养老保险，绝大多数都不是普惠福利，而是要符合公司规定的特定条件者才有资格参加。一般寿险公司会从职级和司龄两个方面设立资格条件。

1. 按职级确定。

按职级确定资格，是指按个人代理人职级来确定是否具有参加养老保险的资格。具体而言就是确定一个职级的底线，在这个职级以上的人员，都具有参加养老金福利的资格。但在具体实施过程中，基本有两种情况：一种是不附条件职级确定，另一种是附条件职级确定。

（1）不附条件职级确定。只要达到规定的职级，就符合参加养老保险福利的资格。平安基本法中的"主管养老公积金"、新华基本法中的"养老补贴"、友邦基本法中的"业务主管管理基金计划"都是按职级但不附条件的养老金福利。

（2）附条件职级确定。在达到了规定的职级后，还要符合一定条件才算合乎参加养老保险福利的资格。即除了到达规定的职级，还要满足一些规定的条件。如太平洋基本法中的"补充养老基金"规定，除了任职主管以外，还要符合年资要求、架构要求、产能要求和考核达标要求。

2. 按司龄确定。

按司龄确定资格，是指按个人代理人司龄确定可以参加养老金福利的资格。如平安基本法中的"个人养老公积金"规定，"司龄十年（含）以上人员"才有资格参加养老金福利。

交费方式

绝大多数寿险公司的养老金福利都是比照企业年金模式，因此交费也分为个人与公司交费两部分。

1. 公司交费。

公司交费，有的公司称为"补贴"，有的公司称为"公司提取"，有的公司称为"公提"，还有的公司称为"公司拨入款项"。不论叫什么，都是公司为个人代理人养老金福利支付的款项，都是公司来交费。公司交费主要有固定交费金额和变动交费金额两种方式。

（1）固定交费金额方式，是指按照不同标准每一期所交费用都是一个固定金额的交费方式。如平安基本法中的"基本养老补贴"规定："考核季内个人累计初年度佣金达到 15 000 元以上的正式职级（含）以上的业务员。基本养老补贴每月在佣金中发放，标准为 300 元/月。"太平洋基本法中的"补充养老基金"的"补贴标准"，是按主管团队年度 FYC 总额区间确定相对固定的"补贴金额"。同一个 FYC 区间的"补贴"金额相对固定，在同一个 FYC 区间内主管获得的"补贴"金额相同。团队年度FYC 总额越大，相对职级主管获得"补贴"的固定金额就越大。

（2）变动交费金额方式，是指按照不同条件和基数对应不同比例确定交费金额的方式。在这种方式下，公司为个人代理人交费的金额受参加者条件、基数和比例各个因素的影响，导致每一期交费金额基本都是变动的。寿险公司一般用以下几项作为交费的条件和基数：

①年资。年资有两个指标，一个是入司年资，另一个是任主管年资。两个指标的区别在于包括和不包括任职业务员期间。两个都可以用作划分比例的区间。

②职务津贴。基本上各个职级都有职务津贴。职务津贴一般是相对稳定的，因此，以职务津贴为基数，公司为主管支付养老金保费相对也是稳定的。职务津贴由于职级不同而不同，高职级主管津贴额高，以此计提的养老金福利额也高。

③管理津贴。管理津贴是主管的管理报酬，以管理津贴为基数更能激励主管管理团队的积极性。不同职级的主管管理的团队规模不同，业绩不同，以此为基数计提养老金福利的金额也就不

同，能够反映出不同职级之间的差异性。

④业绩奖。业绩奖是主管的绩效报酬，以业绩奖为基数，实际上是将养老金福利与主管的绩效报酬直接挂钩。主管的绩效报酬越高，养老金福利就越高。但由于主管绩效报酬波动性较大，会导致养老金福利金额波动也大。

2. 个人交费。

个人交费也分两种方式：固定金额方式和变动金额方式。

（1）固定金额方式，是指只要符合条件，按期交付一个固定金额。如平安基本法中的"个人养老公积金"规定："符合条件人员，每月300元。"同时还规定："司龄十年（含）以上人员（即入司超过120个月），且上季度月均FYC达到H＋、超A类的要求，保费由公司承担，按月提取。"

（2）变动金额方式，是指跟随公司交费基数，但交付比例不同的个人交费方式。交费比例有两种方式。一种是固定交费比例方式，即跟随公司变动交费金额基数，但不分区间，只确定一个固定交费比例，养老金福利金额只是随着基数的变化而变动。如平安基本法中的"主管养老公积金"、新华基本法中的"养老补贴"都是这种方式。采用这种方式可能带来的问题是，在某个层级，个人交费金额可能会大于公司交费金额。另一种是变动交费比例方式，即划分基数区间，对应不同的缴费比例。

在养老金福利制度中，也可以设计个人不交保费。一种观点认为，养老金是公司的一种福利，因此不需要个人交费。另一种观点认为，既然是养老金，为的是未来养老需要，因此也要"强迫"个人"积攒"一部分，这样才能起到养老金的效果。

基金管理模式

对于养老金福利基金的管理，寿险公司按照所投保保险产品的不同，实行不同的管理模式。

1. 保单管理模式。

如果寿险公司投保的是普通团体商业养老保险产品，则要按照产品管理规则，实行保单管理模式，即不论是个人还是公司交付的保费，都形成产品的责任准备金。准备金就是这笔养老金福利基金的时点总额。保险公司按照监管部门规定管理责任准备金，参加者各个年度养老金福利积累额就是年度个人准备金金额。参加者退出都是按满期、退保规则办理。

2. 分账户管理模式。

养老金福利基金也可以实行分账户管理。一般有以下两种分账户管理模式。

（1）个人账户管理模式。这种管理模式是为每一个参加者设立个人账户，在个人账户下分为"公司交费"和"个人交费"账户。每次交费，将个人交费和公司交费分别计入个人账户中的"公司交费"和"个人交费"账户。年度投资收益也是分别计入"公司交费"和"个人交费"账户。中途退出或满期领取也是以个人账户中的"公司交费"和"个人交费"余额为基数。

（2）按交费分不同账户管理。这种管理模式是用个人交费与公司交费分别购买不同产品或相同产品，形成个人交费产品和公司交费产品两个产品构成养老金福利的情形。在每个产品中都有参加者个人账户，随着交费的增加，个人和公司产品中个人账户余额也会增加。投资收益直接分配到个人账户。满期或中途退出，分别按产品规定领取个人账户余额。如友邦基本法中的"业务主管管理基金计划"，将个人交费全部款项用于购买"友邦长盛团体年金保险（万能型）"，将公司交费用于购买"友邦长盛团体年金保险（万能型）"。

给付

养老金福利给付分以下几种情形。

1. 满期。

因为是养老金福利，一般公司都有领取年龄的规定，通常与国家法定退休年龄（男 60 岁，女 55 岁）保持一致。但也有公司有最低服务年限规定。如友邦基本法中的"业务主管管理基金计划"规定："服务满 10 周年年逾 55 足岁的女性参加者或服务满 10 周年年逾 60 足岁的男性参加者"方可以领取满期养老金福利。给付方式可以是一次性给付，也可以按年金给付。

2. 死亡、伤残。

若个人代理人在代理期间发生因疾病或意外死亡或伤残不能继续从事销售代理工作，养老金福利不论是个人交费部分还是公司交费部分，都全额支付给本人或继承人。若参加者身故时超过领取年龄，则以投保保险产品条款规定领取保险金。

3. 离司。

若参加者离司，可以选择退保。对于个人交费部分，在扣除相关退保费用后全额退给参加者。而对于公司交费部分，则依照不同年资不同比例给付归属个人部分，余下部分归公司所有。

4. 犯法、违规。

若参加者在代理期间违犯法律法规、《委托代理合同》或公司管理规定，被公司解除《委托代理合同》的，则其养老金福利只可以领取个人交费部分。

平安基本法

1. 养老公积金。

（1）养老公积金适用人员：

①主管养老公积金：主任（含）以上人员及行销主管人员，保费由公司与业务员共同依比例承担，按月提取。

②个人养老公积金：司龄十年（含）以上人员（即入司超过120个月），且上季度月均FYC达到H＋、超A类的要求，保费由公司承担，按月提取。

③业务人员若同时符合以上两种提取条件的可以兼得。

（2）养老公积金提取方式：

①主管养老公积金：

A. 各级行销主任及行销经理：每月展业津贴×提取比例。

B. 各级主任：每月直接管理津贴×提取比例。

C. 经理和总监：（每月直接管理津贴＋每月经理津贴）×提取比例。

提取比例如表9-8所示。

表9-8 主管公职金提取比较 (%)

年资	自提部分	公司提取部分
36个月（含）以下		3
37~60个月（含）		5
61~96个月（含）	6	7
97~120个月（含）		9
121个月（含）以上		10

注：业务人员在任主任以上（含）职级期间，按月扣缴；年资的计算以累计主任及以上职级的时间为准。

②个人养老公积金：符合条件人员，每月300元。

养老公积金将由分公司统一购买"平安退休/养老团体年金保险（分红型）"。根据国家税务总局规定，在投保团体养老保险之前，用于支付保费的养老公积金必须和业务人员当月税前收入一同纳税。

（3）养老公积金支付规定：

①支付标准：

A. 主管养老公积金：业务人员离司时，若选择退保，所购买的养老公积金自提部分扣除计划终止费后全额退给其本人，公提部分扣除计划终止费后依照业务员任主管的年资按比例退还其已归属个人部分。

按比例支付业务人员公提公积金时，任主管年资以累计年资计算，具体如表9-9所示。

表9-9　业务员离司公提部分公积金支付比例　　　　　　　　　　（％）

任主管年资	支付比例
60个月（含）以下	0
61~72个月（含）	20
73~84个月（含）	40
85~96个月（含）	60
97~108个月（含）	80
109个月（含）以上	100

B. 个人养老公积金：个人养老公积金权益全部归属个人，可在其离司时选择退保（需按条款约定扣除相应的计划终止费）。

②业务人员离司时，若选择保留保单有效，对于已归属个人部分，应通过营销管理部向养老险业务部门提出保单转保留申请。

③业务人员若在约定领取年龄之前因疾病或意外而死亡或致残不能继续从事代理工作，养老公积金公提和自提两部分所购买的养老公积金全额支付给本人或其继承人。若业务人员身故时超过领取年龄，则依条款约定领取保险金。因伤残不能继续从事代理工作而申请养老公积金的，需由本人申请，公司批准。

④业务员离司时，若达到法定退休年龄（男性业务人员年逾60周岁，女性业务人员年逾55周岁）时，且已经到领取时间，则可以给付养老公积金，给付方式默认为一次性给付。实际给付时可根据业务人员要求变更给付方式。

⑤业务人员转任公司内勤后，按公司内勤福利保障办法执行，

不再提取外勤的养老公积金，也不再享受外勤的四项基本福利保障。已提取公积金的处理参照离司人员养老公积金的处理方式。

2. 基本养老补贴。

基本养老补贴的适用人员为：

（1）业务主任（含）以上职级的主管。

（2）考核季内个人累计初年度佣金达到 15 000 元以上的正式职级（含）以上的业务员。

基本养老补贴每月在佣金中发放，标准为 300 元/月。

考核与享受基本养老补贴资格变动情况：

（1）在第一个考核季内个人累计初年度佣金达到 15 000 元的业务员，第二个考核季可享受公司提供的基本养老补贴；如在第二个考核季内维持上述佣金标准，则第三个考核季继续享受；如果第二个考核季没有达到上述佣金标准，则第三个考核季不再享受。

（2）新晋升的业务主任，经过一个考核季依旧维持主任职级，自第二个考核季开始享受基本养老补贴；如果第二个考核季经考核降为业务主任以下职级者，自降级之日起不再享受基本养老补贴。

太平洋基本法

符合条件的业务经理及以上职级人员可享受补充养老补贴。

1. 适用对象。

（1）业务经理。

自 2013 年起，截至每年 12 月末，任业务经理职级且符合以下条件的人员：

① 年资要求：截至当年 12 月末，签约满 3 年且连续任"经理"或以上级别满 1 年。

② 架构要求：截至当年 12 月末，辖属 4 个正式业务室（含直辖室，不含筹备室，当年 12 月末须达到"主任"职级维持考核标准）。

③ 产能要求：部当年度 FYC 达到 35 万元。

④ 考核达标要求：

A. 对于 12 月末参加维持考核的业务经理，12 月末考核须至少维持在"经理"职级。

B. 对于 9 月末参加维持考核的业务经理，须符合以下两个条件之一：

- 9 月末维持考核须至少维持在"经理"职级。
- 9 月末维持考核未达标且进入"观察期"的业务总监，12 月末考核达标并成功退出"观察期"。

（2）业务总监。

自 2013 年起，截至每年 12 月末，任业务总监职级且符合以下条件的人员：

① 架构要求：截至当年 12 月末，直辖部辖属 4 个正式业务室（含直辖室，不含筹备室，当年 12 月末须达到"主任"职级维持考核标准）。

② 产能要求：直辖部当年度 FYC 达到 35 万元。

③ 考核达标要求：

A. 对于12月末参加维持考核的业务总监12月末考核须维持。

B. 对于9月末参加维持考核的业务总监，须符合以下两个条件之一（如业务总监考核未达到以下任一要求，仅可按业务经理标准享受补充养老补贴）：

- 9月末维持考核须维持。
- 9月末维持考核未达标且进入"观察期"的业务总监，12月末考核达标并成功退出"观察期"。

2. 补贴标准。

对于符合条件的业务主管，公司将根据其所任职级以及团队年度 FYC 分档确定"补充养老基金"补贴标准，并于次年一季度内按此补贴标准为业务主管购买养老保险（投保产品为"群英团体年金保险（分红型）"，若该产品停办或投保方案调整，公司将另行通知）。所涉及的应缴税金，由业务人员个人承担，并根据国家相关税务规定，与办理当月税前收入一并纳税（见表9-10）。

表9-10　业务主管补充养老基金补贴款

职级	团队 FYC 分档	补贴标准（元）
业务总监	区年度 FYC≥320 万元	13 000
	220 万元≤区年度 FYC<320 万元	11 000
	区年度 FYC<220 万元	9 000
业务经理	部年度 FYC≥75 万元	7 000
	55 万元≤部年度 FYC<75 万元	6 000
	35 万元≤部年度 FYC<55 万元	5 000

注：如业务经理年度部 FYC 达到 220 万元以上且符合以上"业务经理适用对象"的其他条件，可享受业务总监对应档次的补贴标准。

新华基本法

营销员养老补贴的费用由公司与营销员按比例共同承担。

1. 享受条件：营销员任行销专务（含）以上级别时可享受养老补贴。

2. 养老补贴提取标准：

（1）行销专务层级：本人当月行销专务责任津贴×（自提比例＋公提比例）。

（2）业务经理层级：本人当月业务经理管理津贴×（自提比例＋公提比例）。

（3）营业部经理层级、总监层级：（本人当月营业部经理直辖津贴＋本人当月营业部经理管理津贴）×（自提比例＋公提比例）。

3. 养老补贴提取比例：

依据营销员的连续履约时间，按表9-11确定养老补贴的提取比例。

4. 养老补贴按月提取，不计利息。

表9-11　养老补贴提取比例　　　　　　　　　　　　　　　　（%）

连续履约时间	自提比例	公提比例
71个月以内		5
72个月~119个月	5	6
120个月~179个月		7
180个月（含）以上		8

5. 养老补贴领取办法。营销员达到一定年龄（男性≥60周岁，女性≥55周岁）或解约并办妥相关手续后，可申请领取养

老补贴。养老补贴领取额度按照表9－12执行。

表9－12　养老补贴领取额度

累计计提月数	发放金额（元）
35个月以内	自提总额
36个月～47个月	自提总额＋公提总额×30%
48个月～59个月	自提总额＋公提总额×40%
60个月～71个月	自提总额＋公提总额×50%
72个月～83个月	自提总额＋公提总额×60%
84个月～95个月	自提总额＋公提总额×70%
96个月～107个月	自提总额＋公提总额×80%
108个月（含）以上	自提总额＋公提总额×100%

注：营销员申请领取养老补贴后，不再参与计提；营销员可申请不参与养老补贴计提；营销员若因违反法律法规、委托合同或公司管理规定，公司解除委托合同的，则其养老补贴的领取额度仅限个人自提部分。

友邦基本法

业务主管管理基金计划如下所述。

1. 参加者资格：业务主管自愿参加。凡与公司正式签有有效的业务主管合同书之业务经理、资深业务经理、业务处经理、资深业务处经理、助理业务总监、业务总监、资深业务总监、执行业务总监、区域业务总监，均有资格参加本计划。

2. 交费方式：分为业务主管个人缴付与公司提拨两部分。

（1）交费基数为业务主管月度管理奖金和年度管理奖金之和。

（2）业务主管个人交付部分：公司于每月奖金津贴发放之日在参加者税后所得中提取本计划交费基数的5%，纳入个人交付账户。

（3）公司提拨部分：公司每月亦按表9-13所示比例提拨款额交入公司提拨账户。

表9-13　公司提拨部分的金额 （元）

业务主管年资	公司拨入款额
未满5年	提拨基数之3%
满5年~未满10年	提拨基数之5%
满10年及10年以上	提拨基数之7.5%

本计划内，业务主管年资指参加者作为公司业务主管之连续服务年资，以完整年计算。

若因任何原因而发生业务主管管理基金多交入或误交入参加者之名下时，公司将于次月做出调整。

参加者为资深业务总监时，公司将以2倍的提拨比例提拨款额；参加者为执行业务总监、区域业务总监时，公司将以3倍的提拨比例提拨款额。

3. 管理：本计划管理基金账户中的个人交付部分和公司提拨部分按以下方式管理。

（1）个人缴付账户：全部款额用于购买"友邦长盛团体年金保险（万能型）"。

（2）公司提拨账户：按表9-14中对应的比例提拨款额用于购买"友邦长盛团体年金保险（万能型）"。

按表9-14中的计算金额购买"友邦长盛团体年金保险（万能型）"后，如参加者的公司提拨账户仍有余额，则该部分款项在未支付前，所有权归属公司。

表 9-14　公司提拨账户的对应提拨款额

本计划参加时间	应得比例（%）
未满 3 年	0
满 3 年～未满 5 年	25
满 5 年～未满 8 年	50
满 8 年～未满 10 年	75
满 10 年及 10 年以上	100

本计划的投资组合、投资全额、收益分配等均由公司全权决定，而参加者亦按其名下款额所占总款额之比例分担投资损益。

4. 支付。

（1）个人缴付账户及其投资损益支付：

本计划不论在何种情况下，关于该参加者其个人缴付账户及其投资损益之总额，公司将按"友邦长盛团体年金保险（万能型）"合同的约定予以支付。

（2）公司提拨账户及其投资损益支付：

①服务满 10 周年年逾 55 足岁的女性参加者或服务满 10 周年年逾 60 足岁的男性参加者。

②参加者按"友邦长盛团体年金保险（万能型）"合同的约定领取养老保险金（经其申请后领取，此申请随时可以提出）。领取后，本计划终止，不再产生新的业务主管管理基金。

③暂不领取名下的业务主管管理基金款额及其投资损益，业务主管管理基金继续根据本计划之交费办法交入该参加者之名下。在该参加者"业务主管合同书"终止时，公司将按"友邦长盛团体年金保险（万能型）"合同的约定给付该参加者养

老保险金。

④如参加者死亡，或因疾病伤残而不能继续公司保险销售工作，该参加者的公司提拨账户中用于购买"友邦长盛团体年金保险（万能型）"部分，按"友邦长盛团体年金保险（万能型）"合同的约定予以给付。

⑤如公司提拨账户中用作其他投资及投资损益有余额，将全部支付给该参加者或其法定继承人。

⑥参加者与公司的业务主管合同书终止，该参加者的公司提拨账户中用于购买"友邦长盛团体年金保险（万能型）"部分，按"友邦长盛团体年金保险（万能型）"合同的约定予以给付。

⑦如公司提拨账户中用作其他投资及投资损益有余额，将归公司所有。

⑧参加者因犯罪，或违犯有关法律与法规，或违反公司规定被公司终止《保险营销员合同书》，该参加者的公司提拨账户中的款项［包括为该参加者购买"友邦长盛团体年金保险（万能型）"及公司用于其他投资及其投资损益部分］，除法律另有规定外，将全部拨归公司所有，公司将概不支付该款项予该参加者。

5. 会计年度：本业务主管管理基金的会计年度为每年的 1 月 1 日至 12 月 31 日。

6. 个人所得税及其他税务责任：参加者应按照国家或地方有关税法之税收规定，对业务主管管理基金数额缴纳个人所得税。参加者按本计划参加时间所对应之应得比例确定的数额，计入当月收入中一并计算缴纳个人所得税。其他相关税赋，公司也将根据当时适用的法律予以代扣代缴，税后部分用以购买"友邦长盛团体年金保险（万能型）"。

长期服务金

长期服务金是寿险公司鼓励个人代理人为公司长期服务而设立的一种奖励，其不同于养老金福利的地方在于：个人不需要交费，符合条件一次性领取。

资格

各公司对于享有长期服务金资格的人员有不同规定，大体分为两种：

1. 无条件。

无条件是指所有正式业务员以上人员都享有长期服务金资格。如太平洋基本法规定正式业务员及以上职级人员都有享受长期服务金的资格。

2. 有条件。

有条件是指只有符合一定条件的个人代理人才可以享有长期服务金的资格。规定的条件一般限定在对于某些产品的长期销售上。如平安和友邦基本法都规定：销售并持续收取某一份公司指定的保险合同6年及6年以上之保险费的保险营销员，才具有享受长期服务金的资格。

奖励资金

长期服务金奖励资金，一般有以下两种方式。

1. 积累方式。

积累方式，是指长期服务金按照一定基数计提形成个人积累额的方式。如太平洋基本法中的"长期服务津贴"规定："按照月末在职业务人员当月所任职级、个人（团队）无佣期保单续期保费确定长期服务津贴的计提金额。"

2. 非积累方式。

非积累方式，是指不需要个人积累，对符合条件人员一次性给予一笔长期服务金的方式。新华基本法中的"职业成就礼金"就属于这一种。只要在公司服务到规定年限（15 年、20 年），公司就一次性给予一笔长期服务金作为奖励。

支付

长期服务金支付一般分三种情景。

1. 到期。

享有长期服务金资格的人员到了公司规定的年龄或连续服务年期，就可以全额享有长期服务金。具体有三种情况：

一是达到规定的年龄。通常是跟随国家法定退休年龄，到达法定退休年龄，就可以享有长期服务金。

二是达到服务年期要求。因为是长期服务金，一般规定一个连续服务时间，如 15 或 20 年，达到了规定的连续服务时间，就可以享受长期服务金。

三是服务年期 + 退休年龄。将服务年期和年龄共同作为领取条件，即到了法定退休年龄，也要符合规定的连续服务年期才能享有长期服务金。

2. 伤残。

若享有长期服务金资格的人员在代理期间因病或伤残而不能继续从事代理工作，通常结合已经服务公司年限，按照规定比例领取名下的长期服务金。

3. 死亡。

若享有长期服务金资格的人员在销售代理期间因病或意外死亡，其名下长期服务金如果有指定受益人的，给予受益人；如果没有指定受益人的，给予其法定继承人。

平安基本法

1. 长期服务奖的会员资格。

（1）会员资格的取得：凡推销并持续收取公司某一份寿险保单 6 年及 6 年以上之保险费的业务人员，即可成为长期服务会员。

（2）会员资格的终止：当长期服务会员发生下列情况中任何一项时，其会员资格将被终止：

①经公司证实，该业务人员因病或伤残而不能继续从事代理工作。

②该业务人员死亡。

③该业务人员终止或被终止《保险代理合同书》。

2. 长期服务奖金的交付。

若业务人员达到当月 FYC ≥ 600 元（不含综合开拓佣金），公司每月将以业务人员当月所收的本人所推销寿险保单之第 6 年及 6 年以上之保单年度保险费的 2% 交入本计划，作为该业务人员所交的长期服务奖金份额。

3. 长期服务奖金的管理。

（1）长期服务奖金将由分公司统一购买"平安退休/养老团体年金保险（分红型）"。根据国家税务总局规定，在投保养老保险之前，用于支付保费的长期服务奖金必须和业务人员当月税前收入一同纳税。当地养老险分公司将每月为每个账户提供一份清单，并在个险业务人员的佣金明细表中体现出账户余额。

（2）在会员资格尚未终止前，任何业务人员不得提取、索偿、转让或申借长期服务奖金。任何业务人员若对公司欠有债务或因舞弊而对公司造成损失，于其会员资格终止时，在其应得的长期服务奖金数额中予以扣除。

（3）养老险对每月长期服务奖所购买的团体分红险收取的管理费用为 1%。

4. 长期服务奖金的支付。

（1）当男性业务人员年逾 60 周岁，女性业务人员年逾 55 周岁并终止会员资格时，公司应将截至其保险代理合同书终止日前一月底该业务人员名下的长期服务奖金，于合同终止日起的三个月内全额支付给业务人员本人。

（2）经公司证实，该业务人员因病或伤残而不能继续从事代理工作从而终止会员资格时，公司应将截至其保险代理合同书终止日前一月底该业务人员名下的长期服务奖金，于合同终止日起的三个月内全额支付给业务人员本人。

（3）该业务人员死亡而终止会员资格时，公司应将截至其保险代理合同书终止日前一月底该业务人员名下的长期服务奖金，于合同终止日起的三个月内全额支付该业务人员的法定继承人。

（4）当业务人员因除上述三款所列原因外的其他原因而终止或被终止会员资格时，公司应将截至其保险代理合同书终止日前一月底该业务人员名下的长期服务奖金，于合同终止日起的三个月内根据业务人员的服务年限按表9-15所示比例给该业务人员本人。

表9-15 业务人员应得长期服务奖金比例 （%）

未间断之服务年数	应得长期服务奖金比例
72～83个月（含）	15
84～95个月（含）	25
96～107个月（含）	50
108～119个月（含）	60
120～131个月（含）	70
132～143个月（含）	80
144～155个月（含）	90
156个月（含）以上	100

太平洋基本法

为鼓励业务人员长期优质服务，公司为正式业务员及以上职级人员建立了长期服务津贴账户，并根据业务人员解约时在我司的连续服务年限确定最终提领金额。

1. 计提方式。

结算每月佣金时，按照月末在职业务人员当月所任职级、个人（团队）无佣期保单续期保费确定长期服务津贴的计提金额。

（1）正式业务员及行销主管。

$$个人长期服务津贴当月计提额度 = 个人当月缴费成功的无佣$$
$$期保单续期保费 \times 2\%$$

（2）业务主任。

业务主任长期服务津贴当月计提额度 = 个人长期服务津贴当月计提额度 + 业务室（不含本人）正式业务员及以上职级人员当月缴费成功的无佣期保单续期保费 $\times 0.5\%$

（3）业务经理。

业务经理长期服务津贴当月计提额度 = 个人长期服务津贴当月计提额度 + 直辖业务室（不含本人）正式业务员及以上职级人员当月缴费成功的无佣期保单续期保费 $\times 0.5\%$ + 业务部（不含本人及直辖业务室）正式业务员及以上职级人员当月缴费成功的无佣期保单续期保费 $\times 0.1\%$

（4）业务总监。

业务总监长期服务津贴当月计提额度 = 个人长期服务津

贴当月计提额度＋直辖业务室（不含本人）正式业务员及以上职级人员当月缴费成功的无佣期保单续期保费×0.5%＋直辖业务部（不含本人及直辖业务室）正式业务员及以上职级人员当月缴费成功的无佣期保单续期保费×0.1%＋营业区（不含本人及直辖业务部）正式业务员及以上职级人员当月缴费成功的无佣期保单续期保费×0.01%

2. 计提范围。

（1）计提起始月以及可计提险种：根据不同机构执行本规定的起始时间，参照公司的相关文件执行。

（2）自业务人员提交解约申请当月或公司向业务人员发出解约通知当月起，不再计提长期服务津贴。

3. 领取方式。

业务人员在每年年末可领取当年长期服务津贴计提额度的50%，剩余部分将在业务人员解约时根据其在公司连续服务年限按比例发放。具体提领比例如表9-16所示。

表9-16 业务人员长期服务津贴提领比例 　　　　　　　　　　（%）

连续服务年限	提领比例
5年以下	50
5~9年	75
10年及以上	100

注：业务人员的服务年限是指自业务人员签约当月起，至其提交解约申请或公司向其发出解约通知之日的前一月为止的累计服务月数；每服务满12个月计为1年。解约后重新签约的业务人员其服务年限不作累计，重新起算。

4. 发放对象。

（1）若业务人员于应发放时尚生存，则向其本人发放。

（2）若业务人员于应发放时已死亡，公司在国家或地方省市法律法规允许的情况下，向其生前指定的受益人发放。若未指定受益人，则向其法定继承人发放。指定受益人范围仅限于业务人员的父母、子女、配偶及兄弟姐妹。

5. 业务人员或其他提领人领取长期服务津贴时，涉及应缴纳的个人所得税由提领人个人承担。

6. 总公司可根据国家或监管部门法律、法规、条例的变更，以及公司的经营管理需要，对以上内容进行调整。

新华基本法

连续履约年限超过 15 年的营销员，达到一定年龄（男性≥60 周岁，女性≥55 周岁）时，可按表 9 - 17 中的要求及标准，一次性获得相应额度的"职业成就礼金"。

表 9 - 17　职业成就礼金额度　　　　　　　　　　　　　　　（元）

连续履约年限	15 年（含）以上	20 年（含）以上
个人年均 FYC	12 000	14 400
礼金金额	40 000	50 000

注：再次签约人员的连续履约年限，从最近一次签约时间开始计算；连续履约年限的计算口径为自然年度，即连续服务满一个完整自然年度的为一年。领取方式为：达成连续履约年限 20 年获取条件的营销员，若连续履约年限满 15 年时已领取 4 万元，可再领取 1 万元；若未领取，则一次性领取 5 万元。

友邦基本法

保险营销员长期服务基金计划具体内容如下所述。

1. 参加者资格：全体保险营销员。凡与公司正式签有保险营销员合同书，销售并持续收取某一份公司指定的保险合同6年及6年以上之保险费的保险营销员，即可参加保险营销员长期服务基金计划。

2. 交费：公司每月将以参加者当月所收取的本人所销售的公司指定保险合同，按公司规定的计算方式计算交费金额，作为公司提拨部分，交入本计划（全部由公司提拨，个人无须另行交付）。

3. 指定保险的保险合同及提拨比例细则见表9-18。

表9-18 指定保险产品及提拨比例

产品	公司提拨部分
普通寿险	第6年或第6年以上保险单年度保险费的2%
友邦全佑一生系列产品	第6年或第6年以上保险单年度保险费的2%
康福终身寿险（PHI）	第6年或第6年以上保险单年度保险费的2%
世纪康福终身寿险（EPHI）	第6年或第6年以上保险单年度保险费的2%
康爱两全保险（ROPCancer）	第6年或第6年以上保险单年度保险费的2%
康爱一生（KHI）	第6年或第6年以上保险单年度保险费的2%
友邦稳赢一生保险计划	第6年或第6年以上保险单年度保险费的2%
友邦传世经典乐享版终身寿险（分红型）	第6年或第6年以上保险单年度保险费的2%

产品	公司提拨部分
友邦传世经典尊享版终身寿险（分红型）	第6年或第6年以上保险单年度保险费的2%
友邦传世金生年金保险（分红型）	第6年或第6年以上保险单年度保险费的2%
智尊宝终身寿险（C款、D款）	第6年至第10年保险费缴纳年期基本保险费（按年缴方式计算）的2%
财富通投资连结保险（ILP）	第6年至第10年保险费缴纳年期基本保险费（按年缴方式计算）的2%
双盈人生投资连结保险（DPP）	第6年或第6年以上保险费缴纳年期基本保险费（按年缴方式计算）的2%
友邦双盈人生 II 终身寿险（投资连结型）（DPP II）	第6年或第6年以上保险费缴纳年期基本保险费（按年缴方式计算）的2%

对于参与保险营销员长期服务基金计划的公司新产品，将在新产品开始销售的通知中说明该产品的计算交费方式。

4. 管理：从每位参加者公司提拨账户中按该参加者于本计划之参加时间（以完整年计算）所相应的应得比例用于购买"友邦长盛团体年金保险（万能型）"，见表9-19。

表9-19 参加时间及应得比例 （%）

本计划之参加时间	应得比例
未满8年	50
满8年~未满10年	75
满10年及10年以上	100

按表9-19计算金额购买后，如参加者的公司提拨账户仍有余额，则该部分款项在未支付前，所有权归属公司。

本计划的投资组合、投资金额、收益分配等均由公司全权决定，而参加者亦按其名下款额所占总款额之比例分担投资损益。

5. 支付：服务满 10 周年年逾 55 足岁的女性参加者或服务满 10 周年年逾 60 足岁的男性参加者：

（1）如果按"友邦长盛团体年金保险（万能型）"合同的约定领取了养老保险金（经其申请后领取，此申请随时可以提出），领取后，本计划终止，不再产生新的保险营销员长期服务基金。

（2）如果暂不领取名下的公司提拨账户款额，保险营销员长期服务基金继续根据本计划之交费办法交入该参加者之名下。在该参加者保险营销员合同书终止时，公司将按"友邦长盛团体年金保险（万能型）"合同的约定给付该参加者养老保险金。

（3）如果死亡，或因疾病伤残而不能继续公司保险销售工作：

①该参加者的公司提拨账户中用于购买"友邦长盛团体年金保险（万能型）"部分，按"友邦长盛团体年金保险（万能型）"合同的约定予以给付。

②如公司提拨账户中用作其他投资及投资损益有余额，将全部支付给该参加者或其法定继承人。

③参加者与公司的保险营销员合同书终止。

④该参加者的公司提拨账户中用于购买"友邦长盛团体年金保险（万能型）"部分，按"友邦长盛团体年金保险（万能型）"合同的约定予以给付。

⑤如公司提拨账户中用作其他投资及投资损益有余额，将归公司所有。

（4）如果因犯罪，或违犯有关法律与法规，或违反公司规定被公司终止保险营销员合同书，该参加者的公司提拨账户中的款项［包括为该参加者购买"友邦长盛团体年金保险（万能型）"及公司用于其他投资及其投资损益部分］，除法律另有规定外，将全部拨归公司所有，公司将概不支付该款项予该参加者。

6. 会计年度：本保险营销员长期服务基金会计年度为每年之 1 月 1 日至 12 月 31 日。

7. 个人所得税及其他税务责任：参加者应按照国家或地方有关税法之税收规定，对保险营销员长期服务基金数额缴纳个人所得税。参加者按本计划参加时间所对应之应得比例确定的数额，计入当月收入中一并计算缴纳个人所得税。其他相关税赋公司也将根据当时适用的法律，予以代扣代缴。税后部分用以购买"友邦长盛团体年金保险（万能型）"。

其他福利

除了基本的保险保障福利、养老福利和长期服务金福利，一些保险公司还会提供一些其他方面的福利，以体现公司对个人代理人的人文关怀。如休假、体检、婚丧、住院和继承未了利益等。

平安基本法

结婚者，可有 7 天假。

凡符合计划生育规定且处于生育期的女业务人员，休假标准如下：

1. 正常生育者：90 天；符合晚育年龄的产妇可增加 15 天。

2. 难产或多胎产：另增加 15 天，难产须出具医生开具的证明。

3. 生育期结束后，如因健康或其他原因，确需休息必须重新申请，否则按无故不参加早夕会处理。

直系亲属或配偶、配偶父母身故，可有 7 天假。

新华基本法

1. 度假补贴。

连续履约年限超过 3 年的行销专务（含）以上级别人员，可按表 9－20、表 9－21、表 9－22 中的要求及标准，获得"度假补贴"待遇。

2. 定期体检。

连续履约年限超过三年的行销专务（含）以上级别人员，每两年可按表 9－23 所示标准获得"定期体检"待遇。

表 9－20　行销专务层级

连续履约年限	3~4 年	5~7 年	8~9 年	10 年（含）以上
本人 上一自然年度 FYC	9 600 元			
度假时间	5 天	6 天	8 天	10 天
标准（每天）	40 元	60 元	80 元	100 元

表 9 -21　业务经理层级

连续履约年限	3~4 年	5~7 年	8~9 年	10 年（含）以上
直辖组 上一自然年度 FYC	50 000 元			
度假时间	5 天	6 天	8 天	10 天
标准（每天）	60 元	80 元	100 元	120 元

表 9 -22　营业部经理层级及总监层级

连续履约年限	3~4 年	5~7 年	8~9 年	10 年（含）以上
直辖部 上一自然年度 FYC	240 000 元			
度假时间	5 天	6 天	8 天	10 天
标准（每天）	80 元	100 元	120 元	150 元

注：再次签约人员的连续履约年限，从最近一次签约时间开始计算。

连续履约年限的计算口径为自然年度，即连续服务满一个完整自然年度的为一年。

任营业部经理（含）以上级别未满 12 个考核月者，按业务经理层级或行销专务层级度假补贴待遇的要求与标准享受；任业务经理层级未满 12 个考核月者，按行销专务层级度假补贴待遇的要求与标准享受。

任营业部经理（含）以上级别满 12 个考核月者，若未达到本级别对应度假补贴待遇的要求，则按业务经理或行销专务层级的要求与标准享受待遇；任业务经理层级满 12 个考核月者，若未达到本级别对应度假补贴待遇的要求，则按行销专务层级的要求与标准享受待遇。

营销员在享受度假补贴待遇时，需按公司相关制度办理有关手续。

营销员度假补贴期间不降低晋升或维持考核标准。

表 9 -23　定期体检待遇

连续履约年限	3~4 年	5~7 年	8 年（含）以上
行销专务层级	普通体检三项	体检 A 项目	体检 B 项目
业务经理层级	体检 A 项目	体检 B 项目	体检 C 项目
营业部经理及总监层级	体检 B 项目	体检 C 项目	体检 D 项目

友邦基本法

1. 业务主管致礼计划。

（1）公司为符合条件的业务主管按表9-24提供"业务主管致礼计划"。业务主管致礼计划的相关福利将以税后贺喜金/慰问金或花篮的形式给付业务主管。其中花篮需凭相应发票报销，贺喜金/慰问金由公司承担应缴纳税金后并入营销员月度税后收入进行发放。

（2）若业务主管解除与公司签订的保险代理合同，则自其解约之日起，该业务主管即不再享有公司提供的业务主管致礼计划。

表9-24　业务主管致礼计划

营销员级别	婚礼贺喜金1	住院慰问金2	葬礼慰问金3
正式业务员	无	无	无
助理销售经理 业务经理	200元贺喜金	200元慰问金	200元花篮
销售经理 资深业务经理	300元贺喜金		200元花篮+600元慰问金
资深销售经理 业务处经理	500元贺喜金		200元花篮+900元慰问金
销售总监 资深销售总监 资深业务处经理 业务总监			200元花篮+1 200元慰问金
资深业务总监 执行业务总监 区域业务总监			200元花篮+1 500元慰问金

（3）在保险营销员合同书有效期内首次结婚的，公司将提供婚礼贺喜金；夫妻双方皆为公司业务主管的，则以贺喜金较高一方给付。

（4）业务主管本人因病情需要做手术且住院天数在两天（含）以上的，公司才提供住院慰问金。

（5）业务主管的直系亲属身故，公司将提供葬礼慰问金。若夫妻双方皆为公司业务主管，且同一直系亲属身故的，则以慰问金较高一方给付（直系亲属是指配偶、子女和父母）。

（6）助理业务总监适用资深业务处经理级别对应的致礼计划。

2. 保险营销员身故后续福利。

若保险营销员发生全残或死亡后，其本人或其法定继承人经公司同意后可享有等值于该保险营销员此前所招揽且继续有效的寿险及长期意外及健康险产品的保险合同之续年度佣金（至第五保单年度结束）的福利保障，但该项福利保障金额须扣除保险营销员所欠公司的债务。

小结

福利利益，是保险公司吸引、留住个人代理人为公司长期做销售代理的配套制度。有最基本的保险保障福利，也有养老、医疗保险福利，条件允许的公司更可以多一些其他福利利益。随着国家社会保障制度的完善和发展，个人代理人对福利利益更加关注，福利利益逐渐成为个人代理人选择寿险公司所关注的内容。但是，毕竟个人代理人与公司是销售代理关系，应该以销售激励为主，配合公司的队伍发展策略，实行差异化的福利利益策略，才能真正发挥福利利益的导向作用。

第 10 章
利益关系

关键词：

新人利益与销售利益、销售利益与其他利益、增员利益与管理利益、育成利益与管理利益、销售利益与管理利益、福利利益与其他利益

"基本法"的实质是利益分配关系。新人利益、增员利益、销售利益、管理利益、育成利益和福利利益，虽然各自反映不同群体、层级、职级的利益，但它们之间又都有内在的联系，并且相互影响。

新人利益与销售利益

　　新人利益，主要包括新人佣金、新人津贴和新人奖励。销售利益，主要包括佣金、业绩奖和继续率奖。

不同情况下，先有利益不同

　　在有责新人津贴制度下，新人津贴都与 FYC 直接挂钩。新人有 FYC，才有津贴；没有 FYC，就没有新人津贴。新人 FYC 越多，获得的新人津贴相对也多。因此，就新人利益与销售利益而言，先有销售利益，后有新人利益；没有销售利益，一般也就没有新人津贴。

在无责新人津贴制度下，新人没有 FYC，也能获得新人津贴。因此，绝大多数业务员是先有新人利益，后有销售利益，但往往也会出现"有了新人利益，也没有销售利益"的现象。

二者中的佣金同属销售利益

如果对新人在津贴期间支付佣金不打折，那新人利益中的佣金与销售利益中的佣金基本相同。即使对新人在津贴期间支付佣金打折，一般也在新人转正后作为奖励返还给新人。所以，新人所获得的佣金，基本还是全额佣金，新人利益中的佣金与销售利益中的佣金基本没有不同。

新人，是对新加入人员的称呼，或者是对享有新人津贴者的称呼，从本质上讲属于业务员的一部分。因此，新人在加入公司初期具有双重身份，既是新人，也是业务员。所以，新人销售保单所获得的 FYC，也可以视为销售利益。

将新人利益中的佣金视为销售利益后，新人利益就只有新人津贴和新人奖励，这样也就体现出新人所特有的利益，而销售利益也成为所有销售人员的利益。

销售利益与其他利益

销售利益是个人代理人销售保单获得的直接报酬，主要包括直接佣金（FYC、RYC）、业绩奖和继续率奖。其他利益是指增员利益、管理利益、育成利益和福利利益。

反映直接佣金与间接佣金的关系

佣金分为直接佣金和间接佣金，二者构成了用于个人代理人的全部利益支出。从寿险产品设计原理以及佣金支付原则来看，直接佣金是直接支付给业务员销售保单的报酬，基本上就是销售利益。间接佣金用于增员利益、管理利益、育成利益和福利利益。所以，销售利益与其他利益虽然都来自佣金，但从佣金构成来看，却反映直接佣金与间接佣金的关系。因此，在佣金总量的分配中，直接佣金与间接佣金的分配（业内称为对直接佣金与间接佣金的"切割"），实际上是销售利益与其他利益总量的分配。寿险保费的构成极其用途详见图 10 – 1。

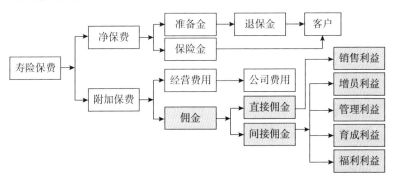

图 10 –1　寿险保费的构成及用途

反映销售人员利益与管理人员利益

新人利益是新人特有的利益。但新人也是业务员，所以，新人利益本质上也是业务员的利益。销售利益是只有销售保单才能获得的利益，因此是所有销售人员（包括主管销售保单）的利益。而其他利益，不论是增员利益①，还是管理利益、育成利益，甚至福利利益的绝大部分，都是主管能够享有的利益。所以也可以说，"基本法"中的其他利益，基本上就是以业务员销售利益为基础的主管利益，详见图 10 - 2。

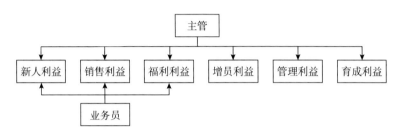

图 10 -2　业务员与主管分别享有的利益

销售利益是其他利益的基础

其他各种利益的计算、计提，基本都是以 FYC 为基数，如管理津贴、育成津贴等，而 FYC 是销售利益最主要的部分。因此，销售利益（主要是 FYC）是其他各种利益的基础，并形成一种"水涨船高"的内在联动机制。在其他各项利益计提比例确定的条件下，销售利益比例高，主管获得的其他利益相应也高，否则就低。例如，"基本法"确定主管管理津贴提取比例是 10%。如果首年佣金率（销售利益）是 50%，则主管的管理津

---

① 业务员推荐新人，虽然可以享受增员利益，但"基本法"中并不认定是业务员增员，而认定是主管增员，因而理论上仍属于主管利益。

贴（管理利益）就是5%；如果首年佣金率是40%，主管的管理津贴就是4%。

销售利益与其他利益这种密切的内在联系，说明其他利益也制约着销售利益。因为"基本法"各项利益一经确定，间接佣金与直接佣金（FYC）的比值基本就是一个常量，其在首年保费中的占比会随着FYC的变化而变化。如果"基本法"佣金制度设计不当，很可能会出现实际佣金支出总额超过产品设计佣金总额的情况，出现制度性佣金亏损。例如，假设产品设计（依产品设计原理）首年佣金总额最高是首年保费的60%，经测算，其他利益（间接佣金）合计支出比例（或称间接佣金率）是首年保费的18%，则制约直接佣金最高比例（或称直接佣金率）不能超过首年保费的42%（直接佣金与间接佣金的比值是70∶30），即二者合计不能超过产品设计首年保费的60%。如果公司实际支付直接佣金率为45%，则不仅是直接佣金超支3个百分点（45%～42%），还会导致间接佣金超支1.28个百分点 [45 × （18/42）]，最终形成佣金支付总比例由首年保费的60%上升到64.28% [（45% + 45 × （18/42）]，整体超支4.28个百分点（64.28%～60%），或佣金整体水平超支7%（64.28/60 – 1）的现状。业内将这种超支称为制度性亏损，即实际的"基本法"设计佣金支出，超过产品设计佣金支出，导致佣金整体超支。通常这种超支的结果是保单销售越多，超支就越大。所以，虽然其他利益以销售利益（FYC）为基础，但其他利益（间接佣金）总量一经确定，反过来会直接影响销售利益（直接佣金），甚至制约销售利益。所以，保险公司不能盲目地制定直接佣金比例，应该结合间接佣金比例来确定直接佣金比例。

销售利益与其他利益构成直接销售成本

销售利益主要体现在直接佣金，其他利益体现在间接佣金。直接佣金与间接佣金构成保单直接销售成本，实际上也是销售利益与其他利益直接构成保单的直接销售成本。所以，销售利益与其他利益的成本控制，也就是直接佣金与间接佣金的成本控制。不论是销售利益（直接佣金）还是其他利益（间接佣金）的成本控制，都是以产品设计佣金为底线。如果实际销售利益或其他利益支出合计超出产品设计佣金，就是超支；否则，就有结余。通常用下面的公式来衡量佣金的实际支出情况。

$$佣金支付率 = \frac{基本法设计佣金支出（直接佣金+间接佣金）}{产品设计佣金（或可计提佣金）} \times 100\%$$

在以上公式中，分子是"基本法"设计的佣金支出，分母是产品设计佣金，二者的比值反映"基本法"佣金设计与产品设计佣金的状况。如果比值大于100%，说明"基本法"佣金设计超支；否则，就是未超支。

还可以进一步分析销售利益（直接佣金）和其他利益（间接佣金）各自所占的比重，并依此调整平衡销售利益与其他利益的分配比重。

反映"基本法"设计中直接佣金（销售利益）占比的指标：

$$直接佣金率 = \frac{基本法设计直接佣金支出}{产品设计佣金} \times 100\%$$

反映"基本法"设计中间接佣金（其他利益）占比的指标：

$$间接佣金率 = \frac{基本法设计间接佣金支出}{产品设计佣金} \times 100\%$$

反映"基本法"设计中直接佣金与间接佣金比值的指标：

$$\frac{间接佣金与}{直接佣金比} = \frac{基本法设计间接佣金支出}{基本法设计直接佣金支出} \times 100\%$$

在佣金总额中，销售利益（直接佣金）与其他利益（间接佣金）之间应该如何分配，没有统一的规定。严格讲应该由精算师建立模型进行测算，才能确定具体合适的比例。要根据公司"基本法"的设计原则，在销售利益与其他利益之间不断地调整平衡点，实现利益分配在销售利益和其他利益之间的相对平衡，才能既激励销售人员的销售热情，又能激发各级主管增员和管理团队的积极性，还要将佣金支出总额控制在产品设计佣金范围内，实现销售成本的有效控制。从大公司的经验数据看，绝大多数寿险公直接佣金与间接佣金的结构是直接佣金占 65% 左右，间接佣金占 35% 左右。

不同的利益导向作用

在实际的佣金分配中，销售利益和其他利益具有不同的导向作用。销售利益（直接佣金）高，但如果其他利益（间接佣金）与销售利益挂钩的比例低，就意味着销售利益获得分配的佣金总量多，虽能够引导各级人员积极销售保单，但主管增员、管理团队、育成下属的积极性可能就大打折扣；反之，销售利益（直接佣金）低，但其他利益（间接佣金）与销售利益挂钩比例高，就意味着管理人员获得分配的佣金总量相对多，可能出现不需要很多团队业绩，主管就可以获得较高利益，甚至公司销售业绩上不去，主管收入却很高的现象。

增员利益与管理利益

增员利益主要有增员奖和赋予权，管理利益主要有职务津贴、管理津贴和业绩奖。

增员利益与管理利益同时产生

寿险队伍是靠主管增员发展起来的。驱动主管增员的动力，在于增员能够获得更多的利益，包括可以获得的增员奖，也可以从被增员者销售业绩中计提管理津贴、业绩奖等。从增员与管理的角度看，是先有增员，后有管理。因而，似乎是先有增员利益，后有管理利益。但按照多数"基本法"的规定，增员奖基本都与新人销售业绩挂钩。新人有销售业绩，主管才有新人奖。而新人有销售业绩的同时，也生成主管可以计提的管理津贴、业绩奖等，从而产生了主管的管理利益。所以，就主管增员利益和管理利益而言，二者基本是同时产生。主管获得增员利益的同时，也可以获得管理利益。在增员奖采用变动金额的方式下，增员利益与管理利益是正相关。主管获得的增员利益越高，获得的管理利益就越大，主管增员的动力就越足，队伍就越能发展。因此说，增员对主管而言是"一举多得"。

增员利益与管理利益是一个整体利益链

在正常情况下，主管增员除了获得增员利益之外，还能享有被招募者销售业绩带来的一系列管理利益，如职务津贴、管理津贴和业绩奖，形成一个按时间顺序排列的利益链。详见图10-3。

图10-3　增员利益与管理利益的利益链示意

1. 利益链的延续。

只要被招募者一直留存，主管就可以一直享有其管理利益。但如果被招募者离司，其所经手的仍然有效保单就成为"孤儿保单"。保险公司对"孤儿保单"不同的处理方式，表面上是业务处理，实际上是利益再分配。

如果采用赋予权方式，"孤儿保单"划归主管，这些"孤儿保单"的业绩仍然计算在主管团队内，主管原有利益链就会继续存在。不仅可以继续享有管理津贴、职务津贴和业绩奖，而且还可以通过享有赋予权进一步获得离司被招募者的续期佣金或客户再开发权利，使主管实际得到的利益，不仅没有因为被招募者离职而减少，反而会有所增加。

被招募者离司时业绩越高，主管获得的赋予权利益就越多，不仅主管增员动力大，管理督促业务员提升业绩的动力也大。日积月累，许多主管本身靠这种赋予权制度就积累了大量的客户资源，形成长期稳定的收入，有利于主管队伍的稳定。这种靠增员利益机制激励主管增员的方式，被称为制度增员。详见图10－4所示。

图10－4　赋予权方式下主管利益链延续示意

2. 利益链中断。

如果采用非赋予权方式（其他各种方式的统称），将"孤儿保单"划给第三方（如收展人员），则主管与离司被招募者的管理"利益链"也就被中断，即随着"孤儿保单"被划给第三方，离司被招募者业绩也将从主管团队被带走。主管对离司下属原来能够提取的业绩奖、管理津贴等都不能再计提了，直接导致主管团队业绩减少，导致主管管理利益收入减少。在这种情况下，由增员给主管带来的利益大打折扣，导致多数主管增员意愿减弱。如果这种情况严重，绝大多数主管的想法是：既然（广义）增员利益得不到保障，还不如自己去做业务。非赋予权下主管利益链中断详见图 10 - 5 所示。

图 10 - 5 非赋予权方式下主管利益链中断示意

增员利益与管理利益存有内在联系

主管是否有增员动力，不仅取决于是否有足够的增员利益，而且还取决于是否影响自己的管理利益。赋予权方式下，主管管理利益链不断；非赋予权方式下，主管管理利益链中断。个人代理人队伍发展特性决定了业务员流失是必然的，由业务员流失产生"孤儿保单"也是必然的。如果主管的利益也随着"孤儿保单"而"流失"，导致管理利益受到损害，最终的结果就是主管增员意愿不强，甚至不增员。所以在这种情况下，增员利益和管理利益的关系完全取决于利益链能不能断。如果增员利益断了，后面的管理利益一定受影响。主管的管理利益受到影响，反过来又会影响增员，影响队伍的发展。所以，主管是否有增员意愿，取决于公司对主管增员利益和管理利益是否处理得好、平衡得好。

育成利益与管理利益

育成利益主要包括育成奖和育成津贴。管理利益主要是职务津贴、管理津贴和业绩奖。

先有管理利益，后有育成利益

管理利益和育成利益都是主管从下属获得的利益。主管招募下属，形成与下属的管理关系，并获取管理利益。主管继续培养下属，最终育成下属，形成育成关系并获取育成利益。从主管招募下属到育成下属的过程来看，主管与下属是先有管理关系，后有育成关系，并且在管理关系的基础上产生育成关系，产生育成利益。因此，对于主管而言，先有管理利益，后有育成利益。没有管理利益，也不会有育成利益。

育成利益是补偿管理利益

因为在考核上对各级主管有育成要求，所以主管要想晋升或维持自己的职级，需要育成下属。而一旦育成下属，可能就要面对分离。因此，育成对主管是一把"双刃剑"：既是自己晋升或维持职级的需要，也是承受一定管理利益损失而换取更多利益的选择。

育成导致直接下属与主管的分离，而分离造成主管团队业绩的减少，直接影响主管的管理利益。但与此同时，因为分离，主管又可以获得育成利益。这就是"有失必有得"。所以，也可以将育成利益看作是针对分离导致主管管理利益损失而设立的补偿利益。如果分离（育成）使主管受到影响的利益能得到补偿，主管会积极支持分离；如果育成利益对主管受到影响的利益补偿不够，主管会消极抵制分离。所以，能否让主管积极地育成下属，实现团队组织架构扩张，关键是要使主管在分离后受到损害的管理利益能够在育成利益中得到补偿。

育成津贴补偿管理津贴

管理利益一般由三个部分构成：职务津贴、管理津贴和业绩奖。通常主管直接育成下属，主管的职级暂时不会受到影响。因此，与职级相关的职务津贴一般不会受到影响。业绩奖一般是年底或年中发放，一般也不会马上显示出利益受到影响，只有管理津贴一般是按月计提，受分离影响是"立竿见影"的。所以，分离（育成）对主管管理利益产生直接影响的主要是管理津贴。

育成利益主要是两部分：育成津贴和育成奖。育成津贴设计的基本点应该是针对管理津贴，基本原则是能够补偿主管因分离导致管理津贴的损失。育成奖应该是对主管育成下属的一次性奖励。育成津贴＋育成奖大于主管因为下属分离而导致的管理津贴损失，才能建立有效的分离补偿机制，从而促进主管积极培养育成下属，实现公司销售队伍组织架构的扩张。否则，就会影响主管育成下属的意愿。

销售利益与管理利益

销售利益，主要有佣金（FYC、RYC）、业绩奖和继续率奖。

管理利益主要有职务津贴、管理津贴和业绩奖。

先有销售利益，后有管理利益

除了支付固定职务津贴以外，管理利益中的职务津贴、管理津贴和业绩奖基本都是以佣金为基数计提的，而且基本上都是与FYC直接挂钩。因此，二者构成一个有效的利益机制：有销售利益，就有管理利益；没有销售利益，就没有管理利益。或者说，先有销售利益，后有管理利益。因而，提升销售业绩，不仅能提升销售利益，也能提升管理利益。

管理利益依赖于销售利益

既然管理利益中的各项目基本都是与销售利益挂钩，因此管理利益对销售利益形成依赖关系。销售利益中的 FYC 业绩额大，管理利益中的管理津贴、业绩奖，甚至职务津贴数额也大，否则就小。

管理利益反过来影响销售利益

虽然管理利益是建立在销售利益基础之上的主管利益，但反过来，主管的管理利益会影响销售利益。如果管理利益对主管的激励不足，或者管理利益与主管的管理付出不相适应，个别级档的主管就会放弃管理利益，放弃对团队和团队成员的管理、督导和辅导，导致团队管理松懈或者业务员处于无人管理的状态，也会直接影响业务员的销售利益。

两者都是核心利益

销售人员主要靠销售利益获得收入，主管主要靠管理利益获得收入。育成利益是管理利益派生出来的利益，名义上称为育成利益，实际上是补偿主管的管理利益。实行赋予权制度下的增员利益，仍然是主管原来管理利益的延续。所以，销售利益是业务员的核心利益，管理利益是主管的核心利益。

福利利益与其他利益

福利利益是在其他利益基础上的福利保障利益，属于锦上添花的利益。其他利益是基本利益，也是根本的利益，而福利利益只是补充利益。如果说其他利益是影响业务员和主管生存发展的利益，那么福利利益可以说是吸引业务员和主管长期留存的保障利益。

福利利益设计得再好，如果其他涉及个人代理人生存发展的利益市场竞争力不够，也不会吸引优秀的销售人员；同样，其他利益设计得再好，如果福利利益没有市场竞争力，也不会留住优秀的销售人员长期为公司代理业务。所以，福利利益与其他利益是相辅相成的利益。

小结

个人代理人队伍的新人招募、保单销售、队伍发展、队伍管理、组织发展和福利保障六大方面的激励机制，直接体现在"基本法"中的新人利益、销售利益、增员利益、管理利益、育成利益和福利利益上。"基本法"没有"好"与"坏"之分，都是依据公司销售队伍和业务发展战略，平衡销售人员与主管、低层级主管与高层级主管之间各个方面的利益关系，形成利益导向。所以说，"基本法"的核心是利益分配关系。如果说销售业绩体现个人代理人的劳动生产力，那么"基本法"的利益关系所体现的就是个人代理人队伍的生产关系。如果代理人队伍在某方面出现问题，如销售业绩增长乏力、队伍发展遇到困难等，应该是相关利益机制出了问题，需要进行相应的调整。另外，销售利益是整个利益链的"龙头"，其他利益几乎都与销售利益有着千丝万缕的关系。因此说，个人代理人利益关系是一个系统性设计，不仅要激励各个方面，更需要平衡好各个方面，还要不能超出产品佣金设计底线。这些，不仅考验经营者的专业水平和领导能力，更考验经营者的智慧。

附录一

国寿各级保险营销员可享受的委托报酬表

项目名称	业务员	业务主任	业务经理	高级业务经理	组经理	高级组经理	资深组经理	各档处经理	各档区域总监
新人									
新人津贴	√	√			√	√	√		
潜力新人奖	√	√			√				
销售利益									
佣金	√	√	√	√	√	√	√	√	√
展业津贴			√	√					
增员利益									
推荐新人奖	√	√	√	√	√	√	√	√	√
伯乐奖		√	√	√	√	√	√	√	√
管理利益									
职务津贴									
·责任津贴								√	√
·新主管特别津贴					√	√	√		
管理津贴									
·直辖组津贴					√	√	√	√	
·处经理直辖津贴								√	
·直辖区津贴									√
业绩奖									
·绩优组经理奖					√	√	√		
·团队进步奖									√
育成利益									
培育组经理奖					√	√	√	√	√
培育组津贴					√	√	√	√	√
培育处津贴								√	√
培育区津贴									√

资料来源：《中国人寿保险股份有限公司保险营销员管理办法（2018 ABC综合版）》。

附录二

平安人寿各职级代理人委托报酬一览表（H＋机构）

	试用业务员	正式业务员	行销主管	业务主任	部经理	总监
新人						
训练津贴	√					
转正津贴	√					
新人卓越奖		√				
销售利益						
初年度佣金	√	√	√	√	√	√
个人季度奖金	√	√	√	√	√	√
续年度服务津贴		√	√	√	√	√
继续率奖金		√	√	√	√	√
业绩津贴		√	√	√	√	√
展业津贴			√			
标准人力达标奖		√				
增员利益						
增员奖		√	√	√	√	√
管理利益						
职务津贴						
·新主任津贴				√		
·职务津贴					√	√
·业务拓展津贴						√
管理津贴						
·直接管理津贴				√	√	√
·经理津贴					√	√

	试用业务员	正式业务员	行销主管	业务主任	部经理	总监
业绩奖						
· 年终奖金				√	√	√
· 年终特别奖金						√
育成利益						
资深主任养成奖金				√		
育成津贴				√	√	√
辅导津贴				√	√	√
晋升奖金				√	√	√
增部津贴					√	√
育成总监津贴						√

资料来源：平安《个人寿险业务人员基本管理办法》（2016 年版）。

附录三

太平洋寿险各职级代理人委托报酬一览表

	业务员 A	业务员 B	正式 业务员	行销 主管	业务 主任	业务 经理	业务 总监
新人利益							
新人津贴	√						
新人财务支持政策			具体办法和标准另行制定				
销售利益							
初年度业务佣金	√	√	√	√	√	√	√
续年度业务佣金		√	√	√	√	√	√
季度业务奖			√	√	√	√	√
业务品质奖				√	√	√	√
服务津贴	√	√	√	√	√	√	√
增员利益							
推荐奖金	√			√	√	√	√
有效推荐奖	√			√	√	√	√
管理利益							
职务津贴							
·新主任成长津贴					√		
管理津贴							
·室管理津贴					√	√	√
·部管理津贴						√	√
·区管理津贴							√
业绩奖							
·总监特别增长奖							√

利益：打造高绩效保险代理人团队

	业务员 A	业务员 B	正式 业务员	行销 主管	业务 主任	业务 经理	业务 总监
育成利益							
室一代育成津贴					√	√	√
室二代育成津贴					√	√	√
室三代育成津贴						√	√
育成回计					√	√	√
部一代育成津贴						√	√
部二代育成津贴						√	√
部三代育成津贴						√	√
部育成回计						√	√
区一代育成津贴							√
区二代育成津贴							√
区育成回计							√

资料来源:《太平洋基本法》(2017 修订,适用一类城市)。

附录四

新华人寿保险代理人报酬一览表

项目名称	营销员层级			行销专务层级	业务经理层级	营业部经理层级	总监层级
	试用营销员	降级营销员	正式营销员				
新人							
新人责任津贴	√		√	√	√		
销售利益							
初年度佣金	√	√	√	√	√	√	√
续年度佣金		√	√	√	√	√	√
个人继续率奖		√	√	√	√	√	√
季度销售分红			√	√	√	√	√
行销专务责任津贴				√			
长期服务津贴				√	√	√	√
增员利益							
增员奖	√	√	√	√	√	√	√
管理利益							
职务津贴							
·新晋业务经理奖			√	√			
·总监职务津贴							√
·总监辅导津贴							√
管理津贴							
·管理津贴					√	√	√
·经营津贴					√	√	√
·维持津贴						√	
·直辖津贴						√	√
业绩奖							
·营业组继续率奖					√	√	√
·营业部继续率奖						√	√
·年终管理分红					√	√	√
育成利益							
育成奖					√	√	√
增部奖						√	√

资料来源：新华保险《个人业务保险营销员管理基本办法（2020 版/A 类)》。

友邦保险各职级代理人委托报酬一览表

项目名称	正式业务员	销售路径营销员	助理业务经理	业务经理	助理业务总监	业务总监	执行/区域业务总监
NPA 2.0人才计划津贴							
菁英人才计划（HA）	√	√	√	√	√	√	√
金领人才计划（GA）	√	√	√	√	√	√	√
新秀人才计划（SA）	√	√	√	√	√	√	√
销售利益							
首年佣金（FYC）	√	√	√	√	√	√	√
个人季度业绩奖金	√	√	√	√	√	√	√
个人每月业绩奖金		√					
续保佣金（RYC）	√	√	√	√	√	√	√
个人季度续保奖金	√	√	√	√	√	√	√
业务主管MDRT特别奖金				√	√	√	√
增员利益							
新人推荐奖金	√	√	√				
主管增员奖金				√	√	√	√
管理利益							
职务津贴							
·助理业务经理特别津贴	√		√				
·助理业务总监特别津贴					√		
·营业部拓展津贴						√	√
·"千万"总监俱乐部奖金							√
管理津贴							
·月度管理奖金				√	√	√	√
·年度管理奖金				√	√	√	√
·新人辅导奖金				√	√	√	√

项目名称	正式业务员	销售路径营销员	助理业务经理	业务经理	助理业务总监	业务总监	执行/区域业务总监
业绩奖							
·业务经理晋级奖金				√	√	√	√
·营业部业绩奖金						√	√
·营业部业绩增长奖金						√	√
·营业部活动人力增长奖金						√	√
·区域业务总监奖金津贴							
·团体保险津贴				√	√	√	√
·团体退休金津贴				√	√	√	√
育成利益							
育成奖金				√		√	√
新主管育成津贴				√	√	√	√
育部奖金						√	√
新营业部育成津贴						√	√

资料来源：《友邦基本法》（江苏二线城市 2018 版）。

注：2017 年 1 月起取消新增助理业务总监级别。对于现有助理业务总监，设置两年过渡期，期满后未能委任至业务总监级别或转任销售路径营销员的，则统一降级为资深业务处经理。因此，自 2018 年 12 月起不再有助理业务总监特别津贴。